U0958866

宝安慈善丛书

合力慈善

——以深圳市宝安区慈善会为例

徐家良 编著

中国社会出版社
国家一级出版社·全国百佳图书出版单位

图书在版编目（CIP）数据

合力慈善 ：以深圳市宝安区慈善会为例 / 徐家良编著．-- 北京 ：中国社会出版社，2023.3
ISBN 978-7-5087-6892-2

Ⅰ．①合… Ⅱ．①徐… Ⅲ．①慈善事业－概况－宝安区 Ⅳ．①D632.1

中国国家版本馆 CIP 数据核字（2023）第 036036 号

出 版 人：浦善新　　**终 审 人：**王　前
责任编辑：张　迟　　**策划编辑：**许　畅
责任校对：卢光花　　**封面设计：**尹　帅

出版发行：中国社会出版社　　**地　　址：**北京市西城区二龙路甲 33 号
邮政编码：100032　　**编 辑 部：**（010）58124856
网　　址：shcbs.mca.gov.cn　　**销 售 部：**（010）58124821
经　　销：新华书店

印刷装订：中国电影出版社印刷厂　　**开　　本：**170 mm×240 mm　1/16
印　　张：16.25　　**字　　数：**233 千字
版　　次：2023 年 3 月第 1 版　　**印　　次：**2023 年 3 月第 1 次印刷
定　　价：55.00 元

中国社会出版社微信公众号　　中国社会出版社天猫旗舰店

总　序

“革故鼎新，得宝而安。”深圳宝安，地处中国南海之滨，扼守珠江口、大亚湾、深圳湾与大鹏湾，是“奇迹城市”深圳下辖的一个行政区，也是深圳市的前身。深圳作为一个虽然只有短短40年历史的城市，然而其前身宝安却有着近1700年的历史，被称为“深港文化之根”。早在东晋咸和六年（331年），朝廷“析南海郡东南地域置东官郡，郡辖宝安”。悠悠岁月中，宝安都是“粤省前哨”，辖地辽阔，大约包括今深圳、香港、澳门、东莞市部分、广州市番禺区南部、中山市、珠海市等地区。从东晋至明清，宝安在政治、经济、文化、交通及军事上的地位和作用都十分重要。在东晋，是政治经济中心；在唐代，是海防要地；从宋至明清，是南方海路贸易中枢、食盐产地、珍珠贡品产地、军事要塞。中华人民共和国成立后，宝安成为广东省辖县。

潮起宝安湾，慷慨歌未央。20世纪80年代初，在宝安县辖区的基础上，深圳经济特区、深圳市相继成立，宝安县建制也最终在1992年底取消，成为深圳市下辖的一个行政区。随着深圳城市的迅速崛起和奇迹般的发展，宝安这一古老的地区换了新颜。40年来，宝安区锚定“最擅长跑道”，跑出高速度、高质量路径，如今已经成为深圳市的产业大区、经济大区、人口大区。2017年至2021年，宝安区连续排名“中国工业百强区”前十位，经济社会发展成就显著。

宝安及整个岭南的社会文化，延续中原文化血脉，公益慈善事业历史悠久，继往开来。宋朝以后，宝安地区民间大族兴起，乐善好施、惜弱怜孤、济贫抚危、守望相助、善德育化，蔚然成风。明清时期，政府开始正式实施民生保障举措。据地方志记载，清朝时期，宝安地区官府已设立恤政处所，用以收栖疯癫、孤老、盲人、枯骨等；近代和民国时期，本地企业家、宗教组织开启了现代公益慈善之路；中华人民共和国成立后，宝安的慈善事业纳入社会主义建设整体框架中。改革开放以来，公益慈善事业随着深圳这座新兴城市的高速发展而获得了新的发展契机。特别自20世纪90年代以来，深圳以打造民生幸福城市为出发点和落脚点，持续优化慈善事业发展环境，慈善工作领先全国，荣获全国“七星级慈善城市”“全国最具爱心和最慷慨的城市”等称号。在这个历程中，宝安区委区政府高度重视慈善工作，推动宝安区慈善事业向广度、深度、高度发展和进步，发挥在深圳慈善事业中的示范作用，宝安区慈善事业也一直走在全市前列，是全市慈善事业改革创新的试点区。

2007年，宝安区率先成立了深圳市首家区级慈善会，这是宝安慈善事业发展的一个重要里程碑，对加快宝安慈善事业发展，进一步完善社会保障体系，建设幸福和谐宝安具有重要意义。宝安区慈善会业务范围覆盖广泛，包括：扶贫、济困；扶老、救孤、恤病、助残、优抚；救助自然灾害、事故灾难和公共卫生事件等突发事件造成的损害；促进教育、科学、文化、卫生、体育等事业的发展；防治污染和其他公害，保护和改善生态环境；以及符合国家慈善法律法规规定的其他公益慈善活动。作为全区慈善事业发展的枢纽型、平台型组织，宝安区慈善会一方面积极贯彻落实宝安区委区政府打造“慈善之区”的目标和工作规划，在改善和保障民生、扶贫攻坚、推进共同富裕、建设社会主义小康社会工作中担当助手角色、发挥补充功能；另一方面，在社会各界广泛关注支持下，在慈善会团队共同努力下，学习借鉴先进地区的经验，立足宝安特色和实际，积极探索，躬身实践，坚持以社会化、规范化、专业化、特色化为抓手，依法行善，规范行善，主动行善，科学行善，有效行善，引领全区慈善事业初步走出了一条既博采众长又颇具本地特色的发展之路。

第一，传承发展之路。宝安区慈善会于2007年成立，于2013年、2018年完成了第二届理事会、第三届理事会换届选举。15年来，宝安区慈善会高度重视传承工作，在继承中创新、在创新中发展、在发展中前行。首届理事会搭建了组织结构，制定了制度规范，组建了工作队伍，并在慈善募捐、慈善救助、对口支援、慈善文化宣传等业务工作中积累了富有价值的经验，产生了积极的社会影响。第二届和第三届理事会顺应慈善体制改革的趋势和方向，传承上届积累的经验做法，在前期改革创新的基础上，进一步理顺慈善会和政府的关系，优化治理，充实队伍，丰富方式方法，拓展工作领域，深耕慈善资源，通过完善的决策制度、合理的约束机制、良好的专业素质、可靠的监督制度、优秀的项目品牌，不断加强自身能力建设，不断提升慈善会的社会影响力，从而走出了一条结合传统官办组织和新型社会组织两者优势、按组织原则和章程独立运作的新路径。

第二，规范发展之路。制度是公益慈善机构的生命所在，是公信力的基础。宝安区慈善会自建会以来，不断完善组织架构建设，高度重视制度建设，形成了决策、执行、咨询和监督四位一体完整的闭环系统。规范是宝安区慈善会发展的重要基础。宝安区慈善会非常重视规范化建设，通过15年的不断探索和完善，形成了一套完整的制度体系，包括重大决策提交常务理事会或理事会讨论决定制度、会长办公会集体决策制度、监事会制度、慈善金收支信息公开制度、第三方审计制度等34项制度，做到“一事一制度”。同时，制订五年发展规划，规范、指引慈善会的运行方向。完备的制度体系保证了慈善会规范化运作，有效保障和促进了宝安区慈善会健康良性发展，赢得了社会的高度信任。

第三，创新发展之路。宝安区慈善会一直把开放创新作为慈善发展的驱动力，以全局视野、创新精神主动适应慈善事业发展的新形势和新挑战，在总结经验的基础上不断开创慈善事业发展新局面，围绕宝安区社会发展重点领域和关键环节改革，把区内和区外社会资源有机结合起来引导，积极参与粤港澳大湾区建设，助力打造宝安区湾区高地、共享家园及共建共治共享社会治理新格局。首先，创新慈善募集和救助方式。近年来，宝安区慈善会大力发展冠名慈善基金和专项资金，提升精准帮扶实效，初步形成了多层面、宽领域、广覆盖、开放式的慈善救助模式。截至2021年底，全区累计冠名慈善基金114家，慈善资金实力稳步壮大，位居全市区级慈善会之首位。其次，创新慈善服务方式。在原有救助办法的基础上不断完善慈善服务项目，运用现代公益创投的理念和方式，从2015年起每两年举办一届“宝安区公益慈善项目大赛”，选拔出那些针对宝安区社会民生问题提出有效解决方案的公益慈善组织，对其予以资金资助、辅导培训、平台化常态化支持等专业服务。截至2021年底，宝安区慈善会已经举办了五届大赛，入选项目共54项，总资助金额达1334.96万元，惠及服务对象200多万人次，涉及老年人、妇女儿童、残障群体、社区治理、环境保护等多个服务领域，绝大部分体现了宝安本土需求。实践证明，公益慈善项目大赛在提高公益慈善项目实施质量、解决基层社会问题的同时，还提升了宝安区本土社会组织的专业服务能力，使公益慈善的社会价值和影响力远播四方。此外，宝安区慈善会还创新慈善运营模式，探索慈善信托、慈善款物募用分离、第三方财务托管及评估等现代慈善运作模式，让参与主体通过多元形式筹集更多的资源用于公益慈善事业，不断扩大和盘活慈善资源。

第四，专业发展之路。宝安区慈善会充分认识到专业人才是慈善事业发展的支点，不断推进团队慈善知识、工作方式等方面的专业化建设，发展高效专业的慈善工作队伍。首先，加强专职队伍建设。通过招考、政府购买等形式广泛遴选社会优才，不断扩大慈善会专职工作队伍，形成了一支由在编人员、社工人员、专职辅助人员构成，具有较强组织管理、项目开发和运作、宣传推广等工作的阶梯型、应用型、复合型专职人才队伍。其次，创建兼职顾问队伍。通过创新用人机制，宝安区慈善会依托社会资源，从人大代表、政协委员、行业协会、新闻媒体、义工联、学术界等各个行业中聘请知名人士担任顾问，提供平台和渠道，吸引顾问从不同的视角集思广益，献计献策，不断开创慈善工作的新局面。再次，发展专业志愿者团队。根据慈善会的业务范围、宝安区公益组织发展状况、志愿者的服务兴趣和专业能力，与宝安区义工联合作设计专业志愿者项目，初步组建了不同类别的专业志愿者团队，推进全区志愿服务向专业化发展。最后，完善了慈善应急专业能力。宝安区慈善会作为政府、市场之外重要的社会治理主体，长期注重提高慈善组织危机治理意识和应急管理能力，注重慈善领域应急机制的建立与完善。新冠肺炎疫情暴发后，宝安区慈善会创新应急救援救济机制和方法，第一时间启动疫情应急预案机制，实现了慈善组织与政府部门、社会需求在疫情应急管理中的无缝衔接，初步形成应对突发公共卫生事件、动员社会力量参与的宝安模式。

第五，文化发展之路。15 年来，宝安区慈善会通过不断深化和丰富工作方法，推动形成了具备宝安特色的公益慈善文化系列品牌。创新慈善宣传方式，充分发挥媒体宣传作用，通过新媒体宝安湾、滨海宝安、宝安融媒以及微信公众号、官方网站等向社会展示区慈善会风采。创作宝安区慈善会会歌、期刊，开展“宝安慈善之语”征选活动，推出“宝安慈善娃”爱心玩具，制作慈善宣传专题片、动漫片和微电影，其中公益微电影《金婚》在全国推播，引发广泛关注。每年开展“宝安慈善宣传周”活动，定期举办“宝安慈善奖”评选活动，定期组织举办全国性公益慈善高端论坛——“宝安慈善论坛”，每年举办“与爱同行慈善微跑”活动。其中“慈善微跑”活动在宝安区引起强烈反响和好评，已经成为宝安区慈善文化、慈善事业的标志性活动。在全市率先探索推进“慈善文化进校园”工作，到 2020 年底全区 139 所公办和民办小学实现了“慈善文化进校园”全覆盖。打造慈善空间，以“有项目、有空间、有团队、有规划、有进展、有成效”的“六有”标准，有序推动慈善空间打造工作，从而促进更多社会组织之间的交流。打造慈善地标，按照“一街道一慈善地标”的目标，稳步推进慈善地标建设工作，使宝安更多慈善地标性建筑为慈善亮灯，弘扬慈善文化。

第六，合力发展之路。宝安区慈善会从成立之日起，就坚持多元参与、全民慈善的理念，以“合作共建、合作共享、合作共赢、合作推进”为原则，充分发挥本会作为枢纽型慈善组织的地位和优势，与政府部门、企业组织、社会组织和公众密切互动、友好合作，搭建慈善服务平台，以服务助提升、以合作促共赢，凝聚慈善精气神，汇集慈善正能量，形成强大的慈善合力，营造全区“合力慈善”格局。近年来，宝安区慈善会先后与辖区内各街道办、五类百强企业、商会、义工联、媒体等签署了《推进宝安区公益慈善事业发展合作框架协议》，以框架协议形式把政府、商会、协会、企业及媒体凝聚起来，形成优势互补的工作格局，并深入推动各社区建立慈善组织网络，全区初步形成“合力慈善、人人慈善、全民慈善”的氛围和大慈善工作格局。

第七，特色发展之路。15 年来，宝安区慈善会充分依靠本地慈善资源，优先回应本区社会问题，建立健全便捷、直接、高效的本区公益慈善价值链，并学习公益机构营销战略，持之以恒地开展突显本地特色的慈善工作，建设符合区情的慈善生态品牌，加强公益慈善品牌管理建设，并在此基础上不断开拓新的慈善项目品牌。其中，已经产生了广泛影响力的品牌有宝安区冠名慈善基金和专项资金模式、“慈善文化进校园”和“与爱同行慈善微跑”等慈善文化建设模式、宝安区慈善空间和慈善地标模式、“宝安区公益慈善项目大赛”模式、宝安区“合力慈善”模式、宝安区公益扶贫超市模式等，均在全国公益慈善界独树一帜，标志着宝安区走出一条卓有成效的慈善服务新路子，也为宝安区实现慈善事业可持续发展奠定了扎实的基础。

第八，学习发展之路。宝安区慈善会一直有“请进来，走出去”“好好学习”的传统，通过加强学习和交流，不断提升慈善队伍的业务能力和服务水平，推动宝安区慈善事业依法依规健康发展。首先，加强理论学习，提高政治素养。坚持按照学习建会的要求，坚持会长办公会专题学习制度，强化党史学习、形势与政策学习、慈善法规制度学习，通过加强政治理论学习，把握慈善工作方向。其次，加强慈善工作交流，借鉴慈善工作经验。充分发挥宝安区贴近粤港澳大湾区的有利条件和优势，拓展与港澳地区在公益慈善、志愿服务等领域的交流合作，学习借鉴其成熟做法和有益经验。不定期与市内外慈善组织交流和沟通业务工作，相互观摩、学习和借鉴；积极参加省级、国家级慈善会系统及公益领域交流大会；坚持开展走访和座谈活动，加强与本会名誉会长、会员单位、理事、会员、各街道与社区的沟通和交流，广泛地听取意见、建议，增强凝聚力和向心力。再次，打造学习型团队，加强团队能力提升。每年与国内高校和知名公益慈善培训机构合作，对本会人员的项目管理能力、执行能力、募资能力等进行培训提升。最后，加强一线工作人员业务培训，提高专业服务水平。每年组织各街道、社区相关工作人员开展慈善救助业务专题培训，帮助基层慈善救助工作人员更加清晰明了地掌握相关慈善救助业务的办理流程和要求等，提升基层慈善业务水平。

任何一项有成就的工作都来源于坚持和坚守，宝安区慈善会对认准的事情坚持、坚守，决不轻易放弃。正是由于这样的坚持与坚守，宝安区的慈善事业才有了生命力和影响力，宝安区慈善会也因此连续赢得殊荣。2013 年，宝安区慈善会获得“深圳市扶贫济困组织奖”“广东省扶贫济困优秀项目”；2016 年，在“第三届鹏城慈善奖”评选中，宝安区慈善会荣获十大“鹏城慈善典范机构奖”，成为深圳市第一个获得该荣誉的区级慈善会；在 2017 年度宝安区区级社会组织评估中，获得 5A 等级；2018 年，在“第四届鹏城慈善奖”评选中，宝安区获评“深圳市鹏城慈善典范区”，成为全市唯一获评该殊荣的行政区；2019 年，在由中国慈善联合会、深圳市民政局指导，中国公益慈善项目大赛组委会、深圳市社会公益基金会主办的全国“公益创投十周年”庆典盛会上，宝安区慈善会荣获“拾典·卓越协作者”奖；2020 年，在“第五届鹏城慈善奖”评选中被授予“鹏城慈善 40 年致敬单位”荣誉称号，宝安区共获得三项殊荣；2022 年 8 月，在“第六届鹏城慈善奖”评选中，宝安区慈善会倡导推行的“慈善文化进校园”项目荣获“典范项目”之誉。

随着国家有关“粤港澳大湾区”和深圳建设“中国特色社会主义先行示范区”的政策落地，宝安在“双区驱动”的历史机遇下赋予自己新的发展定位、新的时代使命。目前，宝安正全力打造国际一流城市新中心、粤港澳大湾区融合发展的核心引擎、先行示范区城市文明典范和民生幸福标杆，这必然对宝安的慈善事业发展提出了新要求、新方向、新责任。

宝安区慈善会在推进慈善事业发展历程中取得了一些经验，同时在创新发展中也凸显了一些有待解决的问题和瓶颈制约，需要继续创新和探索。2022 年适逢宝安区慈善会成立 15 周年，到 2023 年笔者担任慈善会会长正好10年，在这个时间节点上，我们希望回过头来，对过去走过的道路、做过的工作系统梳理总结一下，认真思考、分析哪些经验可取并值得积淀，还有哪些问题需要解决、哪些失误应当避免，以期为今后能够更好前行提供铺垫，推动宝安区慈善事业在新的时代机遇下走向一个新的高度。因此，宝安区慈善会携手学界、凝聚智慧，共同对宝安区慈善事业发展的历史、现状与未来进行系统、全面、深入、细致的研究，以“宝安慈善实践探索丛书”的形式呈现出来，以期升华经验，总结教训，砥砺前进。

作为“宝安慈善丛书”的组织倡导者，笔者特别感谢上海交通大学中国公益发展研究院徐家良教授、深圳大学政府管理学院唐娟教授、中央民族大学管理学院李健教授、华东政法大学政治学与公共管理学院章高荣副教授、深圳《宝安日报》张平照总编辑团队，衷心感谢中国社会出版社彭先芬女士和许畅女士。没有大家的共同努力，就没有本丛书的面世。同时，我们也真诚希望通过本丛书的出版，得到更多同行专家、理论大家以及从事和参与公益慈善的同人的批评指正。

深圳市宝安区慈善会会长　张洪华

2022年8月 于深圳

目 录

Contents

第一章　合力慈善：基层慈善的创新模式

慈善事业既是我国社会保障体系的有机组成部分，也是广大社会公众参与社会建设与社会治理的重要途径。慈善事业是弘扬和宣传互助友爱精神、建设积极向上的伦理道德的最好方式与途径，具有缩小收入差距、化解社会矛盾、促进共享发展成果等不可替代的作用[①]。自 1978 年 12 月中央实行改革开放政策，40 多年以来，中国慈善事业迅速发展，已取得丰硕成果。互联网时代的到来，冲击与重塑了传统公益，公益格局发生了前所未有的改变[②]。慈善事业在新的时代被赋予了新的发展使命，成为推动国家治理和社会建设的重要力量。

慈善事业是社会组织参与基层社会治理的重要领域，社会组织的参与为慈善事业的发展提供了专业化的人员队伍和革命性的发展理念，成为基层治理和慈善公益发展的重要力量。合力慈善是深圳市宝安区在推进慈善事业发展过程中取得的宝贵经验，立足合力慈善的实践过程开展深度分析，有利于系统总结宝安经验，辐射深圳、惠及广东并推广至全国，带动不同地区的慈善事业发展，实现“共建共治共享”的社会治理格局。为深化对深圳市宝安区合力慈善深刻内涵的理解，有必要结合中国慈善事业发展背景，在梳理已有的慈善研究理论基础上，构建分析框架、厘清核心概念、明确研究方法，为后续各章具体剖析合力慈善的不同实践环节奠定扎实的基础。

---

① 郑功成：《中国慈善事业的发展与需要努力的方向——背景、意识、法制、机制》，载《学海》2007 年第 3 期，第 62—67 页。

② 徐家良：《互联网公益：一个值得大力发展的新平台》，载《理论探索》2018 年第 2 期，第 18—23 页。

第一节　研究背景

自1978年12月中央实行改革开放政策以来，中国慈善事业规模逐渐壮大，主要体现在三个方面：第一，社会组织数量激增。自1949年10月中华人民共和国成立以来，我国慈善组织经历了从无到有、从少到多的发展过程。根据2021年9月民政部官方网站发布的《2020年民政事业发展统计公报》，截至2020年底，全国共有社会组织89.5万个①。社会组织总数较之1988年社会团体登记管理工作刚恢复时的4446家增加200多倍②，反映出30多年来我国社会组织数量的持续增长。第二，涉及领域广泛。随着我国社会组织日趋成熟，社会组织提供慈善服务的领域不再仅限于最初的扶贫济困领域，而是延伸到了教育文化、医疗卫生、就业服务、生态环境、艺术体育等多个领域。第三，层级分布多样化。按照层级来划分，我国的社会组织可以划分为全国性社会组织、省级社会组织、市级社会组织和县级社会组织四类，不同层级的慈善组织满足了不同层级的社会治理和社会服务工作需要。根据《2020年民政事业发展统计公报》，在民政部登记注册的社会组织有2292家，其中社会团体、基金会和民办非企业单位数量分别为1979家、215家和98家；在省级民政部门登记的社会组织有52860家，其中社会团体、基金会和民办非企业单位分别为31769家、5813家和15278家；在市级民政部门登记的社会组织有157384家，其中社会团体、基金会和民办非企业单位分别为90033家、1732家和65619家；在县级民政部门登记的社会组织有681626家，其中社会团体、基金会

---

① 民政部官方网站的《2020年民政事业发展统计公报》，http：//www.mca.gov.cn/article/sj/tjgb/. 最后访问时间：2021年12月30日。

② 廖鸿、杨婧：《改革开放以来社会组织的发展与主要成就》，载《中国民政》2018年第15期，第29—32页。

和民办非企业单位分别为250990家、672家和429964家[①]。社会组织数量的增加与质量的提升增强了我国社会力量参与基层治理的势能，为与政府、企业等主体协同推进慈善事业蓬勃发展创造了有利条件。

综观我国慈善事业演变历程，政府、企业和社会组织三者都是慈善事业发展过程中不可或缺的重要主体，从政府、企业和社会组织的整体性视角进行观察，可以反映我国慈善事业高质量发展的宏观图景：政府逐步转移服务职能，推动政社合作；企业积极履行社会责任，提升服务效能；社会组织则通过能力建设，优化组织的治理结构。政府、企业和社会组织共同构成的我国慈善事业发展宏观图景是本书的研究背景。

一、政府转移职能，推动政社合作

政府是经济社会发展的重要组织者和推动者。随着我国社会主义市场经济的发展和完善，政府逐渐摆脱“全能型政府”模式的束缚，政府职能转向为市场和社会主体提供服务、营造环境等方向。自2002年党的十六大以来，以科学发展观和构建和谐社会的提出为标志，强化政府社会管理和公共服务职能、建设服务型政府成为中国改革发展的重要内容[②]。服务型政府建设要求转变政府职能，通过改革实现政府管理能力的优化与提升，推进国家治理现代化向纵深发展。2013年11月，党的十八届三中全会审议通过《中共中央关于全面深化改革若干重大问题的决定》，要求加快转变政府职能，推广政府购买服务，对政府而言，凡属事务性管理服务，原则上都要引入竞争机制，通过合同、委托等方式向社会购买。党和政府的一系列改革为社会力量参与基层治理释放了空间，同时通过一系列制度设计提升企业、社会组织承接政府服务职能的能力，进一步优化政府、企业与社会组织之间的合作关系。

---

① 《2020年民政事业发展统计公报》，http：//www. mca. gov. cn/article/sj/tjgb/. 最后访问时间：2021年12月30日。

② 郁建兴、高翔：《地方发展型政府的行为逻辑及制度基础》，载《中国社会科学》2012年第5期，第95—112+206—207页。

慈善事业是国家治理体系和治理能力现代化的重要组成部分，推动慈善事业的可持续发展，需要政府、市场和社会的共同努力。善治的理念为不同主体在参与治理过程中实现合作提供了理论资源，协同被认为是个人、公共机构与私人机构管理的公共事务的总和，是相互冲突的利益主体通过调试和磨合以开展联合行动的过程①。在“国家-社会”的理论框架下，不同的利益主体有着差异化的利益诉求和行动资源，不同主体间存在资源交换和协商共治的可能性。

深圳市宝安区慈善会在区委区政府的指导下，深度参与全区慈善事业的结构布局、项目运作、资源整合、队伍建设等工作，有效承接区委区政府赋予的“推动全区慈善事业发展”的重要职能，实现全区慈善事业繁荣发展的总体目标。为进一步提升慈善事业发展水平，区委区政府不断优化党政部门与区慈善会的职能分工，在促进慈善事业发展的过程中发挥各自优势，整合区内慈善资源，形成全区慈善事业高质量发展的新成果。

二、企业履行责任，提升服务效能

自 20 世纪 20 年代以来，美国许多知名企业家积极投身社会慈善事业，“企业社会责任”理论以这一时期大量企业慈善实践为基础，成为指导企业参与慈善事业的重要指南。企业社会责任的理论导向在不断深化的实践中得以实现动态调整，经历了从价值理性导向到工具理性导向、再到综合价值导向的转变过程②。对社会的可持续发展而言，需要越来越多的企业承担社会责任，企业承担社会责任并非仅仅出于志愿目的，而是追求在利己中实现利他③。自 1978 年 12 月中央实行改革开放政策以来，我国企业在扩大生产经营、提升经济效益的同时，也日益认识到企业社会责任的重要性，企业从社会责任出发开展的一系列实践成为企业提高竞争力的重要

① 俞可平：《善治与治理》，北京·社会科学文献出版社，2000 年版，第 5 页。

② 方建国：《什么样的企业会承担社会责任》，载《福州大学学报（哲学社会科学版）》2019 年第 5 期，第 5—14 页。

③ 张兆国、梁志钢、尹开国：《利益相关者视角下企业社会责任问题研究》，载《中国软科学》2012 年第 2 期，第 139—146 页。

内容。

参与慈善事业是企业履行社会责任的重要方式。从社会责任的角度来看，企业不仅要对内部员工负责，为员工提供良好的就业环境和生活保障，还要积极承担社会责任，主动关心和帮扶困难群体。企业可以通过为困难群体提供工作岗位、参加慈善活动、开展慈善捐赠、设立企业基金会、一对一帮扶等方式履行企业社会责任。

技术、人员和资源等优势是企业赋能慈善事业发展的基础性条件。企业不仅拥有丰富的资金和人力资源，也在参与慈善事业的过程中对解决社会问题掌握了一定经验。企业可以通过整合资源、技术研发和项目试点等方式进一步提升慈善项目和慈善活动的有效性和影响力，推动公益创新，提高企业服务效能。宝安区合力慈善的发展离不开区内外各类企业的长期支持，宝安区五类百强企业联合会通过与区慈善会签订合作协议的方式明确双方在推进全区慈善事业发展中的职能分工，为宝安区合力慈善在资金、人员、技术等方面提供了持续性支持，推动全区慈善事业的稳步前进。

三、社会组织提升能力，优化治理结构

社会组织能力是指社会组织为了实现宗旨和目标应当具备的资源获取和配置等多方面的能力。美国 CCF 示范项目[①]从 5 个方面定义社会组织能力，包括组织发展、项目发展、收入发展、领导发展和社群参与。从社会组织实现组织目标的方式来看，社会组织的能力建设主要包括慈善资源的动员和管理能力、战略管理能力、社会公关互动能力以及项目运作能力 4 个方面的具体能力[②]。慈善资源的动员与管理能力是社会组织对资金、志愿者等方面资源的收集和整合能力，其关系到社会组织的财力和人力能否实现有效运转。战略管理能力是对组织可持续发展能力的描述，战略管理

① CCF 是美国联邦政府支持的最大能力建构项目之一，英文全称为“the Compassion Capital Fund Demonstration Program”。

② 庄爱玲：《中国基金会能力建设：爱德的启示》，载《学海》2004 年第 4 期，第 187—190 页。

能力是社会组织能力建设的根本要素。社会公关互动能力即社会组织与其他主体之间的合作能力，社会组织只有加强与其他组织的互动与合作，才能获取更多的资源。项目运作能力是社会组织能否保证项目执行的完整性和有效性的能力，具体表现为项目目标是否合理、项目运作过程是否顺畅、项目管理能力是否符合要求等方面的内容。

社会组织能力建设为其有效参与治理提供了可能，并在参与治理的过程中不断优化治理结构，提升参与效能。治理强调治理主体的多元化、治理结构的扁平化和治理过程的互动性，社会组织通过能力建设提升了其治理行动的精准性和有效性，成为实现公共利益的重要行动者。从治理主体的角度来看，社会组织的治理结构包括内部治理和外部治理两个部分，外部治理主要是指政府部门、社会公众、捐赠人、受益人以及新闻媒体等在内的外部利益相关者通过出台法律法规、开展第三方评估、要求社会组织信息公开等方式对社会组织实施监督，保证社会组织更好地实现组织目标并承担社会责任。内部治理主要是指以理事会、监事会、秘书处等组织内部人员为基础的治理，重点解决组织内部的利益协调问题，推动各方主体达成共识。优化社会组织的治理结构保障社会组织的正常有序运转，良好的内部治理为社会组织提供分权制衡的组织架构和制度体系，外部治理则是对社会组织有效履行社会服务职能的重要保障。

宝安区合力慈善依托政府、企业、社会组织、公众等不同主体的主动参与和积极行动，合力慈善的运作效果在各方主体的有效参与中得以实现持续性的提升。作为专业化的社会力量，社会组织是宝安区合力慈善的重要主体，有效地激发了社会主体广泛参与慈善事业的热情。

第二节　理论框架、核心概念与研究方法

合力慈善作为基层慈善的创新模式，具有深刻的理论渊源。社会互动理论、结构功能主义理论、组织角色理论和组织间网络理论为合力慈善的

基础研究提供了理论资源，并构成了三圈互动的整体性理论框架。核心概念部分论述了慈善、慈善组织、社会组织、慈善事业和合力慈善5个概念的深刻意蕴，揭示了合力慈善作为分析基层慈善基本概念的重要价值。本书综合运用了文献研究法、访谈法、个案研究法等多种研究方法，多维度、多视角地呈现了合力慈善的总体情况。

一、合力慈善的理论框架

慈善事业的可持续发展需要科学理论的支撑，慈善领域的研究者从社会互动理论、结构功能主义理论、组织角色理论、组织间网络理论等理论汲取养分，为合力慈善研究提供坚实的理论基础。合力慈善的理论框架以三圈互动理论和合作治理理论为核心，为宝安合力慈善运行过程中的多主体互动提供理论解释。

（一）合力慈善的理论基础

在打造“共建共治共享”的社会治理格局的理念引领下，慈善参与主体的多元化趋势愈加明显，形成慈善合力、促进慈善事业发展成为实现国家治理体系和治理能力现代化的重要内容。慈善理论的研究者从多维视角切入慈善事业研究，以往研究主要采用社会互动理论、结构功能主义理论、组织角色理论、组织间网络理论解释政府、企业以及社会组织在促进慈善事业发展过程中的互动关系，上述理论形成合力慈善研究的理论基础。

1. 社会互动理论

社会互动是人（群）对人（群）的相互影响过程，这一过程生成于特定的社会关系背景，影响的领域包括人的心理和行为两个层面。齐美尔提出的社会互动理论认为社会通过人的互动产生，人际交往的形式是构成宏观社会结构的基本单位。社会互动理论认为，社会互动过程呈现为“处境—行动者—演绎—事物（他人）—意义—行动—新处境”的发展过程，这一理论揭示了行动者与社会环境之间相互作用、相互建构的依存关系①。

① 费梅苹：《社会互动理论视角下青少年社区矫正工作服务研究》，载《青少年犯罪问题》2009年第9期，第4—8页。

社会互动理论聚焦于行动者之间的互动过程，并将社会环境作为影响互动过程的重要因素纳入分析框架，为分析个体与群体行为提供了重要的理论资源。

社会互动理论有两个重要的理论来源，分别是列夫·维果茨基的社会文化理论和鲁宾·费厄斯坦的中介作用理论。社会文化理论关注文化的代际传承过程及其社会影响，维果茨基认为，与更有知识的社会成员的对话，可以帮助儿童学习掌握符合所在社会文化的思维和行为，这就是社会交互作用的表现①。费厄斯坦提出的中介作用理论则认为学习者与介质之间的互动对学习者的认知发展具有重要作用。他修正了皮亚杰的意义建构模型，提出中介的作用是帮助学习者进入“更高层次”，并成功地学习更高层次的技能和知识②。无论是社会文化理论，还是中介作用理论，都关注外部要素对行动者的影响过程和机制，为社会互动理论的研究视野转向社会环境提供理论指引。

社会互动理论认为，社会互动需要具备三个前提条件：第一，社会互动需要两个以上主体的参与，且主体并不限于个体，也可是两类群体之间的互动；第二，主体之间需要形成某种形式的接触，接触的形式共有两种，分为语言形式和身体感官等非语言形式；第三，各方主体可以正确认识其他主体的意图和行为并积极响应。社会互动理论的三大前提对主体之间的关系和互动过程作出限定，成为理解社会行动、优化主体间互动的重要思想。

社会互动理论是指导社会和各类组织良性运行和协调发展的重要指南，其对实践的影响体现在三个方面：一是利益协调作用。某一方主体通过改正自身行为对他人或其他群体产生影响，从而实现彼此间的利益协调。二是文化适应作用。处于不同亚文化环境中的主体通过社会互动增进

---

① James V. Wertsch, *Voice of Collective Remembering* (Cambridge University Press, 2002), pp. 98-106.

② 郝鸿耀：《费厄斯坦中介理论的解读与应用研究》，载《教育与职业》2007年第26期，第113—115页。

对各自文化的了解和认同，进而提升对社会环境的适应能力。三是社会团结作用。人们通过社会交往行为形成特定的社会关系网络，这种网络使得人们更容易采取共同行动以应对共同面临的问题和挑战。

2. 结构功能主义理论

结构功能主义理论从结构、功能以及二者间关系的角度切入，是对社会宏观制度的整体性描绘，为探究慈善事业发展中政府系统、社会系统、经济系统的协调和配合机理奠定坚实的基础。结构功能主义认为，作为一个整体的分析单元，社会内部的各组成部分被有序组合在一起，发挥整体性的功能。结构功能主义理论的代表人物帕森斯认为，社会系统自身独有的适应环境功能、目标实现功能、整合功能和模式维护功能保障了社会系统的正常运转，上述功能的实现则需要经济系统、政治系统、社会共同体系统和文化托管系统的配合与互动①。适应环境功能指社会系统获得资源和能力并在系统中进行配置的功能；目标实现功能指社会系统通过激励、协调等方式实现目标的功能；整合功能指社会系统保持内部连贯和整体协调性的功能；模式维护功能指社会系统运用符号、观念、价值等方式处置和消除系统与行动者之间内在紧张关系、维持既有互动模式的功能②。社会系统的独有功能为理解结构与功能之间的关系提供了新的解释，结构功能主义理论将结构与功能相联系，从整体性的视角理解社会系统。

作为社会系统的组成部分，影响行为主体目标导向的因素包括行动主体本身、预期目标、行动状态和社会规范，社会行动不仅受到行动主体主观意愿的影响，也受到社会系统的深刻影响③。帕森斯认为，社会系统、行为有机体、人格系统和文化系统共同构成行动系统，社会系统之所以能够保证自身的维持和生存，是因为其具备的四个功能要件，即经济系统、

① 汉斯·约阿斯、沃尔夫冈·克诺伯：《社会理论二十讲》（郑作彧译），上海人民出版社，2021 年版，第 24—35 页。

② 冯嘉雯：《结构功能主义视角下农村社会组织参与乡村治理的机制研究》，载《领导科学论坛》2020 年第 17 期，第 32—35 页。

③ 王翔林：《结构功能主义的历史追溯》，载《四川大学学报（哲学社会科学版）》1993 年第 1 期，第 39 页。

政治系统、社会共同体系统和文化模式托管系统，四者之间由于社会互动而产生了“输入–输出”的交换关系。

结构功能主义理论中关于社会系统要素的功能发挥等描述，为政府、社会组织、企业等在慈善事业中的功能与作用发挥提供了独特的研究视角。在这一视角下，合力慈善的各参与主体形成有机整体和稳定网络，并为促进慈善事业发展贡献其力量。

3. 组织角色理论

美国社会学家乔治·米德将“角色”这一概念引入社会学领域，认为“个体被看作是在大型的地位网络中扮演与自己位置相关的各种角色”。角色理论得到了其他社会学家的持续改进和丰富，以解释和解决更加复杂多样的社会问题和社会现象。角色理论认为，对个体行为的解释应当以人们所处的社会地位与社会身份等客观事实以及人们对特定角色的理解、期望、要求等主观感知为基础。在社会运作的过程中，一个人对自我行为和地位的认识，总是根据对他人的行为和地位的认识而获得。对角色的认识，只有在不同角色之间的相互关系中才能得到更加清晰的认知。

组织角色理论的研究者卡恩等人最初主要关注正式组织的角色，对正式组织内部的互动、组织的运转以及组织与社会的关系加以阐释①。后继研究者将组织角色理论的研究重心逐渐转向组织角色的冲突，冲突研究涉及组织内部角色冲突以及组织与外部环境的角色冲突两个层面的内容②。组织角色理论将组织的运行过程与角色冲突等内容相结合，呈现出组织角色之间的动态关系。

组织角色理论对于社会组织研究具有一定的借鉴作用，即通过对一定社会环境下社会组织的角色期望与角色实践的考察，走出社会组织的内部与外部角色困境，实现我国社会组织的良性发展与中国社会的和谐运转。

---

① Kahn, R. L., Wolfe, D. M., Quinn, R. P., Snoek, J. D., Rosenthal, R. A. *Organizational stress: studies in role conflict and ambiguity* (New York: Wiley, 1964); Katz, D., & Kahn, R. L., *The social psychology of organizations* (New York: Wiley, 1966).

② Miles, R. H., Perreault, W. D. Jr., "Organizational role conflict: its antecedents and consequences," *Organizational Behavior and Human Performance*, 17 (1976), pp. 19–44.

4. 组织间网络理论

组织间网络是指某些组织通过长期交流联系而形成的一种相对稳定的合作结构，这种合作结构通过集体决策、联合生产产品或服务等方式降低成本，更好地适应技术变革和市场环境的要求，提高组织的竞争力。组织间网络是多主体自我选择而形成的双边关系，网络天然地包含了信任关系和相互认可的行动规范，因此组织间网络保证了合作关系的长期稳定。

组织间网络理论强调组织间的相互信任和长期合作，其主要思想包括三方面的内容：第一，战略目标成为引导组织间网络运行方向的重要内容，共同的战略目标同时也成为组织间合作的基础；第二，信任保证了组织间的协调与合作，组织间基于信任建立的共享平台在信息技术的作用下发挥降低沟通成本和提高合作效率的优势；第三，规则成为组织间网络明确主体责任的标尺，进一步形成组织间网络的行动准则和价值规范①。组织间网络理论通过信任和协调机制明确不同组织的功能和角色，为实现组织间的有效合作提供丰富的理论资源。

目前，多元主体参与慈善事业中，但各组织间行动分散、各行其是，呈碎片化现象，而且彼此间的认同与信任不足，更缺乏长效合作机制。因此，组织间网络理论能够厘清各组织角色，设计相互间密切衔接的流程，最终实现合力慈善中各主体之间的良性协作。

（二）合力慈善的分析框架：三圈合作互动

上述理论为理解合力慈善提供了诸多有价值的视角，但对于合力慈善之“合”缺乏较强的解释力。宝安慈善事业中的多重主体何以实现合作？维系这股合力的条件要素为何？何种机制可以实现合力慈善的持续运转？对上述问题的回答需要在三圈互动理论与合作治理理论中寻求答案。

1. 三圈互动理论

三圈互动理论为慈善研究提供了多元主体互动的结构分析视角。“三圈互动”中的三圈具体是指政府圈、企业圈与社会组织圈，它们各自有不

① 张紧跟：《组织间网络理论：公共行政学的新视野》，载《武汉大学学报（社会科学版）》2003年第4期，第480—486页。

同的使命与特点，社会组织圈需要借助政府圈的公共权力、企业圈的利润提供公共服务[①]。政府、企业和社会组织是三种类型迥异的组织，它们在社会中扮演着不同的角色。政府行使国家公共权力，强制性地分配国家和社会资源，维持社会秩序。企业为社会公众提供消费品从而获得利润。社会组织既没有强制性的公共权力，也没有获取利润的资源，只能通过由政府、企业或社会其他组织提供资源为社会服务[②]。政府、企业和社会组织的功能与角色决定了三者在基层治理中的定位与职能，政府主要发挥引导功能，企业主要提供资金、人员等方面的支持，社会组织则致力于供给专业化的社会服务。

三圈互动理论在萨拉蒙提出的第三方理论基础之上，摒弃了政府、企业、社会组织是"分立的三个部门"的传统观点，认为政府、企业和社会组织是交叉的部门，第一部门是有公共权力的政府，第二部门是追求利润的企业，第三部门是除政府和企业以外提供服务的社会组织。三圈互动中的核心分析单位是各自的核心目标。政府圈的核心目标是实现公共资源的有效配置，维持公共秩序和国家稳定，实现稳定与有效相统一的整体目标。企业圈的核心目标是通过生产产品和持续经营的方式获取利润，实现企业的长期存续。社会组织圈的核心目标是补位政府和企业尚未覆盖或覆盖效率较低的领域，提供社会公共服务，发扬志愿精神，形成公益文化[③]。政府、企业和社会组织一方面需要发挥好各自的功能，另一方面也需要加强主体间的合作与协调，形成有效合力推动社会发展。

2. 合作治理理论

合作治理理论的代表人物罗茨认为，治理是一种"自组织网络"，治理的基本特征是组织之间的相互依存；相互交换资源以及协商共同目的时保持网络成员之间的持续互动；互动以信任为基础，用网络参与者相互协

---

① 徐家良：《第三部门资源困境与三圈互动：以秦巴山区七个组织为例》，载《中国第三部门研究》2012 年第 1 期，第 53 页。

② 徐家良等：《第三部门概论》，北京大学出版社，2020 年版，第 2—10 页。

③ 徐家良、张圣：《中国疫情防控多主体关系的动态诠释》，载《上海交通大学学报（哲学社会科学版）》2020 年第 5 期，第 47—58+144 页。

商和认同的规则来调节；保持相当程度的相对于国家的自主性①。治理是对社会秩序和规则的重塑，治理以组织化的社会力量和平等的社会主体为基础，治理的目标在于实现不同主体的共同意愿和价值②。治理的理论研究为超越传统的管制思想提供了新的理论资源，引起了国内外研究者对于协同治理、合作治理的理论研究兴趣，涌现出一大批新的理论成果。

西方国家的公共政策和公共服务研究者采用协同治理（Collaborative Governance）。这一理论概念描述多元主体参与公共事务的情况。Ansell（安塞尔）和 Gash（加什）认为，协同治理是一个或多个公共部门直接与利益相关的非政府组织在集体决策过程中的一种治理安排。这种治理安排通常是正式的、基于共识的和经过审议的，目标是制定和执行公共政策或开展公共事务管理活动。Ansell 和 Gash 给出的协同治理之“治理安排”的定义作为一种分析结构被广泛应用于公共行政研究和实践中，他们总结出了协同治理的三个过程：信任关系的建立、达成共识和履行协同过程③。协同治理理论以多元主体对公共事务和公共服务的参与为核心，明确了各主体之间的职责，为主体间的合作过程提供了合理的解释，提升了治理理论对现实社会问题的解释力。

在协同治理理论研究的基础上，学者们进一步提出了合作治理理论。Ansell 和 Gash 将合作治理定义为一个或多个公共部门和非政府部门一起参与正式的、以共识为导向的、审议的、旨在制定或执行公共政策或管理公共事务与资产的治理安排④。Emerson（埃默森）和 Nabatchi（娜芭齐）等学者将合作定义为个体、多样与自主的行动者，达成内部共识，并通过外部网络解决复杂问题是理解合作治理的关键。合作治理被定义为一种为实

---

① 张宏志、吴新叶：《城市社区公共精神的建构性路径——以上海“社区自治家园”建设为例》，载《上海行政学院学报》2016 年第 1 期，第 14—22 页。

② 刘辉：《管治、无政府与合作：治理理论的三种图式》，载《上海行政学院学报》2012 年第 13 期，第 52—58 页。

③ Ansell C.，Gash A.，“Collaborative Governance in Theory and Practice,” *Journal of Public Administration Research and Theory*，4（2008），pp. 543-571.

④ 徐宏宇：《城市社区合作治理的现实困境》，载《城市问题》2017 年第 6 期，第 75—82 页。

现公共目的而吸收跨组织、跨部门、跨层级的行动者，并进行政策制定与管理的过程与结构①。对合作治理理论目前学界没有一个统一的定义，综合国内外不同学者的观点，本书认为合作治理理论是指在治理目的具有多元因素影响的背景下，多种治理主体如政府、企业、社会组织等在平等、主动、自愿的原则下参与社会公共事务治理的理论。

3. 三圈合作互动：对于宝安合力慈善的解读

宝安区合力慈善的研究应当在三圈合作互动的理论框架下加以分析。合力慈善的定义是政府、企业、社会组织以及社会公众等各种主体共同参与慈善事业，形成慈善事业发展合力，推动慈善事业向纵深发展的慈善事业发展模式。在合力慈善的发展过程中，政府、企业、社会组织等不同圈的自转与互转同步进行，每个圈围绕自身的核心目标自转生产出参与慈善事业所必需的资源，又通过联动性的互转实现资源交互，并在宝安区慈善会这一平台上完成合作目标的议定与合作方案的达成，使得最终的合作形态具有强烈的目标导向与价值共性。

三圈合作互动有利于消解慈善领域长期存在的碎片化问题。在合力慈善的理念引领下，在宝安区的微观场域内，政府部门既作为慈善事业的掌舵者，通过制度设计和规划编制，使慈善事业具备良好的发展环境；又通过充分赋权区慈善会协调统筹职能，将社会的事务交还给社会，明确慈善事业的民间属性。企业在合力慈善中获得参与慈善事业的有效激励（参评慈善百强企业、宝安区慈善奖等荣誉），持续作为慈善资源的供给主体，同时通过设立冠名基金等形式深度参与项目议题的设置过程。以社会组织为代表的社会力量，不仅借由宝安区慈善会搭建的平台摆脱资源困境地位，还在服务递送之外全方位、多角度地参与当地的基层治理，提升能力的同时也强化自身获得感。合力慈善中的三圈合作互动如图 1.1 所示。

① Emerson, Kirk, Tina Nabatchi. *Collaborative Governance Regimes* (Georgetown University Press, 2015), pp. 24-40.

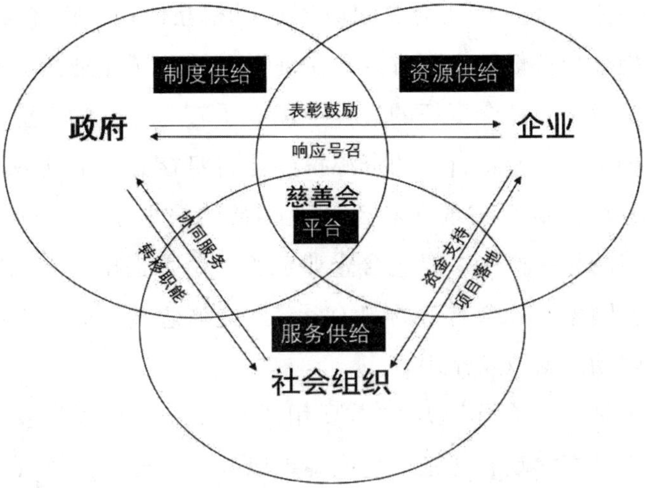

图 1.1　合力慈善中的三圈合作互动

本书将政府在合力慈善中的角色用“规制”一词予以描述。政府规制概念从政府的职能视角出发，指的是政府对于培育和监管慈善事业的各项职责与具体工作。本书所指的政府概念是广义上的“大政府”概念，包括行使立法、行政和司法三方面职能的国家机关，下文将阐述立法、行政和司法领域的慈善事业培育与监管相关内容。宝安区慈善会在运作过程中得到宝安区委区政府的大力支持。政府部门给予宝安区慈善会大量的慈善资源，如宝安区政府内设立宝安慈善会办公室，宝安区民政局的工作人员作为宝安慈善会工作人员。宝安区慈善会的实质在于政府将社会治理职能剥离，将政府在社会治理方面的职能转移交由宝安区慈善会承接。宝安区慈善会作为政府的抓手，连接政府、企业、公众和其他社会组织，因而宝安区慈善会的研究分析贯穿本书政府慈善、企业慈善以及社会慈善的多个章节。

企业在三圈合作互动中承担了资源支持的角色。随着经济的发展，企业对经济、政治、社会生活的影响更加深刻，社会公众也对企业社会责任的期望值升高，社会期待企业对社会肩负更大的责任。20 世纪 70 年代以来，“企业社会责任运动”逐渐兴起，该运动倡导将企业的经济责任和社会责任融为一体，企业和社会之间应当形成相互依赖、相互促进的关系。作为企业承担社会责任的主要方式，企业慈善得到了企业的关注，西方先发展国家在探索企业社会责任的过程中建立了较为完整的企业慈善管理制度。企业慈善是指企业将自身的资源投到与自身核心价值观或者使命相关的公共服务领域，从而实现在利于商业利益的情形下服务社会利益的效果。企业慈善的相关概念主要包含企业慈善、慈善捐赠、志愿服务、企业社会责任以及国家、社会与市场的关系，此类概念较为完整地展示企业慈善的内涵、驱动因素以及作用。

社会力量是三圈合作互动的重要组成部分，为合力慈善提供不竭动力。社会慈善是指除政府慈善、企业慈善以外，由社会主体（各类社会组织、志愿者、社会公众）开展的慈善活动。社会组织有广义和狭义之分：广义的社会组织指政府和企业以外两个以上的人或组织为了达到特定目标而建立共同活动的群体，包括未进行登记注册的民间组织、在编办注册的事业单位、免登记和不登记的群众团体以及在省级公安部门注册的境外非政府组织等；而狭义的社会组织则是指在县级以上民政部门登记注册的社会团体、基金会和社会服务机构三类组织①。由此可见，社会团体、基金会和社会服务机构都是社会组织的重要组成部分，宝安区合力慈善中的社会组织类型有社区基金会、街道商会、行业协会、宝安区义工联合会等多元组织形态，这些差异化的社会团体、基金会和社会服务机构组成了宝安区社会组织的宏观发展格局。此外，《宝安日报》增设专门版面报道宝安区内慈善文化发展情况、宝安区内居民积极参与政府和宝安区慈善会开展的各类慈善活动，社会慈善构成合力慈善的重要组成部分。

二、合力慈善的核心概念

合力慈善是深圳市宝安区在推进慈善事业和基层治理过程中逐渐探索出的一条彰显服务型政府建设特色、促进企业参与社会治理积极性、激发

① 徐家良：《疫情防控中的社会组织的优势与作用——以北京市社会组织为例》，载《人民论坛》2020 年第 23 期，第 28—31 页。

社会活力的新模式。合力慈善的相关核心概念包括慈善、慈善组织、社会组织、慈善事业、合力慈善五大重要概念。

（一）慈善

中文语境下的“慈善”一词可以对应两个英文单词，即“charity”和“philanthropy”。“charity”最早可追溯到古代的拉丁文单词“caritas”，受西方宗教的影响，“charity”具有浓厚的宗教色彩，主要指“基督之爱”，有善心博爱之意。受到基督教原罪思想的影响，慈善成为一种他律诉求，强化了慈善的责任和义务，并演绎为人的本能意识乃至生活常态[①]。“philanthropy”来自希腊语，词根“phil”和“anthrop”分别有“爱”和“人类”的寓意，具有博爱的特征。“philanthropy”比“charity”的外延和内涵更加丰富，后者强调对穷人或者困难群体进行帮助或救济，而前者不仅强调帮助穷人，也包含预防和解决社会问题、促进社会发展的内涵。随着慈善概念的边界和外延不断扩大，社会对慈善和捐赠形成了新的认识。捐赠不是富人为了获得精神上的救赎，而是“为了更好地调动起贫穷之人奋发图强的积极性，让他们在获得资助的同时依靠自身的努力去改善自己的生活境况，彻底摆脱贫穷”[②]。国内有些学者认为，“charity”表示狭义的慈善，“philanthropy”则代表广义的慈善。

慈善在中国由来已久，并且发展历程受到不同时期思想潮流的影响。其中，最具有代表性的是儒家的伦理思想，儒家提倡“仁为核心”“人为贵”“仁、义、礼、智、信”等仁义理念。儒家思想是我国古代慈善思想的重要来源之一。与此同时，道家的“善有善报、恶有恶报”，墨家的“兼爱”与“非攻”，佛家的“顺理为善，违理为恶”与“十善十恶”等思想理念对我国慈善伦理思想产生了重要影响。中西方慈善的概念在不同的文化土壤中生成，但是经过不断的碰撞和交织，慈善在中西方都具有共通的含义，即慈善是一种美德、善行和善心。

---

① 黄家瑶：《中西方慈善文化的渊源比较及启示》，载《学术界》2008年第4期，第27—31页。

② 杨义凤、邓国胜：《西方慈善行为模式的变迁及其对中国的意义》，载《天府新论》2013年第5期，第84—90页。

2016年颁布实施的《中华人民共和国慈善法》没有对慈善采取列举式的界定，而是采取概括式的界定，“慈善”的概念被界定为“自然人、法人和其他组织以捐赠财产或者提供服务等方式，自愿开展的公益活动”。本书认为，慈善是指在自愿的基础上为需要帮助的人提供资金、物品或者志愿服务的行为。

（二）慈善组织

慈善组织的概念来源于英国。慈善组织的核心特征是公益性，慈善组织在扶贫、发展教育、传播宗教和其他公益等方面发挥重要作用。2016年《中华人民共和国慈善法》的实施使得慈善组织成为一个法律概念。慈善组织是指依法成立、符合本法规定，以面向社会开展慈善活动为宗旨的非营利性组织，慈善组织可以采取基金会、社会团体、社会服务机构等组织形式。本书整合了法律法规和社会群体对慈善组织的规定和认识，将本书涉及的慈善组织限定为参与深圳市宝安区合力慈善工作、在慈善事业发展过程中发挥一定功能与作用的企业、新闻媒体和社会组织。

（三）社会组织

社会组织是在政府与企业之外，向社会特定领域、特定群体提供社会服务的组织机构。社会组织具有非营利性、民间性、自治性、志愿性、非政治性等重要特征，与政府、企业共同参与社会治理。社会组织是一个相对中国化的概念，根据是否经过登记管理的标准，可以将社会组织划分为广义的社会组织和狭义的社会组织。狭义的社会组织指县级以上民政部门登记注册的社会团体、基金会和社会服务机构。广义的社会组织既包括在民政部门登记注册或者街镇备案的组织，也包括没有登记并且没有备案的草根类组织。

根据社会组织的狭义定义，社会组织的类型包括社会团体、社会服务机构和基金会三类。社会团体指自然人、法人或者其他组织自愿或者依法组成，为实现会员的共同利益、不以营利为目的、按照章程开展的组织。社会团体的主要类型有协会、学会、研究会、促进会、联合会等。社会服务机构原名为民办非企业单位，主要指企业事业单位、社会团体和其他社会力量以及公民个人利用非国有资产举办的、从事非营利性社会服务活动的社会组织。社会服务机构是数量最多的社会组织类型，社会服务机构包括民办学校、民办医院、民办养老机构，也包括环境、助残等其他领域的组织。基金会是指利用自然人、法人或者其他组织捐赠的财产，以开展公益慈善活动为目的，按照《基金会管理条例》的规定成立的非营利性法人。根据募捐情况是否公开，基金会分为公募基金会和非公募基金会，公募基金会可依法向全社会开展募捐，非公募基金会则是由企业或个人出资，将一定款项用于公益慈善事业，也可依法接受来自特定范围的捐助，捐助者是企业或个人；根据获捐地域范围情况，基金会分为全国性公募基金会和地方性公募基金会，全国性公募基金会的公开募捐活动可以在全国范围内开展，地方性公募基金会的公开募捐活动只能在登记注册地行政区域内开展。

本书所讨论的社会组织主要集中于在深圳市（或下属区县）民政部门登记的社会团体、社会服务机构、基金会以及参与深圳市宝安区合力慈善工作、以备案形式存在的自组织团体。

（四）慈善事业

慈善事业是人们自愿奉献爱心、志愿参与救援行动和提供救济的社会事业，是政府主导下的社会保障体系的有效补充，也是实现社会再分配的重要方式。

从慈善事业的价值定位来看，慈善事业是市场和政府之外的第三种资源配置方式。郑麟认为慈善事业是社会保障体系和社会公益事业的重要组成部分，是通过慈善组织的专业化、制度化运作实现第三次分配的一种方式①。从政府制定发布的政策文件来看，我国对慈善事业的定位逐渐转变为民间自治的第三种资源分配方式，是社会保障领域的优先补充力量。党的十九届四中全会通过的《中共中央关于坚持和完善中国特色社会主义制度、推进国家治理体系和治理能力现代化若干重大问题的决定》中强调了“重视发挥第三次分配作用，发展慈善等社会公益事业”，明确慈善事业与第三次分配作用的密切联系，确立慈善事业在我国经济和社会发展中的重要地

① 徐麟：《中国慈善事业发展研究》，北京·中国社会出版社，2005 年版，第 22 页。

位。本书所指的慈善事业采用“大慈善”的概念界定方式，包括扶老、助残、救孤、济困、赈灾以及科教文卫等多方面的慈善活动和社会福利事业。

（五）合力慈善

合力慈善是中国慈善事业发展到新的历史阶段的必然产物，慈善事业不再局限于个体层面的“做好事”与“献爱心”，而是突出慈善事业的组织性力量，发挥政府、企业、社会组织、公众等不同组织和群体在慈善事业发展过程中的重要作用，共同成为推动慈善事业高质量发展的主体性力量。讲爱心才是真公益，讲大局才算高质量，各自为政势单力薄，通力协作方能高效①。各方在慈善领域的通力合作既需要对社会问题和特殊群体的关怀和了解，同时也需要在慈善活动、慈善项目、慈善行为中注入专业性和创新性的力量。公益和慈善组织可持续发展的关键是建立一个全社会关注的平台②。合力慈善是宝安区慈善会践行基层慈善实践的重要理念。2016 年 1 月，宝安区委书记黄敏提出“要打造文化慈善、真心慈善、合力慈善和创新慈善，充分发挥宝安区慈善会枢纽型公益慈善组织的作用”③。合力慈善作为区慈善会的一项重点推进工作，主要目的是聚合辖区政府、企业、公益组织与媒体的力量，与区慈善会拧成一股绳，共同推进宝安区慈善事业向前发展。目前，深圳市宝安区以“真心慈善、合力慈善、创新慈善、文化慈善”四大理念推动宝安区慈善事业的快速发展，逐渐形成“热心公益办慈善、身体力行办慈善、制度规范办慈善、全民参与办慈善”的慈善事业新格局。发展合力慈善的过程中，宝安区慈善会作为枢纽型公益组织，承担社会救助功能、文化教育、农村建设和助力乡村振兴等功能，积极参与社会基层治理。宝安区慈善会链接宝安区政府、企业、媒体、公众以及志愿者等多方主体，广泛发动社会力量，多方筹措善款善物，卓有成效地开展救灾、扶贫、安老、助孤、助学、助医等方面的慈善

① 赵铮：《讲大局讲合力才有慈善高质量》，2021 年 2 月 9 日《中国社会报》，第 1 版。
② 何君毅：《公益和慈善需要平台合力》，2010 年 7 月 5 日《中国企业报》，第 6 版。
③ 范晓霞：《“合力慈善”成今年慈善工作重点》，2016 年 5 月 20 日《宝安日报》，A16 版。

救助项目和慈善会文化传播。

基于此，本书认为，合力慈善是指政府、企业、社会组织以及社会公众等各种主体共同参与慈善事业，形成慈善事业发展合力，推动慈善事业向纵深发展的慈善事业发展模式。合力慈善的意义不仅在于能够将宝安区慈善会自身发展与宝安区企业、社会公众、媒体等结合起来，积极参与扶贫济困活动，规范组织网络，为宝安区爱心人士投身慈善事业搭建良好平台，而且有利于提高宝安区乃至深圳市慈善事业发展水平，提高参与基层治理能力，打造共建共享共治的宝安样板。

三、合力慈善的研究方法

本书主要采用文献研究法、访谈法、个案研究法三种社会科学的研究方法。文献研究法聚焦于宝安合力慈善实践相关的法律法规、政策文件、书籍、论文、报告等多种文献资料，通过文献梳理描述宝安合力慈善的整体情况。运用访谈法对宝安合力慈善实践中的政府工作人员、企业管理人员、社会组织工作人员、新闻媒体记者、志愿者等进行多次访谈，获取宝安合力慈善的一手资料。运用个案研究法对宝安区的慈善事业发展进行案例分析，通过对宝安区全域慈善实践的整体分析发现宝安合力慈善的特色和优势，为中国基层慈善事业发展提供新思路。

（一）文献研究法

文献研究法是指在全面收集有关文献资料的基础上，经过归纳整理、分析鉴别，对一定时期内某个学科或专题的研究成果和进展进行系统、全面的叙述和评论。本书的研究文献主要来源于法律法规、政策文件、中外期刊文章、专业书籍、博士论文、政府报告、会议论文和在线数据库信息等，通过对宝安区慈善会相关文献及资料的收集，了解宝安合力慈善的总体情况。

（二）访谈法

本研究采用半结构式访谈的方法，围绕总体性的访谈提纲，根据实际情况及时调整访谈问题，实现与访谈对象的有效沟通，从而获得全面、充分的一手数据①。半结构式访谈可以在收集研究人员想了解信息的同时，保持一定的开放性和自由度，为深入挖掘更多信息提供空间。研究团队对宝安区慈善会会长张洪华、宝安区慈善会副会长兼秘书长陈长贵、宝安区慈善会办公室主任刘曦光和宝安区内企业家、街道商会、社会工作者协会、新闻媒体记者、志愿者等不同的工作人员进行了多次访谈。并于2020年8月19日至22日、2021年1月13日至1月14日、2021年6月10日至12日三次前往深圳市宝安区对宝安区慈善会展开了集中的访谈。具体的访谈信息见表1.1。

表1.1　访谈对象信息

访谈对象	访谈时间	访谈时长
宝安区政府工作人员	2020年8月19日上午	130分钟
宝安区慈善会会长、秘书长等	2020年8月19日下午	180分钟
宝安区慈善百强企业家	2020年8月21日下午	90分钟
宝安区社会组织（5A和4A）	2020年8月20日	100分钟
宝安日报社和宝安广播电视中心编辑以及记者	2020年8月21日	100分钟
宝安区政府社会救助科工作人员	2021年1月13日	100分钟
宝安区桥头小学副校长	2021年1月14日	120分钟
宝安日报社工作人员	2021年6月10日	160分钟
宝安区旭源、尚德、益民社会工作服务中心工作人员	2021年6月11日	240分钟
宝安建设投资集团有限公司办公室主任	2021年6月12日	60分钟

（三）个案研究法

个案研究法强调将一个地点或人物作为个体案例对其展开详细描述以及研究。布洛维认为个案要放在社会结构性的层次看待它的结构性意义，

① Schmidt C.,"The analysis of semi-structured interviews". *A Companion to Qualitative Research*, eds. U. Flick, E. von Kardorff, & I. Steinke (London: Sage, 2004), pp. 259-265.

以寻求对社会理论的修正与创新[①]。王宁则认为个案研究方法与抽样调查不同，个案研究并不追求总体代表性。案例选择基于两大原则：一是“目的性抽样”，即根据具体目的来获取相应信息，使其为研究问题提供最大限度的支持[②]；二是“社会学意义上的代表性”，即确保案例研究的完整性和丰富性[③]。

深圳市宝安区慈善会是2007年成立的社会团体，2017年被评为5A级社会组织，曾连续两次被深圳市鹏城慈善表彰大会授予“慈善组织奖”，被宝安区委评为“精神文明建设先进集体”，宝安区慈善会会长张洪华曾获得“鹏城慈善感动人物奖”和“推动者之公益支持奖”。在第四届鹏城慈善奖评选中，宝安区被授予全市唯一的“鹏城慈善典范区”荣誉称号；在第五届鹏城慈善奖评选中，荣获“鹏城慈善40年致敬（人物）单位”荣誉称号。截至2021年底，宝安区慈善会共募集善款7.96亿多元，拨付善款6.4亿多元，覆盖困难群众600多万人次。宝安区慈善会作为一家区级慈善会，自成立以来创新救助方式、扩大救助面、链接社会慈善资源，在基层慈善实践方面具有较强的典型性和代表性。

宝安区慈善会是立足全区、扎根基层的慈善事业行动者，宝安区慈善会15年的发展历程中充分发挥组织优势，成为在慈善领域连接党、政府、企业、社会组织、公众的关键主体。从全国范围来看，无论是慈善会的成立，还是慈善会的日常运作，都具有较为浓厚的官方色彩，政府通过嵌入式管理实现对慈善会的影响，慈善会实际上成为政府职能的延伸与拓展。然而从宝安区慈善会的具体案例来看，慈善会以“合力慈善”为发展目标，致力于与其他基层治理主体建立同盟，通过契约打造形成平等的合作伙伴关系，共同推动基层慈善事业发展。宝安区慈善会避免慈善会的“过度行政化”顽疾，实现政府联系社会与社会自发行动两方面的有效结合，

---

① 麦克·布洛维：《公共社会学》（沈原等译），北京·社会科学文献出版社，2007年版，第88—120页。

② Patton M Q, *Qualitative evaluation and research methods* (Newbury Park: SAGE, 1990), p. 169.

③ Devaus D, *Research Design in Social Rearch* (CA: Sage Publication Inc, 2001), pp. 35-51.

走出了一条不同于传统的新发展道路。宝安区慈善会的合力慈善实践是立足宝安区情、体现基层慈善实践特征的重要案例，反映出我国基层慈善实践的运行逻辑。对宝安区慈善会的合力慈善工作开展深入研究有助于进一步发现我国基层慈善实践中的总体情况和有益经验，为推动慈善事业发展提供案例参考。

第三节　宝安合力慈善的基本情况与研究价值

合力慈善的生动实践深刻反映了宝安区慈善事业发展到新历史阶段的成果。在宝安区委区政府的指导下，宝安区慈善会有效地凝聚企业、志愿组织、社会组织、新闻媒体、社会公众等群体的力量，形成合力慈善的基层慈善发展新格局。宝安合力慈善作为基层慈善事业的重要创新实践，其植根于宝安的风土人情和历史文化，具有提炼多重资源汇聚模式、强化政社互动合作认知和实现慈善参与主体赋权增能三个方面的重要价值。

一、宝安区合力慈善的基本情况

宝安区原为宝安县，于东晋咸和六年（331 年）设立建制，是深港文化发源地。1992 年 11 月，经民政部批复、国务院批准，宝安撤县设区，宝安区正式设立。宝安区总面积 396.64 平方千米，约占深圳市总面积的 20%；截至 2021 年实有管理人口约 560 万，占深圳市总人口的 25%[①]。

宝安区是深圳的经济大区和社会发展前沿阵地。根据《宝安区 2020 年国民经济和社会发展统计公报》的相关数据，经济方面，2020 年全年全区实现地区生产总值（GDP）3846.87 亿元，比上年增长 2.0%；全年全部工业增加值 1687.54 亿元，比上年增长 0.4%，占地区生产总值的比重为 43.9%；全年批发和零售业增加值 337.04 亿元，比上年下降 4.0%；全年

① 宝安区经济社会发展基本情况，http：//www.baoan.gov.cn/mlba/bagk/jj/content/post_8520673.html. 最后访问时间：2021 年 12 月 30 日。

农业总产值1.69亿元，比上年下降36.9%；全年固定资产投资比上年增长14.6%；全年批发业商品销售额2992.93亿元，比上年增长5.1%；全年税收收入668.20亿元，相较上年下降了2.1%。社会发展方面，宝安区全区2020年末户籍人口81.1万，比上年末增加9.2万，增长11.4%；全年全区居民人均可支配收入60873.65元，比上年增长6.2%。年末社区工作站124个，社区党群服务中心127个，社区老年人日间照料中心和长者家园58家，星光老年之家153个，社会福利中心1个，服务对象床位400张（儿童250张，老人150张）。城镇居民家庭最低生活保障标准为每人每月1250元，比上年增长7.5%。年末领取最低生活保障人数469人，发放最低生活保障金457.41万元，增长31.5%①。

近年来，宝安区积极推动慈善事业建设，持续推进政策配套和实践创新，培育慈善组织、发起慈善募捐、普及慈善文化，保证慈善事业取得持续发展。宝安区慈善会成立于2007年1月18日，是深圳市首家区级慈善会，在宝安区慈善事业发展中起到核心引导作用。截至2021年底，共募集善款7.96亿多元，覆盖人群600多万人次。宝安区慈善会致力打造“透明慈善”“阳光慈善”，扶危济困、助医助残、救急赈灾，惠及一大批困难群众。自成立之日起，宝安区慈善会积极发掘社会慈善资源，筹集善款，不断增强慈善会的实力。先后开展了创始慈善基金募捐、成立一周年募捐、地震灾区赈灾募捐、“广东扶贫济困日”、“一十百千万”、“慈善拍卖”等募捐活动。由于在慈善领域贡献突出，宝安区慈善会连续两次参评鹏城慈善奖并获得“慈善组织奖”。

宝安区积极联系动员社会各界的慈善资源，推进合力慈善向纵深发展。2015年，宝安区慈善会与深圳市民政局签订《推进慈善事业创新发展合作框架协议》，接下来几年内宝安区慈善会分别与深圳市宝安区五类百强企业联合会签订战略合作协议，与宝安区各街道商会、宝安区义工联、宝安日报社、宝安广电中心签订《推进公益慈善事业发展合作框架协议》。

① 宝安区2020年国民经济和社会发展统计公报，http://www.baoan.gov.cn/sjfb/tjsj/tjgb/content/post_8745440.html. 最后访问时间：2021年12月30日。

综合而言，宝安区在深圳市占据重要经济社会地位的同时，极为注重慈善事业发展，宝安区慈善会作为平台主体积极开展慈善活动、发掘慈善资源，为全区慈善事业作出了突出贡献。同时，宝安区所在的深圳市作为广东省副省级城市、全国性经济中心城市和国际化城市，对于国内其他城市的发展发挥了模范引领作用。近年来，深圳市深入推动慈善管理体制与运作机制的改革创新，发挥慈善事业在基层治理现代化中的重要作用。深圳市的慈善事业建设为国内其他地区提供有价值的范本，而宝安区则是深圳市慈善事业发展的先行者。因此，选择宝安区作为案例，对区内慈善事业实践情况开展研究，深入解析宝安区慈善事业的运作机制，透视宝安区慈善事业得以蓬勃发展的有利经验，有助于为国内其他地区慈善事业建设提供学习与借鉴。

二、宝安区合力慈善的研究价值

宝安区合力慈善是一项重要的慈善创新之举，对其开展系统研究，有助于梳理出该模式在推进慈善事业发展中的功能与作用。合力慈善的研究价值主要体现在提炼多重资源汇聚模式、强化政社互动合作认知和实现慈善参与主体赋权增能三个方面。

（一）提炼多重资源汇聚模式

合力慈善是宝安区政府贯彻落实“以人民为中心”的慈善事业发展目标、动员广泛社会力量参与慈善活动、弘扬志愿精神、宣传慈善文化的重要实践。宝安区合力慈善汇聚全区的多重慈善资源，为建立健全区域慈善事业发展体系，集聚多方力量提供了坚实基础。

1. 总结政府引导地位，着力健全发展体系

在慈善事业的起步阶段，政府引导对于促进慈善事业发展具有重要意义。研究合力慈善中的政府引导方式有利于明确政府在慈善事业中的角色，促进各项政策的落实与完善，使我国慈善事业呈现出良好的发展局面。政府引导慈善事业，健全合力慈善发展体系，需要加快慈善捐助披露制度建设和建立社会力量协调机制。借鉴慈善事业发展比较成熟、管理比

较规范的英国、美国和澳大利亚等国家的成功经验，政府主管部门及时向社会发布权威信息，公布慈善项目实施情况，以此推动慈善组织公信力标准的制定，引导建立第三方评估体系和行业自律机制，逐步建立较为完备的慈善信息统计制度、公开制度与公示制度。

党中央、国务院以及各级党委政府为社会组织营造有序健康的发展环境，健全社会组织发展体系，加大对社会组织的财政资金支持，有效提升社会组织公共服务供给水平，发展社区社会组织。第一，加大对社会组织财政资金支持。一方面，政府通过拨款或政府购买服务的方式对社会组织开展的项目和提供的服务予以资金支持；另一方面，通过税收优惠、场地支持等方式减少社会组织的资金负担。第二，提升社会组织公共服务水平。通过专业队伍建设为社会组织从业人员提供能力支持，借助技能培训、政策宣讲等方式提升社会组织的服务水平，引导社会组织参与发展科教文卫事业。第三，发展社区社会组织。引导社会组织从业者参加社工师职业资格考试，进而提升社区社会组织人才的专业化水平，通过执行人才战略培育社区社会组织。

2. 诠释以人民为中心发展路径，着力聚集多方力量

慈善事业是我国社会保障体系的重要组成部分。促进慈善事业健康发展，应坚持以人民为中心、增进人民福祉的理念。开展本项研究，正是要明确“以人民为中心”的慈善事业发展思路，优化社会治理，发展多层次社会保障体系。

以扶贫和乡村振兴为例，慈善事业充分调动政府、企业、事业单位、社会组织和全民的参与力量，集聚各类慈善资源，形成促进慈善事业发展的强大合力。企业要创新模式，探索精准扶贫和乡村振兴新路径。立足当地资源优势和产业基础，选择因地制宜的创富项目，实现差异化竞争。充分利用“互联网+”技术缩短扶贫和乡村振兴链条，搭建贫困地区优质农产品与外部需求者沟通的桥梁。鼓励和支持社会组织开展帮困助学、重疾援助等救助行动，协调解决其遇到的问题和困难，并深入走访调研，开展多种形式的帮扶。凝聚全民参与力量，社会公众可通过民政部指定的慈善

组织互联网募捐信息平台，如腾讯公益、阿里巴巴公益、支付宝公益等网络平台了解项目信息、进行慈善捐赠。社会公众也可直接向受益人捐赠，提高社会参与合力慈善的热情，形成“人人公益，随手公益”的良好社会风尚。

（二）强化政社互动合作认知

政社互动合作是宝安合力慈善所体现出来的重要经验。一方面，通过合力慈善进一步厘清政府职能转移与社会力量承接之间的关系，明确政府与社会之间的职责边界和功能区分；另一方面，政社互动合作强化社会组织的资源保障意识，提升社会组织的能力建设水平，进一步增强合力慈善的实践效果。

1. 厘清政府职能转移方向，解决职能缺位和监管问题

政府职能也称行政职能，是指行政主体作为国家管理的执行机关，依法管理国家政治、经济和社会公共事务时应当承担的责任和职能。它体现了政府活动的基本内容和方向，是对公共行政本质的反映。政府职能转移是政府把原先自身承担的职能移交给政府以外的主体承担，也就是向社会、向市场转移的过程[①]。本书研究的重要意义之一是厘清慈善领域政府职能转移方向，明确社会主体承接慈善职能过程中的赋权和监管问题。

我国政府致力于为全体公民提供公共产品和公共服务，实现公共利益的最大化。由于政府内部有可能出现道德风险、寻租等情况，因此政府部门也会存在政府失灵的现象。面对政府失灵问题，社会组织以自身良好的社会动员能力和资源整合能力推动社会问题的解决，实现对政府部门的积极补位。因此，从政府和社会组织的职能分工来看，政府主要发挥宏观调控的优势，为社会组织提供政策、资金支持，加强监管，为社会组织营造良好的发展环境。社会组织通过政府购买服务的契机，以项目运作的形式参与社会治理，发挥自身的独特优势。然而，在我国部分领域和部分区域，政府和社会组织职能界定不清。政府存在管理“越位”“缺位”“错

① 杨欣：《政府·社会·市场——论中国政府职能转移的框架》，载《经济体制改革》2008年第1期，第30页。

位”的现象。“越位”主要表现为政府对社会组织各类活动的过度干预。“错位”主要是指政府在经济工作中往往自觉不自觉地介入或干预微观经济活动，甚至认为政府应对社会组织全权管理。“缺位”是指政府未能建立健全社会组织的监管机制，表现为对社会组织培育意识不足、管理措施缺乏、防范意识浓厚等问题。

开展政社合作模式研究需要进一步厘清与社会组织的职能边界，对政府职能部门承担的有关社会发展和人民日常生活服务事项交由社会组织或具有相应资质的企业来完成，建立预算管理机制，将政府购买社会组织服务的费用纳入财政预算。借助第三方评估机制对社会组织和企业进行项目合作前的资格审查，合作过程中跟踪了解，合作完成后进行社会绩效评估。政府将自身的部分服务职能让渡给社会组织，既能提高提供公共产品和服务的水平，又能推动政社紧密合作，形成政社之间的良好关系。

2. 强化社会组织资源保障意识，提高发展能力

强化社会组织自我保障意识是提高社会组织可持续发展能力的前提和基础。第一，强化资金保障。通过政府购买社会组织服务、福彩公益金资助、社会建设资金和街道财政专项资金项目化运作等方式，推动创新实践。第二，强化人才保障。大力推进社区社会工作发展，加快社区工作者专业化，实现专业社工、社区工作者、社会组织骨干、志愿者等多元化人才队伍立体化发展，为基层社区治理提供人才保障，打开社区治理新局面。第三，加强专业组织保障。强化社会工作机构承接社区治理和服务相关事项，推动社会救助、社会福利等政策落地，弥补政策落实的末端问题，打通联系和服务群众的“最后一公里”。

提升社会组织能力需要政府主管部门积极发挥作用，完善人才队伍机制和标准化机制。第一，坚持登记管理机关和业务主管单位负责制。充分发挥登记管理机关的作用，从宏观和全局的角度指导和把握业务，协调出台相关政策规定，加大工作指导力度。业务主管单位建立健全社会组织能力建设的发展规划和展望。第二，进一步完善人才队伍机制。社会组织工作人员如秘书长、副秘书长、会计等实行专职人员职业化，在市场经济下

对其实行聘任制，受聘者根据合同以及协议履行责任。对社会组织专职人员制定专门的劳动人事管理制度、档案管理制度、考核奖惩制度等，对专职人员实行职业化后完善后续社会保障措施。第三，完善标准化机制。在社会组织能力建设的标准上，根据社会组织的类别设定不同的标准和目标。在社会组织能力建设过程中，注重发现和培育典型案例，提炼发展经验，召开经验交流会推广典型经验①。

(三）实现慈善参与主体赋权增能

本研究的实践价值在于指导基层慈善事业发展，为不同参与主体的增权赋能提供思路。近年来，随着我国社会转型步伐的加快，各种社会问题日益突出，赋权增能的理论被广泛应用于农民工救助、社区治理等研究领域，并对社会组织的相关研究产生了一定影响。从词的含义来看，“赋权”就是赋予权利，也即法律所赋予的自由和利益。本书试图探索的赋权对象是企业、社会组织、媒体、公众个人等所有慈善事业参与主体。“增能”意指使其有能力，强调挖掘或激发服务对象的潜能。慈善事业参与主体增能就是提升慈善事业各相关方在慈善活动中的能力和水平，使社会组织更好地发挥服务社会的功能②。赋权增能不只局限于关注慈善事业发展主体的劣势与不足，而是挖掘其优势和能力，强调政府通过激发社会力量的优势能力给予慈善事业更多的发展空间，使社会力量的潜力得到释放和发展。

1. 提升社会组织提供公共服务质量

本研究将指导社会组织在协同互动格局中强化自身服务供给能力。政府服务的普惠性很难与城镇居民个性化、多层次、多样化的需求相匹配，社会组织具备较强的感知社会需求的能力，能够深入倾听居民需求、为居民服务。社会组织可以提供个性化、有针对性的公共服务，社会组织在登

---

① 罗立政：《进一步完善“四个机制” 提高社会组织可持续发展能力》，载《中国民政》2010年第6期，第45页。

② 王义：《“赋权增能”：社会组织成长路径的逻辑解析》，载《行政论坛》2016年第23期，第61—65页。

记时需要说明其从事的服务活动范围，以保证社会组织服务功能的特殊性和社会组织提供服务的专业性。在政府服务项目外包时，社会组织还可以与同一服务领域的其他社会组织合作，增强竞争力，提高服务供给能力。

2. 构建政社合作伙伴关系

本研究将进一步梳理政府与社会力量在新时代的新型互动关系。随着第三次分配的重要地位获得中央文件确认，政府将更多公共服务供给职能逐渐转移给社会力量已成为大势所趋。社会力量在政府释放的空间中发展壮大，在社会服务领域与政府职能相辅相成，不断进步。政府接纳并认可社会力量，积极培育和引导社会力量，与社会力量建立伙伴关系。本书将系统总结合力慈善中的政社合作实践，为“十四五”时期政社伙伴关系的强化与优化贡献智慧。

本章小结

宝安区合力慈善调动政府、企业和社会三个圈的资源和人力，为宝安区慈善事业的持续发展提供了坚实的资源基础和不竭的发展动力。宝安区合力慈善是政府、企业和社会组织在新的历史发展阶段下为共同推进慈善事业发展而出现的新型基层慈善模式。合力慈善为中国的基层慈善事业提供了一份崭新的、有效的方案，彰显了宝安区在慈善事业和基层治理领域的辛勤耕耘，是多年长期发展获得的丰硕成果。

第二章　政府规制：合力慈善的制度基础

我国慈善事业的发展与政府关系密切，始终呈现出政府主导的特点。1978年中央实行改革开放政策以后，慈善事业的恢复与发展得益于政府政策的持续推动。实现慈善事业发展目标需要政府的支持，慈善所发挥的资源供给、扶贫济困等功能也是对政府社会管理和服务职能的有机配合，政府对于慈善事业发展的引领和支持是必不可少的。

宝安区慈善事业坚持“党委领导、政府推动、政策引导、社会参与”的总体方针，政府在促进慈善事业发展中发挥了主导推进作用，为宝安区慈善事业建设打造了良好的政策环境，引导慈善事业朝正确方向发展。本章分为政府促进慈善事业发展概论和宝安区政府促进慈善事业概况两部分内容，首先勾勒出政府在慈善事业中发挥作用的通则化轮廓，再聚焦宝安区政府引导慈善事业发展的具体实践。政府促进慈善事业发展概论基于政策文件和研究文献，界定了政府促进慈善事业发展的概念，厘清了慈善领域政府规制的内涵，并归纳中央政府在慈善事业建设中的相关举措。宝安区政府促进慈善事业概况部分则主要对宝安区政府及其下属单位针对当地慈善事业发展的培育和监管措施进行了梳理和总结。

第一节　政府规制慈善事业发展的一般原理

政府规制是促进慈善事业朝正确方向发展的重要制度保障，政府部门在促进慈善事业发展的过程中发挥了引导性作用，为慈善组织、慈善项目、志愿者等群体参与慈善事业提供政策支持，营造良好的慈善文化氛围。政府规制慈善事业发展主要介绍了政府规制慈善的概念与内涵、政府促进慈善事业的理论、政府在慈善建设中的相关举措三个部分的内容。

一、政府规制慈善的概念与内涵

我国政府是推进社会治理和慈善事业的重要领导者，政府部门通过制定与执行公共政策的方式对慈善事业进行规范化管理。政府规制慈善是推进慈善组织规范化发展的重要方式，通过介绍政府规制慈善的概念与内涵，整体性描绘政府规制慈善、引领慈善事业发展的总体轮廓，进一步加深对政府引导慈善事业发展的重要性和价值的理解。

（一）政府规制慈善的概念

1978 年中央实行改革开放政策以来，经济社会的快速发展带来了社会财富总量的不断积累，人民生活水平逐渐提高，经济飞速发展和人民收入水平的提升夯实了慈善事业的经济基础。与此同时，国家治理现代化和“共建共治共享”社会治理格局对慈善事业的发展提出了更高的要求。中国的经济改革、政治体制改革为社会改革提供了制度基础，国家与社会的边界在改革不断向纵深推进的过程中得以明晰，政府在促进慈善事业发展中扮演的角色逐渐从“政府办慈善”的主导者角色向“政府培育和监管慈善”的引导者角色转变。这一转变在政府为规范和促进慈善事业发展而制定的一系列政策文件中得到充分体现。2014 年 11 月，《国务院关于促进慈善事业健康发展的指导意见》正式印发，这是新中国成立以来第一个以中央政府名义出台的指导、规范和促进慈善事业发展的文件①。《国务院关于促进慈善事业健康发展的指导意见》确立了一系列鼓励和规范慈善事业发展的政策措施，提出要改革创新慈善事业体制机制，优化慈善事业发展环境，鼓励社会力量以扶贫济困为重点开展慈善活动。2016 年 3 月通过的《中华人民共和国慈善法》是慈善事业领域的一部基础性、综合性法律，具有重要现实意义②。《中华人民共和国慈善法》确立了慈善组织的法律地

① 《国务院印发〈关于促进慈善事业健康发展的指导意见〉》，载《中国社会组织》2014 年第 24 期，第 1 页。

② 《〈中华人民共和国慈善法〉（全文）》，载《中国民政》2016 年第 13 期，第 61—63 页。

位、组织形式等，鼓励慈善活动主体多元化，对慈善募捐行为进行了规范，规定了针对慈善组织、捐赠人和受益人的税收优惠政策，明确慈善工作的主要监管部门以及政府对于促进慈善事业发展的优惠措施。以上法律和政策文件反映出政府在慈善事业推进过程中的职能角色已转变为规范监管和支持培育的行动者，而非慈善活动的主要直接从事者。基于此，本章使用政府规制这一概念以概括政府在促进慈善事业发展中的角色定位。政府规制慈善这一概念从政府职能视角出发，指的是政府对于培育和监管慈善事业的各项职责与具体工作，兼具管理控制与激励协商等不同层面的举措①。值得注意的是，本章所指的政府概念是指广义上的“大政府”概念，包括立法机关、行政机关和司法机关三类，下文将阐述立法机关、行政机关和司法机关的慈善事业培育与监管相关内容。

（二）政府规制慈善的内涵

政府规制慈善是关于政府在促进慈善事业发展中的角色定位的具体讨论，相关研究主要关注政府与慈善事业的关系模式以及政府在慈善事业建设中的行为两个方面的内容。

1. 政府与慈善事业的关系模式

针对我国政府与慈善事业的关系模式，学界已有诸多研究。慈善事业的建设发展与政府行为联系密切，在慈善事业发展中对于政府角色予以明确具有必要性。首先，慈善事业的生成和发展与政府之间存在着密切的关系。国家在推进经济建设和政治体制改革的过程中引发了社会利益的多元变化，贫富差距扩大、权责不对等等问题对社会的和谐发展造成了不利的影响，社会问题丛生，因此推进慈善事业发展就极为必要。其次，通过促进慈善事业实现公共利益需要借助政府能力和公共资源的支持。慈善事业的根本使命和愿景是经由合法途径、致力于社会特殊群体的救济和发展，实现社会的公平正义。消除贫困、维护公平和社会正义是政府的重要工作，促进慈善事业发展与政府维护公共利益的职能相一致，因此慈善事业

① 陈思融：《政府规制社会公益组织的工具选择》，载《天津行政学院学报》2013 年第 3 期，第 79—83 页。

得到了政府部门的大力支持。社会组织和慈善组织是参与慈善事业、运作慈善项目、开展慈善活动的重要主体，但由于组织的非营利特性，往往在社会资源、专业人才、自我造血能力等方面的能力较弱，需要得到政府部门的扶持和帮助。政府购买社会组织服务是政府扶持的重要方式，在促进社会组织发展方面发挥了巨大作用。与此同时，政府为慈善事业的发展提供了良好的制度环境，为社会组织承接政府购买服务项目、提供专业化的社会服务提供相应的政策配套措施。最后，慈善事业的发展是对政府社会治理职能的有效补位。慈善事业通过对特殊群体的援助和帮扶，起到减轻社会贫富差距，减少贫困现象，减缓阶层矛盾，促进社会和谐稳定的作用。发展慈善文化有助于塑造良好的社会风气，促进道德建设，推动和谐社会的构建①。慈善事业对政府社会保障职能未尽之处加以补充，为缩小社会贫富差距、实现共同富裕提供强有力的支持。

自中华人民共和国成立以来，政府对于发展慈善事业的态度经历了从否定到逐步认可的转变过程。改革开放后的政府规制慈善可分为三个阶段，即缓慢复苏阶段（1981—1993 年）、全面兴起阶段（1994—2007 年）以及蓬勃发展阶段（2008 年至今）②。当前慈善事业正处于蓬勃发展期，政府重视慈善事业的发展，慈善事业在社会治理、社会保障、经济社会和谐发展等方面发挥了重要作用。政府部门需要持续加强制度供给，完善慈善事业发展的制度环境，为慈善组织和慈善活动提供多方位的保障措施。

2. 政府在慈善事业建设中的作用

政府在慈善事业中的角色和职能是现有研究广泛涉及的主题之一。综合而言，学界对于政府职能发挥的认知可主要分为政府对于慈善事业的培育和监管两个层面。从法律规定来看，《中华人民共和国慈善法》明确政

① 孙萍、吕志娟：《慈善事业发展中的政府角色定位》，载《中州学刊》2006 年第 2 期，第 115—117 页。

② 周秋光：《现代中国社会保障制度与慈善事业 70 年发展进程及其思考》，载《中南大学学报（社会科学版）》2020 年第 6 期，第 150—162 页。

府在促进慈善事业发展之中的职责，初步厘清政府与慈善的边界。促进慈善事业发展的政府职责散见于各章节。总体来看，政府职责包括以下四个方面的内容：第一，行政管理的职责，包括慈善组织的登记审批、募捐资格申请的受理审批、慈善信托的备案等；第二，建章立制的职责，如建立慈善信息统计和发布制度、慈善组织评估制度与信用记录制度、制定慈善财产投资管理办法等；第三，促进慈善事业发展的职责，如税收优惠政策、金融支持政策和土地支持政策等；第四，监督管理的职责，包括对慈善活动进行监督检查，对慈善行业组织进行指导等①。从实践层面来看，研究者论述了政府对慈善事业培育与监管并重的具体举措。1978 年 12 月中央实行改革开放政策之初，面临着社会对于慈善事业的功能发挥具有较大需求的同时慈善组织独立性和自主性不强、慈善专业人才缺乏、慈善活动社会影响力较弱的现状，国家有关部门对慈善事业非常重视，在登记注册认定、购买服务、人才培养、组织评估、奖励政策优惠等方面推行了一系列培育措施，实现了慈善事业的有序发展。政府对慈善事业的培育和监管是履行政府职能的必然要求，是促进慈善组织规范化建设、慈善活动常态化开展的重要力量，对政府规制慈善的角色和作用的讨论是进一步拓展慈善研究的关键性内容。

学者针对政府开展慈善事业的培育和监管活动的内在需求及必要性开展了相关研究。基于资源依赖视角，研究者指出慈善组织对政府存在合法性和资金资源的依赖，政府通过制度供给和资源提供的方式为慈善组织的发展提供助力②。而在监督管理方面，研究者基于国家与社会关系视角分析政府对于慈善组织监管的必要性。有学者指出，我国政府对社会组织实施监管的典型方式之一是制度嵌入，表现为在政府购买社会组织服务的项

① 张奇林：《〈慈善法〉与中国慈善事业的可持续发展》，载《江淮论坛》2016 年第 4 期，第 10—15 页。

② 徐顽强：《资源依赖视域下政府与慈善组织关系研究》，载《华中师范大学学报（人文社会科学版）》2012 年第 3 期，第 14—19 页。

目中加入各种制度规定和项目要求，以此来推进社会组织的规范化建设①。然而由于国家机器的控制范围有限，无力达到对社会的全面掌控，因此社会在很大程度和范围内形成了自己的自治空间。社会自治有利于充分调动社会的积极性和创造性，并有助于缓解政治国家的压力。当然，为了防止慈善组织的内部失灵和负外部性，需要引入外部力量对慈善组织进行监督和控制，而国家便承担了这样的角色②。政府对慈善事业的培育和监管为慈善事业提供了方向引领和制度保障，成为促进慈善事业发展的重要驱动力。

二、政府促进慈善事业的理论

政府促进慈善事业的发展是形成“共建共治共享”的社会治理格局的必然要求，是促进社会公平、实现共同富裕的重要方式。政府规制慈善、促进慈善事业的发展具有深厚的理论研究基础，相关理论包括三次分配理论、政府失灵理论、志愿失灵理论和整体性治理理论。

（一）三次分配理论

三次分配理论由北京大学著名经济学家厉以宁提出。厉以宁认为，市场机制下发生的是第一次收入分配，政府通过税收、减贫、社会福利以及社会保障进行的是第二次分配，而慈善捐赠则是社会收入的第三次分配。第三次分配是基于道德力量而进行的，道德力量被认为是自由市场与政府调控之外的另一种影响社会收入分配的因素。道德力量对收入初次分配和再分配的结果发生作用，即影响已经成为个人可支配收入的使用方向，包括个人间的收入转移、个人的某种自愿的缴纳和捐献等。由此，最终归个人支配和使用的收入等于个人可支配收入减去个人转移出去的收入和个人

① 许鹿、杨小寻：《社会组织在政府购买服务中的自我调适》，载《贵州社会科学》2019年第5期，第114　122页。

② 董蕾红、李宝军：《论慈善组织的政府监管》，载《山东大学学报（哲学社会科学版）》2015年第6期，第77—84页。

自愿缴纳和捐献的部分，这样在道德信念影响下的收入分配即为第三次分配[①]。第三次分配是对第一次分配和第二次分配的有效补充，充分发挥道德力量，缩小社会贫富差距，助力实现共同富裕。

随着2019年10月党的十九届四中全会和2020年10月党的十九届五中全会先后明确提出“重视发挥第三次分配作用”，“第三次分配”这一概念再次成为学界热议的对象。部分学者提炼出新时代的第三次分配概念，即“丰裕社会的财富流向如何适应个体精神追求和人民美好生活的命题”[②]。另有学者采取了较为狭义的界定，将第三次分配视为“社会力量自愿通过民间捐赠、慈善事业、志愿活动等方式，进行扶贫济困、关怀弱势群体等，是对再分配的有益补充”[③]。无论采取何种定义，第三次分配都与慈善事业密切相关，需要得到政府部门的密切重视。慈善活动不仅克服了政府主导的社会保障机制的部分短板，而且在调和社会矛盾和化解社会冲突等方面也具有较强的适用性。慈善事业的发展增强了公民的社会责任感，在促进人民友爱互助、建设社会道德文明等方面发挥了积极作用。

（二）政府失灵理论

自现代国家建立以来，政府一直是维护社会秩序、提供公共服务的基本主体。随着政府权力的快速增长，行政国家成为现代国家发展的典型类型。伴随着行政权力的膨胀，行政效能却在日趋削弱。政府失灵这一概念是对“为现代民主制度没有满足个人对公共物品提供的需求，而且公共部门在提供公共财产方面倾向于浪费和滥用资源，政府的活动或干预是无效的，政府已经作出了降低经济效率的决定，或者不能执行提高经济效率的决定”这一现象的描述[④]。根据公共选择理论的观点，政府行政活动的结

---

① 厉以宁：《股份制与现代市场经济》，南京·江苏人民出版社，1994年版，第78页。

② 王名、蓝煜昕、王玉宝、陶泽：《第三次分配：理论、实践与政策建议》，载《中国行政管理》2020年第3期，第101—105页。

③ 白光昭：《第三次分配：背景、内涵及治理路径》，载《中国行政管理》2020年第12期，第120—124页。

④ 张建东、高建奕：《西方政府失灵理论综述》，载《云南行政学院学报》2006年第5期，第82—85页。

果不是弥补市场缺乏的充分条件，政府行政活动本身可能会产生问题，甚至会造成更大的资源浪费。导致这一问题出现的主要原因可能是政府决策效率低下、政府机构运作效率低下和政府干预效率低下。

（三）志愿失灵理论

“志愿失灵”理论由美国非营利组织研究者莱斯特·萨拉蒙提出，也被称为“第三方管理”理论。“志愿失灵”这一概念描述的是参加非营利活动的个人和非政府组织在开展志愿活动时遇到难以解决的问题和障碍的现象，这些问题阻碍了志愿活动的正常开展。主要是由于在志愿团体持续努力帮助弱势群体且社会各界也不断施以关注和支持的同时，弱势群体仍然无法得到有效援助或存在部分弱势群体获得过剩的援助而部分群体不能获得足够的扶持。总体上，志愿活动处于一种低效状态，社会的付出远大于弱势群体所得到的收益。萨拉蒙认为，“志愿失灵”现象的存在并不意味着非政府组织缺乏存在的必要性，而是非政府组织和政府需要在参与治理的过程中实现优势互补。非政府组织作为提供公共服务的机构安排，应发挥出更大的作用，只有在非政府组织所提供的服务无力覆盖的领域才需要政府发挥进一步的作用。他认为，在公共服务领域，在市场无法发挥作用的情况下，公共服务应由志愿部门提供，而不应由政府直接干预。只有在“志愿服务”丧失或志愿服务不足时，政府才能发挥更大的作用[①]。志愿失灵理论论述了社会组织和政府在参与治理的过程中存在各自的优势和短板，需要通过协商和合作的方式实现主体间的优势互补，推动社会福利事业的发展。

（四）整体性治理理论

整体性治理理论产生于20世纪90年代，在政府管理日趋复杂、管理危机意识逐渐觉醒的背景下，为解决新公共管理改革带来的公共治理碎片化和分散化问题，整体性治理理论成为理论界提出的改革良方。整体性治理理论是伴随着信息技术、数字化手段在政府治理中的应用而被提出和发

① Salamon, Lester M., *Partners in Public Service: Government-nonprofit Relations in the Modern Welfare State* (Baltimore, MA: The Johns Hopkins University Press, 1995).

展的理论，整体性治理是与信息时代相适应的政府治理新模式①。整体性治理理论是在社会治理复杂性和不确定性高度集聚的背景下生成与发展的理论，尝试破解政府的治理碎片化难题，为政府职能变革提供新的思路。

整体性治理针对的是治理碎片化引发的一系列问题，整体主义的对立面是碎片化而不是专业化。整体性治理的主要思想是重新整合逆部门化和碎片化、大部门式治理、重新政府化、恢复或重新加强中央过程、极力压缩行政成本、重塑服务提供链、集中采购和专业化、以“混合经济模式”为基础共享服务以及网络简化。信任和责任感是整体性治理过程中最关键的因素②。整体性治理还强调政府部门之间、政府组织与非政府组织之间的协同与整合机制的综合运用，促进公共服务主体协同合作，为公众提供无缝隙公共服务③。整体性治理强调治理应当从整体政府的视角出发，超越了传统研究对某一个或几个政府职能部门的研究，扩大了治理理论的解释范畴，成为引导整体性政府建设的重要理论源泉。

三、政府在慈善建设中的相关举措

在明确政府规制慈善的概念与内涵，了解慈善相关的政府治理理论基础上，接下来将依照前述广义的大政府概念，从立法、行政和司法三个层面分别介绍政府在慈善建设中的具体举措。

（一）立法层面

经过多年持续的制度建设，目前我国已形成一系列专门规制慈善事业的法律制度和政策文件，为慈善组织的规范化管理和良性发展创造了良好的制度条件。其中具有较强代表性的法律包括《中华人民共和国公益事业捐赠法》《中华人民共和国慈善法》《中华人民共和国境外非政府组织境内

① 翁士洪：《整体性治理模式的兴起——整体性治理在英国政府治理中的理论与实践》，载《上海行政学院学报》2010年第2期，第51—58页。

② 韩兆柱、杨洋：《整体性治理理论研究及应用》，载《教学与研究》2013年第6期，第80—86页。

③ 韩瑞波：《整体性治理在国家治理中的适用性分析：一个文献综述》，载《吉首大学学报（社会科学版）》2016年第6期，第67—73页。

活动管理法》。

《中华人民共和国公益事业捐赠法》于 1999 年 6 月由全国人民代表大会常务委员会通过，并于 1999 年 9 月起施行。《中华人民共和国公益事业捐赠法》是为了鼓励捐赠，规范捐赠和受赠行为，保护捐赠人、受赠人和受益人的合法权益，促进公益事业的发展而制定。自 1978 年 12 月中央实行改革开放政策以来，特别是 1992 年建立社会主义市场经济体制的改革目标确立以来，政府致力于经济发展和服务型政府建设，建立健全社会保障制度，慈善事业在社会生活中的作用和影响日益突出。人均收入的增加使得公民捐赠能力提高，来自境内外的慈善捐赠数量持续增长。在此背景下，《中华人民共和国公益事业捐赠法》的出台对于规范和鼓励捐赠活动、促进公益事业的发展具有现实必要性。

《中华人民共和国慈善法》由第十二届全国人民代表大会第四次会议于 2016 年 3 月 16 日通过，并于 2016 年 9 月 1 日起正式施行。《中华人民共和国慈善法》分为总则、慈善组织、慈善募捐、慈善捐赠、慈善信托、慈善财产、慈善服务、信息公开、促进措施、监督管理、法律责任和附则 12 章、112 条。《中华人民共和国慈善法》规定，开展慈善活动，应当遵循合法、自愿、诚信、非营利的原则，不得违背社会公德，不得危害国家安全、损害社会公共利益和他人合法权益。《中华人民共和国慈善法》包括以下 7 个方面的主要内容：第一，明确界定慈善活动；第二，明确界定慈善组织；第三，明确规定慈善组织的行为准则和内部治理；第四，明确规范慈善募捐和慈善捐赠；第五，明确慈善信托行为；第六，明确慈善组织的信息公开义务；第七，明确监督管理和法律责任。

《中华人民共和国境外非政府组织境内活动管理法》由中华人民共和国第十二届全国人民代表大会常务委员会第二十次会议于 2016 年 4 月 28 日通过，自 2017 年 1 月 1 日起施行。《中华人民共和国境外非政府组织境内活动管理法》为境外合法成立的基金会、社会团体、智库机构等非营利、非政府的社会组织在中国境内的活动的引导，合法权益的维护以及交流合作的促进提供了制度约束和保障。根据《中华人民共和国境外非政府组织境内活动管理法》的规定，境外非政府组织依照本法可以在经济、教育、科技、文化、卫生、体育、环保等领域和济困、救灾等方面开展有利于公益事业发展的活动。《中华人民共和国境外非政府组织境内活动管理法》的颁布和实施为以公益慈善事业或者非营利事业为宗旨并依法律和章程开展活动的境外非政府组织提供了合法身份，使得这类组织可以明确自身行为边界并获得法律保障以及政策支持。同时，该法也将为政府部门对于以境外非政府组织名义进行的违法犯罪活动的惩处提供坚实的法律依据，有助于保护国家利益以及社会公共利益。

（二）行政层面

2014 年 11 月出台的《国务院关于促进慈善事业健康发展的指导意见》也是促进我国慈善事业规范化发展的重要文件。这部纲领性文件对于加强和改进慈善工作，统筹慈善资源作出了整体规划，提出四个方面的具体要求：第一，鼓励和支持以扶贫济困为重点开展慈善活动，包括鼓励社会各界开展慈善活动，鼓励开展形式多样的社会捐赠和志愿服务，健全社会救助和慈善资源信息对接机制，落实和完善减免政策以及加大社会支持力度；第二，培育和规范各类慈善组织，包括鼓励兴办慈善组织，切实加强慈善组织自我管理，依法依规开展募捐活动，严格规范使用捐赠款物以及强化慈善组织信息公开责任；第三，加强对慈善组织和慈善活动的监督管理，包括加强政府有关部门的监督管理，公开监督管理信息，强化慈善行业自律，加强社会监督以及建立健全责任追究制度；第四，加强对慈善工作的组织领导，包括建立健全组织协调机制，完善慈善表彰奖励制度，完善慈善人才培养政策以及加大对慈善工作的宣传力度。总体来看，《国务院关于促进慈善事业健康发展的指导意见》的内容集中在慈善事业的支持培育和管理领导两大方面，涵盖对于扶贫济困领域的慈善捐赠和志愿服务活动、慈善组织的培育和规范等支持培育措施以及慈善组织的监督管理、慈善工作的组织领导等管理和指导措施等内容。

政府通过设立专门管理机构的行政手段促进慈善事业发展。2008 年 9 月 1 日，民政部社会福利和慈善事业促进司正式成立。根据国务院“三定”方案赋予的职责，社会福利和慈善事业促进司分管福利彩票发行、慈善和社会捐助、老年人和残疾人福利及儿童福利事业等工作。其中，慈善和社会捐助方面的工作包括9个方面的内容：第一，组织制定全国慈善事业发展规划、政策、法律法规并组织实施；第二，组织开展“中华慈善奖”等慈善领域全国性奖项的评选表彰及全国慈善宣传教育活动；第三，负责全国慈善信息平台建设及慈善捐助信息的汇总、统计、分析和发布；第四，承担全国性社会捐助活动的指导、协调和管理，并负责全国慈善超市和捐助站点的规划与管理；第五，负责组织实施“送温暖、献爱心”社会捐助活动；第六，承担全国慈善工作人才队伍建设和人员培训；第七，开展与外国政府和国际慈善机构的交流与合作；第八，承担部慈善事业发展协调（领导）小组办公室的日常工作；第九，协调全国义工（志愿者）制度建设，拟定相关法规。民政部社会福利和慈善事业促进司及地方各级民政部门设置的慈善事业相关内设机构为政府部门规制慈善事业、打造慈善文化提供了坚实的组织基础。

民政部慈善事业促进和社会工作司充分整合政府促进慈善事业的各项相关职能，并进一步强化了慈善事业管理领域的执行能力。该司的主要责任是制定慈善事业发展政策和慈善信托、慈善组织及其活动的管理办法；拟定福利彩票管理制度，监督福利彩票的开奖和销毁，管理监督福利彩票代销行为；拟定社会工作和志愿服务政策，组织推进社会工作人才队伍建设和志愿者队伍建设①。慈善事业促进和社会工作司自设立以来，主要在以下三个领域开展了慈善事业促进的相关工作：第一，推进慈善事业动员以及监管机制的构建完善。一是促进《中华人民共和国慈善法》和其配套政策措施的落实，并持续性推动慈善组织的登记认定工作。二是联合协调相关部门制定实施多项激励优惠政策措施，着力动员和引导慈善组织等各方社会力量参与脱贫攻坚工作，并取得突出成效。三是完善慈善组织保值增值、信息公开、公开募捐等方面的监管机制，进一步规范慈善活动的开

---

① 《慈善社会工作事业的新定位、新要求——民政部慈善事业促进和社会工作司工作全解》，《中国社会工作》2019年第24期，第8—10页。

展。四是进一步推动全国慈善信息平台的建设完善，从而强化对于互联网募捐的监管，并督促互联网个人大病求助平台提升自律①。第二，扩大志愿服务发展空间。一是深入宣传和贯彻习近平总书记关于志愿服务的重要指示精神，组织全国民政系统开展学习。开展报道传播和主题征文等活动，构建工作联系点。二是贯彻落实《志愿服务条例》，推进配套政策的制定，从而进一步提升志愿服务的标准化工作。三是推动脱贫攻坚志愿服务宣传展示，为青年志愿者脱贫攻坚行动的实施提供支持，着力引领促进志愿服务力量参与脱贫攻坚。第三，规范福利彩票发行管理。一是协调配合财政部，全面整治互联网销售福利彩票的擅用行为，开展全国福利彩票机构和代销者的全面检查与自查。二是大力调整福利彩票快开游戏规则，促进福利彩票市场风险的化解。三是完善福利彩票发行管理制度，使得福利彩票运作的规范和法治程度提高②。慈善事业促进和社会工作司进一步细化了对慈善事业管理的具体范畴，提升了慈善事业管理的精准性和有效性，为推动慈善事业发展提供持续动力。

政府还通过设立奖项，开展表彰的方式促进慈善事业发展。民政部自2005年起设立“中华慈善奖”，这是我国最高规格的慈善奖项。该奖每年评选一次，奖项按照慈善项目、爱心捐赠和志愿服务三个类型分别进行评选，用于表彰在扶老、助残、赈灾、救孤、助学、济困、助医以及支持环境保护和文化艺术发展等领域作出突出贡献的个人、机构和优秀的慈善项目。中华慈善奖评选表彰活动的开展是贯彻落实《中华人民共和国慈善法》的一项举措，表彰活动的开展通过弘扬社会各界扶贫帮困、奉献爱心、回报社会的义举，有利于激发全民向善的热情，宣传慈善文化、提升公民慈善意识，并为在慈善公益领域作出突出贡献的个人、企业和项目提供鼓励和支持。

① 《民政部慈善事业促进和社会工作司领导班子首次向媒体介绍当前工作进展情况》，载《中国民政》2019年第15期，第33—34页。

② 《慈善社会工作事业的新定位、新要求——民政部慈善事业促进和社会工作司工作全解》，载《中国社会工作》2019年第24期，第8—10页。

（三）司法层面

环境公益诉讼实践的推动与制度的建立是慈善领域司法实践的重要组成部分之一，而我国环境公益诉讼制度的建立归功于理论和实践的共同推进。2002年11月，“环境资源法学高级研讨会”在武汉大学召开，与会学者提出应当推进社会公益团体或检察院代表公众提起行政或民事公益诉讼的权利实现。此后，学界日益关注环境公益保护和环境公益诉讼制度，对环境公益诉讼的基础理论进行了广泛的研究和探讨，为环境公益诉讼制度的发展奠定了良好的理论基础。在实践层面，2005年12月国务院出台《国务院关于落实科学发展观加强环境保护的决定》明确提出“推动环境公益诉讼”，各地开始探索建立和完善环境公益诉讼制度建设。贵阳市、无锡市、昆明市等地陆续制定了地方性法规或规范性文件，明确规定检察机关、环境保护管理机构以及环保公益组织可以为环境公共利益提起环境公益诉讼。贵阳市中级人民法院于2007年11月颁布《关于贵阳市中级人民法院环境保护审判庭、清镇市人民法院环境保护法庭案件受理范围的规定》，无锡市中级人民法院和无锡市人民检察院于2008年11月出台了《关于办理环境民事公益诉讼案件的试行规定》[①]。一系列的公益诉讼案件也在地方性规范文件出台的背景下开始出现，公益诉讼进一步提升了全社会对慈善事业和司法建设的关注度，慈善事业规范化发展的必要性和重要性日益突出。

在总结和肯定地方司法实践经验的基础上，2012年8月修正并公布的《中华人民共和国民事诉讼法》首次对我国的环境民事公益诉讼制度作出了明确规定。2015年1月新修订施行的《中华人民共和国环境保护法》对可以提起公益诉讼的社会组织主体资格正式作出规定，环境公益诉讼在我国得到了法律确认，迈向了新的发展阶段。2015年7月，经全国人大常委会授权，北京、内蒙古、吉林、江苏等13个省（自治区、直辖市）检察机关开展公益诉讼试点工作。2017年6月，全国人大常委会修改《中华人

① 王明远：《论我国环境公益诉讼的发展方向：基于行政权与司法权关系理论的分析》，载《中国法学》2016年第1期，第49—68页。

民共和国民事诉讼法》和《中华人民共和国行政诉讼法》，正式确立了检察公益诉讼制度，环境公益诉讼制度作为检察公益诉讼制度的重要类型得以进一步丰富和完善①。法律制度和法律实践的互动过程为进一步明确慈善公益领域的法律法规、解决慈善领域的重点和难点问题提供了良好基础，推动了慈善事业的进一步发展。环境公益诉讼制度建立后，法院受理社会组织环境公益诉讼案件显著增加。环境公益诉讼制度作为慈善领域司法制度建设的重要内容，为规范慈善事业发展提供了有效的支持。

第二节　宝安慈善事业的政府培育：融公益于社会建设

宝安区合力慈善的基层实践模式得以生成和推广，首要的促进因素就是政府部门的支持和培育。政府培育是中国慈善事业发展的重要经验，在政府部门的关注和支持下，慈善事业发展得到了政策、资金、人员等方面的支持，在基层也出现了多样化的慈善实践。宝安慈善事业的政府培育主要包括三个方面的内容：第一，宝安区为推进慈善事业制订了详细的总体规划，指引了慈善事业的发展方向；第二，培育慈善公益主体，通过加强社会组织党建、成立专项基金、扶持社区社会组织等方式加强慈善事业参与主体的能力建设；第三，促进慈善捐赠，发动区域内的企业和社会公众开展捐赠活动，通过脱贫攻坚工作强化慈善文化宣传等方式提升慈善事业的影响力。

一、宝安区推进慈善事业的总体规划

作为深圳市下辖区，宝安区慈善事业的规划和建设受到深圳市乃至广东省出台政策的指引。因此，依照广东省、深圳市，再到宝安区的顺序进

① 江必新：《中国环境公益诉讼的实践发展及制度完善》，载《法律适用》2019 年第 1 期，第 5—12 页。

行政策文件的归纳和回顾，有利于准确把握宝安区推进慈善事业总体规划的政策精神。在广东省层面，2020 年 5 月发布的《广东省推动慈善事业高质量发展若干措施》提出了培育慈善主体、拓宽参与渠道、激发慈善活力、弘扬慈善文化、加强监督管理和健全安全保障机制 6 个方面的措施，从培育发展慈善组织和其他慈善主体等方面阐述如何培育慈善主体；从广布慈善网点、发展志愿服务、鼓励发展慈善信托、搭建交流平台、丰富捐赠形式、鼓励社会协同等方面阐述如何拓宽参与渠道；从加大社会支持、落实优惠政策、完善政府购买服务、推动慈善和社会工作融合发展、健全激励表彰机制等方面阐述如何激发慈善活力；从传承创新慈善文化、推动慈善文化融入日常生活等方面阐述如何弘扬慈善文化；从加强政府监管、加强内部治理、加强社会监督等方面阐述如何加强监督管理；从加强组织领导、建立信息共享平台、加大宣传力度等方面阐述如何健全保障机制①。《广东省民政事业发展第十三个五年规划》要求推进慈善事业的全面化、社会化、常态化与规范化发展，慈善事业的重要性得到政府部门的认可，为慈善事业有效嵌入基层治理创造了制度基础。

在深圳市层面，2015 年 9 月，深圳市民政局和深圳市宝安区人民政府共同签订《推进慈善事业创新发展合作框架协议》，提出建立推进慈善事业创新发展长期有效的“市-区”合作机制，在市民政局的指导下，坚持政府推动、社会实施、公众参与、专业运作，发挥市区联动优势，实现“市-区”的合作共建与资源共享。充分发挥社会组织在慈善事业发展中的主力军作用，大力培育发展冠名慈善基金，倡导“全民慈善、人人公益”，让宝安的慈善事业向广度、深度、高度推进，在深圳慈善事业发展中起示范作用的合作目标。双方合作遵循市、区合作共建原则，资源、信息、成果共享原则和循序渐进原则，合作内容包括着力培育公益慈善组织、着力打造慈善文化、加强慈善组织专业能力建设、创新慈善募捐形式和着力加强慈善资金的监管五大方面的内容。同时，双方将合作机制明确为加强组

① 《广东省推动慈善事业高质量发展若干措施》政策解读，http：//smzt. gd. gov. cn/zwgk/zcfg/zcjd/spyp/content/post_ 3007064. html. 最后访问时间：2021 年 12 月 30 日。

织领导、明确责任分工、构建合作机制及建立会议制度四个层面。《深圳市民政事业发展第十三个五年规划》要求加快构建具有深圳特色的现代公益慈善体系，推动市区两级慈善会管理体制机制改革，探索将市场机制和产业发展理念引入慈善领域，推动发展现代慈善运作模式。

在宝安区层面，2011 年 1 月和 7 月，宝安区委区政府先后出台《关于加强社会建设的实施意见》和《宝安区强力推进社会管理和公共服务创新全面加强社会建设行动方案》两项指导性文件，对宝安区慈善公益事业和社会组织培育监管的推进提升作出较为详细的规划，主张将慈善公益事业融入社会建设的整体格局。《宝安区国民经济和社会发展第十三个五年规划纲要》明确提出了打造“慈善之区”的目标，为宝安区慈善会在新时期的进一步创新发展明确了新思路、新目标、新方向。2019 年 2 月，宝安区慈善会制定了《关于进一步推进宝安合力公益慈善事业发展的工作措施》，提出坚持“合作共建、合作共享、合作共赢、合作推进”的原则，联合街道办、商会、义工联、五类百强协会、媒体等力量，合力推进宝安的公益慈善事业向更广、更深、更高水平发展，助力宝安“湾区核心、智创高地、共享家园”建设。以宝安区慈善会为中心，宝安区政府着力推动合力慈善建设，促进宝安区慈善事业全面发展。

“合力慈善”的理念是由我们的时任区委书记，现在的深圳市委常委、常务副市长黄敏同志提出来的。当时一共有四个提法，分别是真心慈善、创新慈善、文化慈善，再就是合力慈善。从那个时候开始，我们就团结各种可以团结的力量，包括认定百强企业、动员区管社会组织投入慈善工作中，打开了全民参与办慈善的局面。(访谈资料 20200819MZ)

此外，宝安区历年的国民经济与社会发展计划以及宝安区民政局各年度工作总结与下年工作计划中也体现了宝安区对于慈善事业推进工作的具体安排、相应措施以及工作完成情况。宝安区委区政府以及宝安区慈善会制定出台的各项政策文件以及框架协议等在表 2.1 中列出。

表 2.1　宝安区委区政府出台的各项慈善事业相关文件

发布单位	文件名称	发布日期
宝安区委区政府	《关于加强社会建设的实施意见》	2011 年 1 月
宝安区委区政府	《宝安区强力推进社会管理和公共服务创新全面加强社会建设行动方案》	2011 年 7 月
宝安区人民政府	《深圳市宝安区国民经济和社会发展第十二个五年规划纲要》	2011 年 4 月
宝安区发展和改革局	《深圳市宝安区国民经济和社会发展第十三个五年规划纲要》	2016 年 7 月
深圳市民政局 宝安区人民政府	《推进慈善事业创新发展合作框架协议》	2015 年 9 月

注：宝安区政府历年出台的工作总结与计划类文件以及宝安区慈善会历年工作总结、报告和计划与内部制定的各项制度未在表中列出。

二、培育慈善公益主体

上级政府以及宝安区出台的各项相关规范性文件、发展规划及年度工作计划中体现出了对发展社会组织、培育慈善公益主体工作的重视。宝安区委区政府发布的《宝安区强力推进社会管理和公共服务创新全面加强社会建设行动方案》《关于加强社会建设的实施意见》两项文件均对社会组织和慈善组织的培育和扶持提出要求。《宝安区国民经济和社会发展第十三个五年规划纲要》重点强调“鼓励和发动更多社会组织参与社会救助，优先发展各类公益慈善组织，充分发挥社会组织在公益慈善事业中主力军作用”。宝安区推进慈善公益主体培育的具体实践可将其归结为社会组织扶持、社会组织党建引领、冠名慈善基金与专项资金设置、社区慈善公益组织培育四个方面的措施。

（一）社会组织扶持

2013 年《国务院机构改革和职能转变方案》提出，重点培育、优先发展行业协会商会类、科技类、公益慈善类、城乡社区服务类社会组织。

2016 年 12 月，财政部和民政部联合下发《关于通过政府购买服务支持社会组织培育发展的指导意见》，提出以购买服务引导社会组织加强自身能力建设。在国家大力培育发展社会组织的政策背景下，扶持培育社会组织、促进社会组织全面发展成为地方政府的重要工作之一。宝安区针对社会组织的整体扶持采取了多项举措，主要在于社会组织资源供给、社会组织能力建设和社会组织制度供给三个方面。

在社会组织资源供给方面，主要表现为宝安区为社会组织提供的资金扶持、项目扶持、职能转移、购买服务以及税收优惠落实等政策措施，宝安区通过出台相关文件促进对社会组织的资源供给。2011 年 7 月发布的《宝安区强力推进社会管理和公共服务创新全面加强社会建设行动方案》提出，要“加大对社会组织的资金扶持。重点加大对公益慈善类、社区维权类社区社会组织的扶持。探索建立政府财力支持长效机制，逐步通过转移职能、资金扶持、购买服务等方式支持社会组织发展。落实与社会组织相关的税收优惠政策，大力拓宽社会融资渠道，鼓励引导社会资金向社会组织投入。不断优化慈善公益类社会组织的生存和发展环境。积极培育服务型专业社会组织，加大以公开招标方式购买社会服务的力度，为老人、残疾人、儿童以及其他有特殊需要的群体提供居家养老、康复治疗、心理救助等专业服务”。政府部门制定发布的政策文件为社会组织的发展提供了一系列的优惠政策，为社会组织有效参与基层治理提供了有效的制度保障。

2011 年 1 月，宝安区政府发布的《关于加强社会建设的实施意见》指出，应“加大社会组织培育和扶持力度，在政策和资金上给予支持。加大财政投入，扶持公益慈善类、社区维权类组织。积极引导社会组织通过政府采购、委托管理等法定方式承接政府转移的职能”。根据《宝安区民政局 2019 年工作总结和 2020 年工作计划》的相关内容，2019 年宝安区“加大社会组织培育和扶持力度，培育孵化社会组织 10 家，扶持社会组织项目 56 个，核发扶持资金 496 万元”。《宝安区民政局 2020 年工作总结和 2021 年工作计划》显示，2020 年宝安区大力开展项目扶持工作，共受理 128 家社会组织的159个申报项目，申报总额达2390.46万元，经过审定程序，最终确定48个扶持项目，扶持金额为350.98万元。宝安区充分发挥区社会组织党群服务中心的作用，区社会组织党群服务中心培育孵化社会组织12家，受理各类业务咨询1484次，开展各类学习交流活动6场，为社会组织提供培训或会议场地服务13次。宝安区民政局在2021年工作计划中提到，将“开展2021年度社会组织项目资金扶持工作；持续为全区社会组织提供初创支持、业务辅导、定向孵化、资源对接等全方位服务；抓好社会组织党建‘三同步’工作；开展建党100周年‘两优一先’表彰活动”。

在社会组织能力建设方面，宝安区重点开展社会组织专业人才引进、知识分享和社会组织评估等方面的工作。根据《宝安区民政局2019年工作总结和2020年工作计划》和《宝安区民政局2020年工作总结和2021年工作计划》的相关内容，2019年宝安区社会组织人才信息库在库专业人才达81人，开展专家服务74次，举办讲座53场，得到全区社会组织和社区居民的广泛好评。2020年，宝安区已完成第四批19名人才专家评定工作以及第二批27名人才专家续聘考核工作，已有97名人才专家入库；开展社会组织人才信息库专家服务24次；举办各类专业培训及讲座28场，750余家社会组织参与，共计服务3500余人次。

在社会组织制度供给方面，主要体现为宝安区在社会组织登记管理方面的政策措施。2011年1月，宝安区政府发布的《关于加强社会建设的实施意见》指出，要“积极探索社会组织‘一元制’登记管理模式，推行社区社会组织登记与备案制度”。《宝安区强力推进社会管理和公共服务创新全面加强社会建设行动方案》提出，“探索社会组织‘无前置审批’登记模式，工商经济类、社会福利类、公益慈善类的社会组织申请人均可直接向社会组织登记管理机关申请登记”。2020年，宝安区规范优化业务审批办理，社会组织登记管理实现“一窗式办理”，制定完善《宝安区社会组织登记指引》，最大限度为群众提供便捷优质服务。业务审批时限大幅压缩法定办理时限95%以上，25项行政许可事项全部实现即来即办。

（二）社会组织党建

党的建设是指党为保持先进性而从事的一系列自我完善的活动，不仅包括党务工作，还包括党的政治建设、思想建设、组织建设、作风建设、纪律建设和制度建设等①。2015年9月，中共中央办公厅印发的《关于加强社会组织党的建设工作的意见（试行）》明确规定了加强社会组织党建工作的重要意义和总体要求以及实施路径。2017年10月，党的十九大报告中也明确指出"要以提升组织力为重点，突出政治功能，把企业、农村、机关、学校、科研院所、街道社区、社会组织等基层党组织建设成为宣传党的主张、贯彻党的决定、领导基层治理、团结动员群众、推动改革发展的坚强战斗堡垒"。可见，社会组织党建工作在当前政府对于社会组织的治理中占有重要地位。

宝安区通过建立党组织和赋予优秀成员政治身份将社会组织融入治理体系。《宝安区强力推进社会管理和公共服务创新 全面加强社会建设行动方案》首次提出，要"从有条件的社会组织中，探索建立党组织，推选产生党代表、人大代表、政协委员人选，依法参政议政，引导社会组织参与社会建设，提升参与意识，增强主人翁责任感"。根据《宝安区民政局2019年工作总结和2020年工作计划》，2019年宝安切实推进了社会组织党建工作，包括推进社会组织"两个覆盖"，新成立10个社会组织党支部，新增党员60人，党组织覆盖率达到55.4%，基本实现党的组织和工作在区域内社会组织的全覆盖。

根据《宝安区民政局2020年工作总结和2021年工作计划》，2020年宝安区强化了党的建设，持续做好宝安区社会组织"三同步"工作，推动成立党组织16家，有效提升了社会组织党组织覆盖率。开展党支部书记述职和党员评议活动，对37名党支部书记进行了现场述职考核评议；创建11个社会组织党建示范点，为全区社会组织党建提供了示范作用。此外，社会组织党组织也有效发挥了供给慈善资源的功能：宝安区发动有党组织

---

① 刘蕾、邱鑫波：《社会组织党建：嵌入式发展与组织力提升》，载《北京行政学院学报》2019年第6期，第31—38页。

的社会组织带头支援新冠肺炎疫情防控，区建筑行业协会等 18 个党支部累计捐款 74.6 万元，捐赠防疫物资 5296 件，发放防疫宣传材料 2800 余份，参与社区一线防疫工作的党员 90 余人，服务社区居民达万余人次，成为抗击疫情的重要力量。

（三）冠名慈善基金与专项资金

冠名慈善基金是为动员社会慈善资源、推动社会价值在慈善领域投资而设立的基金。冠名基金由个人或者团体等作为捐赠人，在规定的基金会账户下设立专项冠名基金科目，并按照捐赠者的个人意愿用于规定的慈善公益活动和项目。2020 年 5 月，宝安区民政局制定发布《深圳市宝安区冠名慈善基金使用操作指引》，推动冠名基金规范健康发展。该指引对冠名基金的申请范围界定、申请人申请救助流程、冠名基金公示制度、冠名基金退出机制等方面进行了规定。

根据《宝安区 2017 年国民经济和社会发展计划》统计，2016 年宝安区共成立 33 家冠名慈善基金。《宝安区民政局 2019 年工作总结和 2020 年工作计划》和《宝安区 2020 年国民经济和社会发展计划》的相关数据显示，2019 年宝安区新增冠名慈善基金 27 家，总数达 108 家，较之 3 年前数量增长了 227%，累计金额 3909 万元。《宝安区民政局 2020 年工作总结和 2021 年工作计划》提出，宝安区将“加强对社区基金会和冠名慈善基金管理人员的培训，提高冠名慈善基金规范化、专业化、信息化运作水平”。宝安区通过冠名慈善基金培训，提高冠名慈善基金规范化、专业化、信息化运作水平，构筑企业与慈善公益项目之间、慈善管理人员互动的桥梁，更好地发挥冠名慈善基金的社会效益。

（四）社区社会组织培育

社会组织培育，即对于社会组织建立和发展的支持，是政府内生性的变革意愿与社会外在性需求意愿形成有效合力的结果，它是对社会转型和体制转轨的一种自发回应。政府对社会组织的培育，一方面突破了原有的社会管理困境，是改变社会管理主体重叠、功能交叉，以及社会管理方式单一、资源配置不均衡的重要举措；另一方面是达到对公民多层次需求的充分回应的有效路径[1]。特别地，有学者将政府对慈善组织的培育政策大致分为四类：一是发展空间的政策，即提供合法生存空间；二是资金支持政策，包括购买服务、财政经费支持、税收减免等；三是人才支持政策，包括针对慈善组织员工的社会福利与社会保障、人员编制、人才培训和志愿者激励制度等；四是网络与信息平台政策，为慈善组织建立信息沟通、交流与学习的平台等[2]。社会组织培育是完善基层社会治理体系建设的重要组成部分，社会组织的培育和发展是转变政府职能、回应社会诉求、激发社会活力的重要方式。

扶持培育社区社会组织是宝安区慈善事业发展的一项重要举措。宝安区《关于加强社会建设的实施意见》中提出，要“加大财政投入，扶持公益慈善类、社区维权类组织……大力培育发展公益类、慈善类等社区社会组织，力争每个街道有一家以上公益类、慈善类社区社会组织”。《宝安区强力推进社会管理和公共服务创新　全面加强社会建设行动方案》明确了建设社区慈善公益社会组织的目标，此后，宝安区按照这一方向不断推进相关工作。2016 年，宝安区成立 7 家社区基金会，截至 2021 年 3 月 31 日，根据深圳市慈善事业联合会网站检索数据，宝安区共成立有沙企、怀德、安乐、利锦、沙井、燕川、浪心、海裕 8 家社区基金会，分布在街道和社区层面，为所在区域的贫困家庭和有需求群体提供综合服务。

三、促进慈善捐赠

《中华人民共和国慈善法》将慈善捐赠定义为“自然人、法人和其他组织基于慈善目的，自愿、无偿赠与财产的活动”。慈善捐赠不仅为中国公益组织参与社会治理和慈善事业发展提供财力保障，而且具有“三次分配”的功能，对于调节收入分配差距、缓解社会矛盾、促进社会公平和改

---

① 许小玲、马贵侠：《社会组织培育：动因、困境及前瞻》，载《理论与改革》2013 年第 5 期，第 39—43 页。

② 邓国胜：《慈善组织培育与发展的政策思考》，载《社会科学研究》2006 年第 5 期，第 119—123 页。

善社会风尚等具有重要作用①。慈善捐赠是促进慈善事业发展的动力源泉，是激发社会参与活力的主要方式。

宝安区着力于从慈善募捐形式创新、探索发掘社会慈善资源等方面促进慈善捐赠，并重视推进脱贫攻坚工作。深圳市民政局、深圳市宝安区人民政府《推进慈善事业创新发展合作框架协议》中指出，将合作推进慈善募捐形式的创新，宝安区充分发挥慈善在扶贫工作中的补充作用。根据《宝安区民政局2019年工作总结和2020年工作计划》，2019年宝安区“帮扶龙川2200多万元，建成龙川县‘宝安慈善楼’，定向资助广西大化、都安集中供水工程、贷牛还牛、危房改造等项目资金1335.34多万元”。根据《宝安区民政局2020年工作总结和2021年工作计划》的数据，当年宝安区共接受2020年广东扶贫济困日募捐活动善款3476.35万元，支出3132.05万元。2020年共救助区内困难群众217人次，救助金额265.02万元，其中户籍困难居民重大疾病救助116人次，金额168.08万元；劳务工重大疾病救助99人次，金额96.14万元。

宝安区政府充分激发企业和社会组织参与脱贫攻坚的热情，发动深圳市广兴源投资有限公司捐款250万元成立“广兴源慈善关爱基金”支持扶贫工作，发动社会组织捐款捐物折合人民币40多万元，在都安、大化等地开展结对帮扶。动员社会组织发挥自身优势，响应国家脱贫攻坚号召，发动宝安区尚德、海同、汇美等7家社会组织与贫困村结对帮扶，鼓励一批社会组织参与扶贫项目23个，向都安、大化结对帮扶贫困村共计投入资金及物资折合人民币38余万元，其中海同社工、汇美社工在扶贫协作广西都安、大化脱贫攻坚工作中获得2020年“粤桂扶贫协作先进单位”称号，为社会组织参与脱贫攻坚发挥了重要表率作用。对于企业来说，能够直接参与类似脱贫攻坚这样与国家大政方针直接相关的活动，对政府工作形成助力，提升其参与慈善的意义，对于捐赠产生更强的激励作用。

---

① 张强、韩莹莹：《中国慈善捐赠的现状与发展路径——基于中国慈善捐助报告的分析》，载《中国行政管理》2015年第5期，第82—86页。

宝安有爱心的企业家很多，但是困难之处在于找不到好的项目，因此有些情况下，需要政府想好了项目，直接给企业家“布置作业”。我们以前在社会组织这一块，就会让个街道、镇研究一下政府工作报告里面体现出国家要干啥，然后去设置一些相关项目，方便企业投入资源。这样企业就能体现自己的价值，成为政府帮手。（访谈资料 20210114JZ）

四、丰富慈善活动

本章所称慈善活动主要为包括慈善文化宣传与慈善品牌建设在内的，旨在拓展慈善事业社会影响力、建立慈善事业社会公信力，从而广泛号召社会各界关注和参与慈善事业建设的各项活动。宝安区推动慈善事业建设过程中将丰富和普及慈善文化、加强慈善品牌塑造和提升、促进全社会慈善意识提高作为一项工作重点，并从多个方面协调推进、多措并举。

（一）慈善文化宣传

慈善文化是慈善事业持续运行、长期积淀的产物，是围绕慈善的主体内容所形成的一种文化，是中华文化中社会文化的重要组成部分，其核心价值观是利他主义，其理念是平等互助、善与人同、志愿服务、友好关爱。慈善文化可具体区分为慈善物质文化、慈善精神（心理文化）和慈善制度文化三个层次①，本章所讨论的慈善文化落脚于慈善文化的精神（心理）文化面向。加强慈善文化建设、开展慈善文化宣传是推进慈善事业发展的现实需要，倡导发扬慈善文化有助于培育公民慈善意识、扩大社会慈善参与，促进慈善捐赠和志愿服务发展，为慈善事业可持续发展夯实基础。

宝安区通过开展各类活动、与区内媒体合作来开展慈善文化宣传。《宝安区强力推进社会管理和公共服务创新　全面加强社会建设行动方案》指出“增强全社会慈善意识。加强对普通市民、企业家等各类群体慈善宣

① 周秋光：《中华慈善文化及其传承与创新》，载《史学月刊》2020 年第 8 期，第 105—113 页。

传，宣传表彰先进典型”。在每年的“慈善捐赠活动月”活动中，全区开展“一十百千万”的募捐活动，即鼓励和倡导“中小学生捐一元、普通市民捐十元、公职人员和个体工商户捐一百元、一般企业捐一千元、规模以上企业捐一万元”。区内开展的多项慈善活动成为宣传慈善文化的主要载体，是宝安慈善事业发展的重要内容。

依据《推进公益慈善事业发展合作框架协议》的相关规定，宝安区慈善会发挥新闻媒体传播优势，通过创办的《善源》杂志，打造宝安慈善文化宣传特色。宝安区汇编整理历年的小学生征文活动获奖作品，让慈善深入人心；组织做好“中华慈善月”和“鹏城慈善奖”参评工作；积极参加慈展会，集中展示了对口帮扶龙川县，扶贫协助广西都安、大化县的扶贫成果，展示了宝安区用“真心+创新”走出的一条“先富带后富、输血更造血、扶贫又扶志”的精准帮扶“宝安路径”，现场吸引了近万观众驻足观看。

宝安区“慈善文化进校园”工程是宝安区慈善文化宣传、慈善意识提升的一项重要举措。宝安区慈善文化进校园工程于2013年10月14日在坪洲小学启动试点；2014年11月12日，翻身实验学校等7所公民办小学成为推广“慈善文化进校园”工程的试点学校。2015年9月19日，《深圳市民政局、深圳市宝安区人民政府推进慈善事业创新发展合作框架协议》确定在宝安区小学推广“慈善文化进校园”工程。2016年3月24日，灵芝小学等16所学校纳入慈善文化进校园工程试点学校。在近7年时间里，全区越来越多的公办和民办小学融入了慈善元素，截至2019年，全区有51所学校相继启动慈善文化进校园工程，2020年12月16日，宝安区新增88所学校启动该工程，标志着宝安区慈善文化进校园工程实现全区139所小学全覆盖。

（二）慈善品牌建设

慈善品牌是慈善组织的象征、标志、个性和承诺，慈善组织的品牌形象显著地影响了捐赠者等利益相关者的捐赠行为和态度，强势的慈善组织品牌建设有助于提高慈善组织竞争优势，扩大慈善组织的社会影响力。越来越多的慈善组织从战略高度考虑慈善品牌的长远发展。而在政府层面，开拓所管辖范围内的慈善活动品牌，同样是提升区域慈善氛围、扩大社会参与面的有效举措。

宝安区通过举办各种特色活动，打造宝安区慈善品牌，形成品牌效应，引领社会慈善风尚。2019年，宝安区开展“广东扶贫济困日”“深圳慈善月”系列活动，募集资金1667.85万元；大力弘扬慈善文化，打造合力慈善；开展“宝安慈善之语”评选活动，评选出“美丽中国梦慈善宝安行”等慈善之语10条；设立“第七届中国公益慈善项目交流展示会”宝安展区，宣传推广宝安慈善理念；成功举办中国特色社会主义先行区公益发展与合力慈善论坛，为宝安公益慈善事业发展建言献策。

案例：宝安区获评深圳市唯一的“深圳市鹏城慈善典范区”

2018年9月21日，深圳市第四届“鹏城慈善奖”评选活动的结果揭晓。在“慈善之夜”颁奖晚会上，宝安区获评“深圳市鹏城慈善典范区”，成为全市唯一获评该殊荣的行政区。

宝安为何能够获此殊荣？究其原因，四个慈善发展思路成就“大爱”宝安。“热心公益办慈善、身体力行办慈善、制度规范办慈善、全民参与办慈善”，这就是宝安区的四个慈善理念。这种理念推动宝安慈善事业快速发展，逐渐形成了宝安慈善事业新格局。“大爱”与“创新”是宝安区慈善事业发展的密码。宝安区率先在内地县区级以区政府名义开展慈善百强表彰活动，有效调动了企业参与慈善的热情；率先设立困难官兵慈善救助项目，制定《关于资助驻地困难官兵暂行办法》，共救助270名困难官兵160.53万元；在深圳区级慈善会中首创公益慈善项目大赛，三届大赛共资助项目32个，资助金额近500万元，惠及服务对象7万多人次，项目涉及关爱特殊儿童、老人、困难义工等内容。

企业慈善的发展极大促进了宝安全社会慈善治理绩效的提高。宝安区从2016年开始成立冠名基金，全区现有社区基金会10家，冠名慈善基金71家，筹集善款3200余万元，涉及救灾、济困、助学、助老、助医、助残、慈善救助等各个方面。这些项目的设立，给百姓的生活带来了实实在在的帮助，对促进宝安社会和谐发展发挥了重要作用。

（题目为编者所加，资料来源：《宝安区获评“深圳市鹏城慈善区典范”》，人民网，http：//pic. people. com. cn/n1/2018/0927/c159992-30317061. html。最后访问时间：2021 年 12 月 30 日。）

第三节　宝安慈善事业的政府监管：以信用为中心

建立以信用为中心的慈善事业发展机制需要政府部门发挥好监管职责。为避免慈善机构运行过程中的失范行为，杜绝工作中的违法现象和侵害捐赠者及受助者权益的现象，慈善机构还需要接受并服从政府与社会的监管①。慈善事业的政府监管应以相应的法律、法规、制度为依据，由相关行政机关和行政人员通过章程监督、年度检查、财务审查、评估监督、行政执法等途径对慈善组织和慈善活动的合法性、合理性、有效性进行检查、督促和了解②。伴随公民意识的提升和社会治理的转变创新，慈善领域呈现出“政府监督-社会组织自主运作”的政社关系阶段。在此阶段，政府向社会组织让渡慈善事业空间，赋予其更多权力，政府的管控职能逐渐弱化，仅给予必要的扶持和指导以及选择性干预③。在当前的政社关系背景下，宝安区着力推进慈善组织的管理体制改革，完善慈善组织的制度保障体系，具体举措主要包括社会组织登记认定、运行监管以及冠名慈善基金规范管理三方面的内容。

一、社会组织登记认定

宝安区着力推进社会组织管理体制改革，其中对慈善组织登记管理作出明确部署。根据深圳市民政局、深圳市宝安区人民政府制定的《推进慈善事

---

① 郑功成：《现代慈善事业及其在中国的发展》，载《学海》2005 年第 2 期，第 36—43 页。

② 徐家良：《新时期中国社会组织建设研究》，北京・中国社会科学出版社，2016 年版。

③ 张圣、徐家良：《政府慈善赋权何以走向有序？——探寻渐进之道》，载《学习与实践》2021 年第 3 期，第 77—88 页。

业创新发展合作框架协议》，建立推进慈善事业创新发展长期有效的“市-区”合作机制。合作内容中首先提出将深化慈善组织管理体制改革，具体面向为：“着力进一步深化公益慈善类社会组织登记管理体制改革，探索实践降低设立门槛、优化登记流程、加强综合监管和服务，以及发挥作用等改革措施。”降低组织成立门槛、优化登记认定流程有利于促进慈善组织认定工作，加快慈善组织数量提升，壮大慈善事业发展主体，而同时匹配的综合监管和服务则有利于为慈善组织成立后的规范运作和功能发挥提供支持。

根据全国社会组织信用信息公示平台和全国慈善信息公开平台数据，截至2021年5月23日，深圳市宝安区区级注册的社会组织有1282家，登记认定的慈善组织有3家。相对来说，宝安区慈善组织登记认定比例偏低，这固然与区级层面登记基金会数量较少等客观原因有关，但进一步优化登记认定管理方式，促进从事慈善公益活动的社会组织认定为慈善组织亦有一定必要性。

近年来，宝安区在慈善组织登记认定优化及相关的组织培育孵化等方面持续开展工作。2018年度，宝安区加强社会组织登记管理，上半年新增社会组织35家，全区累计1245家，同比增长8.4%，全年新增登记社会组织80家（全区累计成立1190家）。完成2018年度社会组织资金扶持项目评定工作，确定50个项目总计487万元的扶持资金。2019年新登记成立社会组织24家，其中社团11家，民非13家；办理变更手续41家。截至2019年5月底，全区共有社会组织1224家，其中社会团体478家，民办非企业单位746家，区社会组织党委现已成立党支部33个（其中单独组建30个，联合组建3个），共有统计在册的共产党员175人。加大对社会组织的扶持力度。开展2019年度社会组织资金扶持项目评定工作，委托第三方机构开展2019年度社会组织项目扶持的申报、初审、路演、评审工作，确定56个项目总计500万元的扶持资金。

为优化登记工作效率，宝安区还适时提供了实操性较强的培训业务。2021年7月，宝安区民政局在区社会组织培育服务中心举办了2021年度社会组织登记注册业务培训，培训对象为50多名社会组织从业者。在培训过程中，区民政局社会组织管理办公室工作人员详细解析了社会组织登记程序、须提交资料以及重点事项，现场进行电子登记系统的演示，并就从业者关注的问题答疑解惑①。培训结束后，参加人员对培训内容和形式普遍给予积极反馈。此类培训对于社会组织健康发展具有显著促进作用，尤其对于刚入门的社会组织从业者能产生事半功倍的效果。

二、社会组织运行监管

顺应上级政策精神，宝安区、深圳市近年来将社会组织运行监管作为一项工作重点，纳入工作计划并制定出台相应政策措施。2016 年 9 月，为推进对社会组织的监督管理体制改革，加强社会组织异常名录管理，深圳市民政局印发《深圳市社会组织活动异常名录管理办法》，明确了社会组织活动异常名录载入、移出的相关办法，并对条例的运用、异议处理与监督情况进行说明。社会组织异常名录管理方法有利于强化信用约束，扩大社会监督，促进社会组织诚信自律，引导社会组织规范运作并有利于其内部治理能力提升。

作为相关领域的纲领性文件，2011 年 1 月宝安区民政局制定的《关于加强社会建设的实施意见》中明确提出，加强社会组织规范管理并开展多项举措，包括“依法规范社会组织运作，建立各部门各司其职、各负其责、分工明确的社会组织综合监管制度；完善社会组织法人治理结构，加强社会组织自身建设和财务管理，促使社会组织成为独立自主、运作规范、社会公信力高的独立法人组织；探索建立社会组织诚信评估制度和信息披露制度，将评估结果作为政府购买服务的重要依据。提高社会组织年检效力，探索将年检的初审工作委托给社会组织受理，力争到 2015 年委托率达 100%”。该文件在综合监管制度建立、社会组织内部治理、社会组织年检年报、社会组织评估以及社会组织信用信息方面作出了详细安排。

在实践中，宝安区政府、民政局细致部署，逐步推进社会组织运行监

① 宝安区民政局举办社会组织登记注册业务培训，http：//www. baoan. gov. cn/bamzj/gkmlpt/content/9/9032/post_ 9032651. html#5210. 最后访问时间：2021 年 12 月 30 日。

管的多方面工作。其中，“诚信+社会组织”体系建设成为宝安社会组织监管工作的亮点。《宝安区2017年国民经济和社会发展计划》提出，2016年宝安区“大诚信体系建设稳步推进，已梳理完成信用信息资源目录5014项，与市公共信用中心交换共享80万家企业、732家事业单位、853家社会组织共计165.8万条信用信息数据”。2018年6月，在宝安区社工委的统筹下，区内多部门联合制订了《宝安区“诚信+社会组织”体系建设工作方案》，通过搭建宝安区公共信用信息平台下设的社会组织信用监管子平台，要求社会组织承接政府项目时签署信用承诺书，出台《深圳市宝安区社会组织信用评价指标体系》以及评选社会组织诚信示范单位等一系列措施来搭建“诚信+社会组织”体系①。通过这些实践探索，以“信用”为核心的社会组织监管格局在宝安基本形成，不仅提升了社会组织的自律意识，还成功实现将各项奖励和惩罚措施与诚信体系相挂钩。图2.1所显示的即是宝安区以“信用”为核心的社会组织监管体系构成。

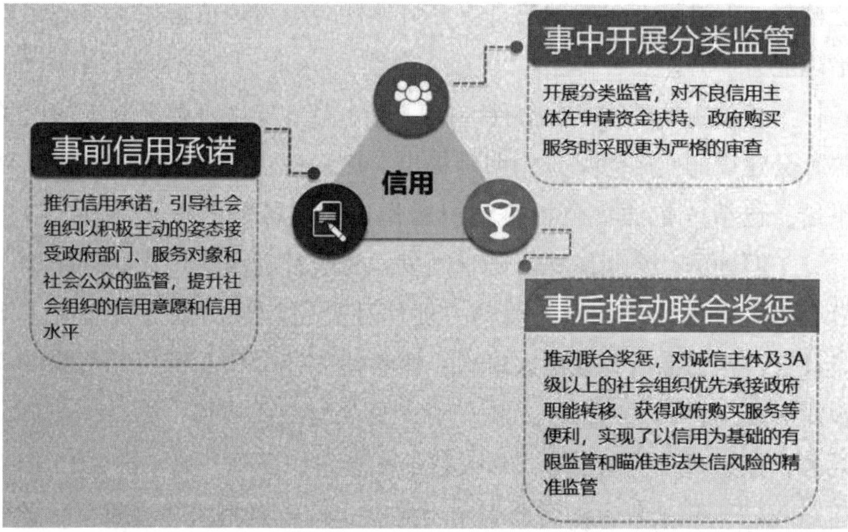

图2.1 宝安区以“信用”为核心的社会组织监管体系构成

① 探索“诚信+社会组织”体系建设的深圳宝安 所有人为你点赞，http://ibaoan.sznews.com/content/2019-02/27/content_21435701.htm. 最后访问时间：2021年12月30日。

宝安区通过树立典型为社会组织的日常运行设立标杆。宝安区实施开展的“全区社会组织百强计划”为社会组织建设提供了样板，制定了《宝安区社会组织百强评定管理办法》等相关政策文件，明确全区百强社会组织评定标准和退出条件，实行“准入、退出、考核”的动态管理机制，发挥优秀社会组织的示范和引领作用。

在日常监管过程中，宝安区民政部门注重贯彻执法监督职能。2019 年度，宝安区强化社会组织监督管理。开展社会组织年检工作，对连续两年以上未参加年检的 88 家社会组织依法作出撤销等行政处罚，扎实组织“双随机一公开”执法活动，加强对社会组织的执法检查力度。2020 年度，宝安区完成全区 1133 家社会组织年报工作，本年度应提交年报的社会组织有 1241 家，实际报送 1133 家，未报送 108 家，社会组织参报率达到 91.3%，年报合格率 100%；加强对社会组织的执法检查力度，组织“双随机 一公开”执法活动，共开展了 7 次执法抽查工作，其中包括 4 次跨部门执法检查，对 15 个抽查对象进行实地检查；联合区纪委巡察组开展社会组织廉政隐患问题排查整治工作。2021 年，进一步做好社会组织年度报告工作；扎实推进“双随机 一公开”执法活动。并加强监督，严格落实慈善捐赠款物支出使用管理和公示制度，积极配合和接受有关部门审计。

三、冠名慈善基金规范管理

如前所述，自 2016 年宝安区政府与深圳市民政局签订推进慈善事业创新发展合作框架协议，确定市区共建宝安“慈善之区”后，宝安区积极发展冠名慈善基金。2020 年，宝安区冠名慈善基金共有 92 家，支出 922.724 万元，救助及慰问群众人数达到 1813 人，实施扶贫项目 10 个。当前，冠名慈善基金已实现宝安区全区 10 个街道全覆盖。在不断扩充已有冠名基金和引进新的捐赠者的同时，宝安区高度重视促进冠名慈善基金的规范化建设，保证所有冠名慈善基金的运作处于健康轨道上，充分发挥其社会效益。

（一）冠名慈善基金的制度规范

制度规范是组织为有效实现目标，对组织的活动及其成员的行为进行规范、制约与协调，而制定的具有稳定性与强制力的规定、规程、方法与标准体系①。冠名基金的制度规范即宝安区为规范冠名慈善基金的运作管理而制定的政策措施与工作指引，宝安区慈善会和宝安区民政局先后都制定多个专项制度规范冠名慈善基金的相关事宜。

宝安区慈善会于2019年制定《深圳市宝安区慈善会冠名基金管理暂行办法》，初步规范冠名基金的使用和管理方式。2020年5月，宝安区民政局印发《深圳市宝安区冠名慈善基金使用操作指引》以完善冠名慈善基金的治理机制和管理制度，强调发挥冠名慈善基金的救助功能，并从申请救助流程、善款公示、退出机制等方面对基金的运行进行规定。《宝安区民政局2020年工作总结和2021年工作计划》中提到，2020年，宝安区"加强慈善管理，提高慈善公信力。规范冠名慈善基金使用，出台《深圳市宝安区冠名慈善基金使用操作指引》，并开展相关培训和走访；梳理全区冠名慈善基金运作情况，我区现存92家冠名慈善基金，募集金额3535.595万元，已使用1989.92万元，剩余1545.67万元；2020年通过冠名慈善基金共支出922.724万元，救助及慰问群众人数达到1813人，实施扶贫项目10个"。

（二）冠名慈善基金的运营支持

冠名慈善基金运营支持即宝安区对于宝安区慈善会所设立的冠名慈善基金的各项发展所提供的各项支持，宝安区重视通过开展培训，提升相关工作人员的专业知识水平以支持冠名慈善基金的规范建设。

2020年8月20日，宝安区民政局举办了2020年冠名慈善基金培训会，各社区基金会、慈善社会组织、冠名慈善基金管理人员、各街道慈善工作人员、区民政局相关工作人员等60多人参加培训。培训邀请深圳市社会公益基金会秘书长杨钦焕、深圳市社会公益基金会基金发展部主任张

① MBA智库·百科"制度规范"，https：//wiki.mbalib.com/wiki/%E5%88%B6%E5%BA%A6%E8%A7%84%E8%8C%83. 最后访问时间：2021年12月30日。

婧、宝安区慈善会彭凯等慈善专业人士进行了慈善知识讲解，专家们从企业社会责任的发展历程和案例解析、专项基金的运营管理和项目设计、冠名慈善基金设立及运作等方面对冠名基金在基层的实践应用进行了授课并针对冠名慈善基金的运作提出了具体的建议。冠名慈善基金培训，提高冠名慈善基金规范化、专业化、信息化运作水平，构筑企业与慈善公益项目、慈善管理人员互动的桥梁，更好地发挥冠名慈善基金的社会效益。

本章小结

本章共分三部分，对政府在慈善事业促进中所发挥的一般性规制作用以及宝安区政府的具体举措展开阐述。第一部分介绍政府促进慈善事业发展的一般原理，从概念内涵、相关理论、相关举措三个方面进行梳理，形成对于政府在建设慈善事业过程中角色定位的基本认识。第二部分对宝安区慈善事业建设中的政府培育措施进行详细的归纳分析，主要从宝安区推进慈善事业的总体规划、政府培育慈善公益主体、促进慈善捐赠与丰富慈善活动等方面进行实践的总结。第三部分对宝安区慈善事业建设中的政府监管措施进行阐述，具体涵盖宝安区政府在优化慈善组织的登记认定、规范落实运行过程监管以及促进冠名慈善基金规范管理二个方面的实际举措。

第三章　企业慈善：合力慈善的资源支撑

企业慈善是合力慈善中的资源支撑，是市场主体履行社会责任、提供公共服务和产品的慈善行为，发挥着扶贫济困、构筑社会安全网的重要作用。企业是我国慈善资源的重要供给主体，企业的慈善行为具体包括慈善捐赠、志愿服务、器官捐献、慈善信托、影响力投资、商业模式捐赠等多种形式。宝安的企业慈善行为形式主要包括慈善捐赠和志愿服务，运作模式以政府、市场与社会组织三圈互动为主，企业发挥主体性作用。本章将从企业慈善的一般原理出发，进而介绍宝安当地的企业慈善实践，从而总结出宝安企业以慈善为媒介参与社会治理的有益经验。

第一节　企业慈善的一般原理

企业是中国慈善事业的参与主体之一，对于现代慈善体系的构建有着特殊的意义。企业作为市场力量，具备较强的运营能力和战略导向，其参与提供慈善服务能够有效地协同政府、社会共同调节贫富差距，促进社会和谐。在深入理解宝安的企业慈善实践之前，对企业慈善以及相关概念作相应界定，以厘清企业慈善对应的范畴以及背后的运作机理。

一、企业慈善的概念、特征与作用

企业是慈善工作的市场支撑，企业慈善不仅是企业主体实现社会责任的有效途径，也是企业主体参与社会治理的重要方式。企业大多活跃在市场前沿，了解经济运行规律，与社会民众频繁接触，了解民众的实际需求，因而能够有针对性地提供服务；同时企业能够发挥造血功能，为慈善事业提供持续性的发展资源。明确企业慈善的相关概念与特征对于理解企业慈善的独特地位有着重要意义。

（一）企业慈善的相关概念

企业慈善的相关概念主要包括企业慈善、慈善捐赠、志愿服务和企业社会责任等。这一组概念能够较为完整地展示企业慈善的内涵、驱动因素以及作用。

1. 企业慈善

企业慈善是指企业将自身的资源投入与组织核心价值观或者使命相关的公共服务领域，在不损害商业利益的前提下达到服务社会目标的活动。企业慈善通常源于企业管理者的个人内在动机，属于兼容社会公共利益和股东利益的潜在工具性行为①。企业的慈善行为包括以下三种：企业自身进行慈善捐赠或者支持员工参与志愿活动和捐赠；企业通过投资当地社区，参与在地公共硬件以及软件设施建设；企业提供营销渠道，支持当地社区通过商业计划提升社区公众福利。无论是以上哪种方式的企业慈善，都源于企业经营活动与公益目的结合，实现企业效益和社会福利的双赢。

2. 慈善捐赠

慈善捐赠就是将财产自愿、无偿赠予中介组织或受益对象，以达到公益目的的行为。企业慈善捐赠是指企业发起的自愿、无偿赠予活动。企业可以向基金会等社会组织捐款，以支持和倡导公益事业，带来有益于社会的影响，并提高自身声誉②。通过慈善捐赠，企业可以满足利益相关者对他们的期望，展示品牌的社会责任感，获得更广泛客户群体的支持。慈善捐赠的财产既可以是现金，也可以是实物或技术，如数字化操作系统或是硬件基础设施等。

---

① 毕素华：《慈善事业中的政府，慈善组织与公众——公众微观认知的视角》，载《学术研究》2020 年第 4 期，第 64—68 页。

② 王端旭、潘奇：《企业慈善捐赠带来价值回报吗——以利益相关者满足程度为调节变量的上市公司实证研究》，载《中国工业经济》2011 年第 7 期，第 118—128 页。

3. 志愿服务

志愿服务也是企业慈善的重要形式之一，是由个人或组织提供时间和服务，以帮助有需要的对象①。企业为主体的志愿服务表现为救济、援助或安慰等形式，如向受助对象提供食物、紧急庇护所、紧急医疗援助，向特定群体如孤儿、老人提供文艺演出或陪伴服务等。某些志愿服务无法从长远改变服务对象的处境，但能够对服务对象提供必要的关怀和心理慰藉。企业志愿服务是企业服务与慈善服务的重合领域。改革开放后，中国逐渐形成政府服务、企业服务与社会服务相衔接的新型志愿服务体系②。企业志愿者作为多样化志愿力量中的一员，在人民“美好生活”目标的实现过程中贡献自己的力量。

4. 企业社会责任

企业社会责任是指企业在追求利润、对股东承担法律责任的同时，还应承担的对员工、供应商、消费者、社区和环境的责任③。企业社会责任要求企业通过自身的商业实践以及利用自身资源的慈善行为来改善利益相关者的处境，并提升社会公共福利。企业通过承担社会责任，能够树立起自身的品牌形象，增进产品和服务对于消费者的吸引力，创造出无形的良好商誉，获得相关收益。

（二）企业慈善的基本特征

企业慈善的基本特征主要包括企业家个人情怀驱动、企业使命与价值观导向、国家战略方针引领以及商业思维贯穿慈善措施，这也基本符合企业慈善由企业主体承担的基本出发点。

1. 企业家个人情怀驱动

企业家的个人情怀是企业慈善的核心驱动力。乐善好施、扶贫济困、

① 吴鲁平：《志愿者的参与动机：类型、结构——对 24 名青年志愿者的访谈分析》，载《青年研究》2007 年第 5 期，第 31—40 页。

② 谭建光：《中国志愿服务：从青年到社会——改革开放 40 年青年志愿服务的价值分析》，载《中国青年研究》2018 年第 4 期，第 28—33 页。

③ 苗青、赵一星：《社会企业如何参与社会治理？一个环保领域的案例研究及启示》，载《东南学术》2020 年第 6 期，第 130—139 页。

尊老爱幼等慈善情怀驱动着企业家投身慈善事业，在当代企业家文化和企业家精神中，慈善情怀已经成为企业家不可或缺的人格组成[①]。通过采用慈善这种对社会有正面影响的方式履行社会责任，企业家的个人价值也在其中得到体现与升华。

2. 企业使命与价值观导向

每个企业成立之初都有组织独特的使命与价值观，企业的慈善行为也受到其使命与价值观的导向，会倾向于某个特定领域[②]。企业的慈善行为的基础是企业的商业发展，因此，企业会在诸多领域中找到最能体现自身核心竞争力的领域投入，从而将慈善行为转化为资产，实现公益与商业的结合。企业的使命和价值观需要在慈善行为中得以体现，以保持企业长期的生命力，在企业长期赖以生存的环境中持续发展。

3. 国家战略方针引领

企业慈善是在国家整体制度框架中运行，因此，企业慈善要符合国家的大政方针，按照国家倡导和提倡的方向投入慈善资源[③]。只有与国家战略相契合，企业才能做到精准慈善，这样的慈善行为才更具有生命力。因此，企业在慈善活动中往往围绕着国家战略方针，关注国家重视的相关领域，通过新模式、新业态、新产品，创新慈善方式，提高效率和质量，将慈善资源用在刀刃上。

4. 商业思维贯穿慈善举措

企业作为营利实体，当商业遇上慈善，商业思维对慈善举措的跨界影响就尤为重要。企业通过把社会问题商业化，通过一种商业模式能够更大规模解决社会问题，对商业模式的充分运用也可以帮助企业整合更多的社会资源，更好地履行企业社会责任。

---

① 毕素华：《义、利与爱：企业家慈善行为的伦理考察》，载《南京社会科学》2009 年第 10 期，第 35—39 页。

② 邓丽明、郭晓虹：《高管价值观影响企业社会责任行为的理论与实证研究》，载《江西社会科学》2012 年第 8 期，第 236—240 页。

③ 周秋光、曾桂林：《中国慈善立法：历史、现状及建议》，载《南京社会科学》2014 年第 12 期，第 141—149 页。

（三）企业慈善的作用

企业慈善的作用主要包括对自身的作用和对他者的作用。对自身的作用集中体现在促进企业自身发展，对他者的作用集中体现在调和利益相关者关系并增强社区社会资本。

1. 促进企业自身发展

企业在开展慈善活动的过程中通过履行社会契约来促进自身发展。霍布斯是社会契约理论的主要创始人，契约是指社会各方为了获得更大利益而在意见一致基础上建立的权利义务关系①。根据社会契约理论的观点，企业慈善作为企业与国家、社会建立的社会企业，是一种帕累托改进②，也就是说，企业通过慈善行为至少会使得国家、社会、市场三方中有一方的利益有所改善。社会契约蕴含着平等、功利和理性的特征，企业通过慈善能够更好地实践内部契约，即对内部员工及管理者的责任和保证，以及外部契约，即对消费者、其他企业、公众和政府的贡献。社会契约理论展示了企业的发展不仅是单个主体的问题，而且涉及多个利益相关者，只有在契约关系动态演化中，才能保障企业更好的发展。

2. 调和利益相关者关系

企业慈善行为对于调和外部关系的作用可通过社会学制度主义的制度同构理论予以解释。保罗和沃尔特于 1983 年首次提出制度同构理论，他们指出，同构是一种制度性的过程，在一个同样的环境条件下，制度力量和集体理性推动着组织的形式、结构和实践越发相似③。根据制度同构理论，企业慈善为了更加贴近当地社区，需要通过慈善行为，分享社区共同的规范观念和政策取向，帮助共同体的利益相关者取得相应的收益，从而获得自身参与政策构建的机会，与决策者在互动过程中共建社区。制度同构意味着企业能够在进行慈善行为的过程中获取合法性，其经营能够履行社会

---

① Hobbes T.，"The Social Contract，" *Philosophy*，1（2009），pp. 35-62.

② Stiglitz J.，"The Allocation Role of the Stock Market：Pareto Optimality and Competition，" *The Journal of Finance*，2（1981），pp. 235-251.

③ Powell D M W.，"The Iron Cage Revisited：Institutional Isomorphism and Collective Rationality in Organizational Fields，" *American Sociological Review*，2（1983），pp. 147-160.

责任，实现自身稳定，使得企业自身的行为与所处社会的文化框架相适应，最终实现自身的发展。

3. 增强社区社会资本

社会资本指的是人与人之间的相互联系，是一套社会网络关系以及其中个体之间互利互惠并互相信赖的规范[①]。社会资本包含个体和组织的范围。首先，个体通过彼此的联系使得自己的利益得到满足；其次，组织通过社会资本实现了更有效率的运作。社会资本是社会生活的润滑剂，企业慈善能够增强企业所拥有的连接性社会资本和黏合性社会资本，加强特定团体和成员之间的团结，帮助个体在连接性的社会关系中获得更多收益。通过慈善活动，企业增强了与公众、媒体、社会组织、政府之间的关联，建立起强大的社会网络，通过互惠性规范产生信任，在社区治理结构中体现为企业成为共建共治共享治理格局的积极参与者。

二、企业慈善的功能

企业通过提供公共产品，发挥自身作为市场主体在构建现代慈善体系中的作用。企业慈善可在不同的活动领域产生社会效益。鉴于企业慈善活动内容的多元性特征，可依照《中华人民共和国境外非政府组织境内活动管理法》中对于非营利领域的划分，论述企业慈善在经济、教育、科技等八大领域的功能。明确企业慈善的具体功能，可进一步挖掘市场主体在慈善领域的能量，明确其在合力慈善中的角色定位。

（一）经济领域的功能

随着商业和慈善逐渐融合，企业慈善与商业不再泾渭分明，社会价值逐步引领经济价值。企业通过慈善，能够创造出经济领域的新模式，合理的慈善行为能够带动企业经营业绩的提高，促进全社会的经济增长[②]。公

① 罗伯特·帕特南：《独自打保龄——美国社会资本的衰落与复兴》（刘波译），北京大学出版社，2011 年版，第 8 页。

② 王肃羽、刘振杰：《善经济时代的慈善发展与社会治理机制探析》，载《河南社会科学》2017 年第 11 期，第 63—68 页。

益和商业正紧密地结合在一起，且这一融合有着迅速扩大和蔓延的趋势，用商业力量解决社会问题，反过来又促进商业力量的壮大和经济领域的增长已经是企业慈善的核心生态。企业可以通过创办社会企业、投资当地社区、提供营销渠道等方式帮助当地经济发展，促进本地人群就业，带动整体经济氛围提升。

（二）教育领域的功能

对于企业而言，教育是慈善重中之重的一个领域，企业用商业利益推动慈善发展，同时企业受益于慈善发展的最典型领域也是教育①。教育关乎人的基本权益，企业通过解决教育机会不平等、教育基础设施建设不足等问题，为教育领域带来了大量软硬件资源，并帮助教育更加满足未来长远的需求。企业通过自身的核心资源和能力能够帮助教育领域的教师待遇提升、学生科学素养提高、家庭教育完善，企业能够承担起社会创新的角色，动员社会资源在教育领域探索与创新。

（三）科技领域的功能

我国实施创新驱动发展战略，企业既是科技创新实践的主体，也是科技创新投入的资源供给方，能够激励科技研发进一步发展②。企业慈善能够通过奖励资助科技创新、提供企业研发支持、促进科研成果转化及产业化、支持重点产业研究以及推动人才培训和技术合作等方式充分发挥自身的协调与整合资源能力，契合时代对科技创新的需求，推动我国科技成果快速转化目标的实现。

（四）文化领域的功能

我国慈善文化源远流长，企业慈善能够进一步将中华慈善文化发扬光大。企业慈善通过履行自己的企业社会责任，将商业利润回馈当地社区，建设民众守望的精神家园，推动着慈善文化在社会的蔓延。在这种慈善文

---

① 杨晓霞：《教育公益性的重新解读——兼论教育的公益性与产业性关系》，载《中国教育学刊》2002 年第 5 期，第 11—13 页。

② 董俊林：《科学技术与公益慈善的历史互动和未来发展》，载《自然辩证法通讯》2020 年第 4 期，第 98—103 页。

化浸润下的企业，在商业中能够赋予社会另一种文化内涵①。企业通过促进慈善文化发展繁荣，加大对公益性文化事业的投入，拓展了慈善文化产品的覆盖面和影响力，使得文化产业在不违背基本方向的前提下实现社会效益与经济效益的统一。

（五）卫生领域的功能

卫生事业具备公益性的本质属性②，其发展能够惠及广大民众，企业在此领域的公益性投入具有普惠效果。企业慈善通过对医疗联合体建设、药品安全和医疗信息安全建设、医生培养等方面的支持，加入完善中国卫生服务和保障体系的建设大军，提高人民群众对卫生事业的满意度，在扩大基础医疗服务覆盖面的同时，充分发挥市场的作用，调动一切可以调动的资源，满足人民群众的多层次医疗卫生需求。

（六）体育领域的功能

随着企业慈善的发展，参与慈善的方式越来越多，体育与慈善的结合有利于推动跨界合作、传播体育正能量、提升体育社会影响力③。企业可以通过直接组织体育赛事活动，依托赛事进行公益宣传和慈善捐赠；也可以通过供给体育资源，提升全民健身参与度，不仅改善我国的体育基础设施建设状况，还能优化体育领域的人才培养。企业慈善能够进一步促进我国体育资源的合理利用和分配，满足人民日益增长的健康需求。

（七）环保领域的功能

随着环境污染问题日益凸显，越来越多的企业投身环保慈善事业。企业投身环保慈善可以通过减少自身污染行为、宣传环保理念和提供环保资

---

① 杨方方：《慈善文化与中美慈善事业之比较》，载《山东社会科学》2009 年第 1 期，第 76—79 页。

② 周东华：《公共领域中的慈善、福音与民族主义——以近代杭州麻风病救治为例》，载《社会学研究》2010 年第 3 期，第 114—135 页。

③ 向良平：《我国体育慈善事业发展的现实困境与路径选择》，载《西安体育学院学报》2011 年第 3 期，第 318—321 页。

源来完成[①]。其中，企业形成的商业环保力量有利于整合其行业供应链上下游所有相关方，成为一股强大的民间环保力量。通过环保慈善，企业进一步推动了环境监测信息公开、工业污染源信息公开等工作，还推动了一批民间环保组织成长与发展，促进全民环保事业的发展。

（八）济困和救灾领域的功能

扶贫济困是中华民族的传统美德，同时也是企业慈善的重要内容。一方面，企业通过参与精准扶贫战略，成为爱心慈善新力量，协同落实政府的扶贫帮困新政策，勇担社会责任，开辟精准扶贫新模式[②]；另一方面，企业通过拓展善款募集渠道，推进慈善济困帮扶，形成社会救助整体格局，助力社会保障体系的完善与建立。此外，面对自然灾害、公共卫生、公共安全等领域的重大突发事件，企业因其灵活性、能动性，能够第一时间赶赴受灾现场提供物资、人力、财物的援助，是我国应急管理体系中的重要组成力量[③]。

第二节　宝安企业慈善概况

宝安区内企业数量众多，企业参与慈善事业的热情和积极性高涨。宝安的企业慈善坚持“文化慈善”“真心慈善”“合力慈善”“创新慈善”的思维贯穿始终，通过机制创新、战略引领、运用互联网技术等方式推动企业慈善发展。在推进企业慈善发展的过程中，宝安区总结出了主体地位明确、三圈良性互动的发展经验，企业慈善成为推进宝安合力慈善建设的重要组成部分。

---

① 饶传坤：《英国国民信托在环境保护中的作用及其对我国的借鉴意义》，载《浙江大学学报（人文社会科学版）》2006 年第 6 期，第 81—89 页。

② 廖建军：《公益慈善参与扶贫：成效、问题和对策——以广东省为例》，载《理论探索》2014 年第 3 期，第 99—103 页。

③ 文军、易臻真：《应急与超越：突发性公共事件中慈善品牌的培育》，载《学习与实践》2009 年第 7 期，第 105—110 页。

一、宝安区企业慈善现状

改革开放后，随着中国慈善事业的全面复苏，大批企业也开始参与慈善活动。作为中国改革开放的前沿阵地，宝安的企业慈善同样发展迅猛。在政府、企业与社会联动的格局中，宝安企业慈善不仅打造出一批知名项目，而且成为全民参与慈善的重要平台。

首先，宝安区构建起了“政府—企业—社会组织”三方联动的公益慈善生态圈。推行合力慈善以来，宝安区作为中国改革开放浪潮的首发地，秉承中华文化传统，弘扬现代慈善文化，在政府协调引导、企业供给资源和社会执行实施的良性互动中，宝安区企业慈善事业实现蓬勃发展。在这个意义上，宝安区企业慈善事业成为中国公益慈善事业发展的一个缩影。总体来看，宝安区企业参与公益慈善既有传统文化积淀的自发影响，又与政府的自觉引导密切联系。正是在文化自发与政府自觉的双重推动下，企业慈善才得以实现快速发展。

其次，企业搭台民众参与，将企业慈善活动扩展为全民行动。自企业慈善事业发展初始，宝安区企业慈善的一个典型特色就是全民参与，且经历了由知名企业家带动、群众自发参与到群众踊跃参与、企业作为平台的变化过程。从宝安区企业慈善事业的发展状况来看，通过弘扬宝安区慈善文化和深圳拼搏文化，开展企业慈善文化进社区、进基层、进机关、进学校等活动，真正增强了公众对企业慈善的认知，从而促使公民自愿参与企业慈善。在此基础上，通过参与渠道和参与组织的规范化与平面化引导，实现了慈善领域的全民能参与、全民常参与，将企业慈善日常化和全民化。如宝安区的慈善名片——百强慈善企业评选等公益慈善活动，均实现了提升慈善影响力和参与度的目标。将企业慈善与公众参与结合，是宝安区真正创新企业慈善模式的重要标志。

最后，培育了一批具有示范意义的企业慈善项目品牌。本地企业的慈善活动，立足宝安、辐射深圳、面向全国，注重慈善项目和活动的品牌效应，打造在全国具有一定影响力的慈善名片。其中，最具影响力的是深圳市首个慈善地标在宝安区落成。该地标脱胎于“与爱同行”的慈善微跑活动。是由宝安区慈善会、宝安区工商联（总商会）、宝安区义工联合会、中国银行宝安区支行四家单位共同举办的一项将徒步与健康相结合的非竞技体育活动。自2016年4月举办第一届以来，每年举办一次，迄今成功举办4届，倡导健康的生活方式，弘扬人人参与慈善的理念，传递社会正能量，成为宝安区慈善事业的品牌项目。

设立慈善地标就是在慈善微跑活动举办点建立一个永久性的标志物，让这个标志物来见证和记载这个慈善活动，丰富宝安区慈善文化内涵，传播人人慈善的理念，让更多的人了解慈善、追求慈善、参与慈善，助力宝安区慈善事业发展。

慈善地标建成于2020年10月，由爱心企业家广兴源公司董事长黄耀文支持，不到一年时间就顺利落成。此举充分体现出深圳速度、创新精神、敢闯敢干的魄力以及浓厚的企业慈善氛围。地标倡导的是健康的生活方式，宣传慈善理念，通过慈善地标激发更多的人和企业参与慈善、募集更多的善款、帮助更多需要帮助的人。通过这个标志物把健康和运动、活力和稳重、现代文化和传统文化融合在一起（如图3.1所示）。

图3.1　宝安区慈善地标

二、宝安区企业慈善特色：树立四点思维，发扬创新精神

宝安的企业慈善围绕“四个慈善”发展思路而展开，突出特点在于机制创新，企业主体意识更增强了其慈善的战略性，随着互联网公益的兴起①，时代还赋予了其“互联网+”的特征。

（一）“四个慈善”思维贯穿企业慈善

近年来，宝安提出了文化慈善、真心慈善、合力慈善、创新慈善“四个慈善”的发展思路，为宝安区慈善事业明确了新的发展方向和目标。2016年，围绕落实市区《推进慈善事业发展合作框架协议》和打造“四个慈善”品牌，宝安区制定了加强慈善事业发展一系列工作措施，其中发展冠名慈善基金被列为宝安区民生实事项目，并列入了区政府重点督查事项。“四个慈善”的发展思路，构成了宝安区企业慈善事业发展的基础性思维。同时，宝安区企业慈善事业的发展又不断深化了“四个慈善”的内涵。

宝安企业将“四个慈善”思维内化为企业慈善的四种力量源头，分别是建立慈善观、参与主动慈善、调动全部资源以及拓展慈善角色。企业慈善观的建立使得宝安企业能够自愿加入慈善事业，依凭企业内在动力追求慈善目标。参与主动慈善意味着宝安企业承担社会责任，主动选择最能配合自身核心竞争力与使命的慈善事业，并在此过程中获得最大的组织自我实现。调动全部资源考验了企业实现慈善目标的能力，所需资源包括人、财、物等不同类型，宝安企业主动调动资源实现慈善目标反映出其主观能动性，在慈善领域作为资源供给主体的地位更加凸显。拓展慈善角色是指宝安企业在慈善事业开始之初以传统方式提供捐赠或服务，随着服务对象范围扩大，企业展现出创新意识，运用多种新型工具和手段来拓展慈善捐赠和服务的边界，这种角色转换的能力使得宝安企业在慈善活动中具备良好的灵活性。

---

① 罗莹、李佳润、王子通：《中国互联网公益平台的创新发展研究》，载《中国青年研究》2015年第7期，第20—24页。

(二) 机制创新推动企业慈善

机制是指企业调整内部与外部组成部分之间工作的模式和方式，企业慈善的机制创新是指企业通过调整自身进行慈善活动的工作体系、方法、制度和作用关系，对慈善活动进行了有效的制度化，增强了企业与社区在相互作用中的应变能力，发展了一套切实可行的管理模式①。企业慈善机制创新不仅有利于开展慈善活动过程中所面临的问题，还能有效推动企业慈善的长远发展。

宝安部分企业制订了有效的企业慈善规划，企业的慈善规划是慈善机制的一部分，每个企业的慈善规划可能有所不同，但都与企业整体战略和价值观保持一致。慈善规划内容包括企业的关注领域、激励机制以及同相关方的沟通协作机制。就关注领域而言，规划一般不会限定企业慈善项目的具体内容，但会限定企业关注的社会议题，这些议题通常与企业的业务相关，如宝安的制造业企业较为关注环境保护，互联网企业较为注重民生数字化等，同时考虑到企业的长远发展，大部分企业都关注了教育、卫生等公益方向。除此以外，宝安企业在制订慈善规划的过程中充分发挥各相关方作用，决策层决定大致方向，企业社会责任部门负责规划的细化，社区作为企业慈善规划的外在环境和受益方提供反馈，公益组织也为企业慈善规划的制订提供了建议。

(三) 战略型慈善引领企业慈善

长期以来，负责任的优秀企业在宝安经济社会发展中扮演着非常重要的角色。这些企业先进的技术与管理实践，推动了当地经济的发展，同时，这些企业积极地履行社会责任，促进社会创新，将企业慈善融于企业的整体战略中，广泛而深入地开展慈善活动②。战略型慈善不是特定的文化内容，不是具体的操作方式，也不是短期的利润目标，而是企业慈善能

① Ross S R. , *Expanding the Pie: Fostering Effective Non-profit and Corporate Partnerships* (VA: Kumaran Press, 2012), p. 200.

② 高勇强、何晓斌、李路路:《民营企业家社会身份、经济条件与企业慈善捐赠》，载《经济研究》2011 年第 12 期，第 111—123 页。

够长盛不衰、不断前进的核心机制，背后折射出企业的财富观、战略观和慈善观。

宝安企业在慈善过程中逐渐走向一个更高的公益维度，慈善不再是企业的一次性投入，而是更多地融入企业整体战略，对企业自身发展产生促进作用。一些企业成立了专门的基金会对慈善项目进行筛选，注重将慈善事业与企业主体业务建立更多联结。还有一些企业着眼于自身所处的行业，关注行业内部产生的新问题，寻求专业性的行业解决方案，以行业为支点，以受助对象需求为导向，不断探索战略慈善的模式。宝安的企业慈善聚焦于社会实际需求，既能帮助受助对象，又能为自己的企业提供收益，变被动慈善为主动慈善，变短期的慈善行为为长期的可持续的慈善行为，成长出更多“深谋远虑”的企业慈善家。

（四）“互联网+”优化企业慈善

随着互联网时代的到来，企业慈善面临着巨大挑战，同时也迎来了重大发展机遇。中国互联网的渗透率已经超过57%，网民数量稳居世界第一，这种互联网能力应用到慈善领域，正在形成“互联网+慈善”的新型模式①。互联网进一步改变了企业慈善的运作模式，在链接社会慈善需求和企业慈善资源方面发挥着积极作用。互联网与企业慈善结合，使得捐赠人的捐赠意愿、求助者的慈善需求和企业的慈善项目能够实现良好的衔接，并以合理的方式分配慈善资源，提升慈善的专业性。“互联网+”为企业慈善事业提供了前所未有的发展机会，构成促进传统企业慈善变革的潜在动力。

宝安区在探索企业慈善的实践中，坚持以互联网为重要载体和工具，积极开展“互联网+企业”公益慈善的探索，从而实现了企业慈善由传统的线下操作到线上实现的转变，构建了“互联网+爱心企业+爱心团体+志愿服务”的网络慈善模式。通过企业慈善事业“互联网+”让寻求帮助的人们受到更多关注，把热心市民召集到一起，让爱心企业和团体联动，加

---

①　徐家良：《互联网公益：一个值得大力发展的新平台》，载《理论探索》2018年第2期，第18—23页。

入本土志愿者服务队，合力为本地公益事业奉献力量。如在日常慈善工作中，宝安也为爱心企业捐赠物品、慈善组织的公益产品、文化衍生品以及个人闲置物品，搭建线上线下互动展销平台，通过设立爱心跳蚤市场和爱心物品在线交换平台等活动形式，并通过义拍、义卖和附捐相结合的方式，实现足不出户、在线完成的现代慈善模式。现代企业慈善事业的发展必须紧密结合互联网时代的技术才能够更加有效地提供社会服务、参与社会治理，同时在这一过程中也将企业慈善事业更加平民化与简便化，从而能够吸引更多的公众参与企业慈善事业。

案例：黄尔春将真心慈善与合力慈善相联结

黄尔春，广东揭阳人，1957 年生于揭阳县，深圳市金港实业有限公司董事长，2003 年至今担任福永商会（工商联）会长、福永商会（工商联）党支部书记、宝安区总商会（工商联）常务副会长、宝安区慈善会副会长、宝安区政协常委等职务。

作为一家多元化发展企业的掌门人，黄尔春在公司业务初具规模时即投身慈善事业，他的公益行为与宝安区“四个慈善”中的“真心慈善”极为契合：1994 年，他向家乡揭阳县（今揭阳市）玉湖镇捐赠 70 万元，用于修建马路和政府办公大楼，因为他“始终没有忘记故乡的养育之恩”。2004 年，他又为家乡捐赠了一座“春兰”希望小学，并亲自投入选址、设计和施工进程。玉湖中学的尔春楼也是来自他的捐赠。上述捐赠全部源自黄尔春回乡所见之后的感悟，对于家乡贫穷孩子学习条件艰苦状况的不忍，促使他多次慷慨解囊。

而作为福永商会会长，黄尔春践行了“四个慈善”中的“合力慈善”。自 2003 年 8 月当选为专职会长后，黄尔春就将企业托付给妹妹和妹夫，每天在商会、政府和工商部门之间奔波，为会员单位解决困难的同时，鼓励大家投身于慈善事业中。自他当选会长以来，福永商会在全国各地捐建希望小学 10 所、慈幼院 1 家、医院 1 所，累计捐款达 3000 万元。福永商会也得到了深圳市相关领导“九好商会”的赞誉：参政议政好、领导重视好、团结和谐好、开拓创新好、班子带头好、热心公益好、服务会员好、协调政府好、文体活动好。这些成绩，都离不开黄尔春对商会人心的凝聚。

（资料来源：《深圳口述史 | 黄尔春：从福永打拼出来的企业家和慈善家》，澎湃新闻，https：//www.thepaper.cn/newsDetail_ forward_ 3025462. 最后访问时间：2021年12月30日。）

三、宝安区企业慈善经验：主体地位明确、三圈良性互动

宝安区企业慈善与其所根植的深圳特区“敢为人先、勇立潮头”的改革开放精神极为契合。在整个合力慈善格局中，不仅企业主体地位突出，建设机制创新，政府、社会、企业还形成了良好的三圈互动生态。

（一）企业主体性地位突出

宝安企业的主体性地位主要体现在企业慈善观念具备主动性、目标明确、责任落实、激励方式创新求变，主体性意识促成了宝安企业慈善的主观能动性得到发挥。

1. 企业慈善理念的转变

企业慈善是企业履行社会责任的重要组成部分，也是企业竞争战略中的重要一环[①]。近年来，宝安区企业由原来被动式的企业慈善逐渐走向了主动式的战略慈善。战略慈善是指企业将创造利润与对环境、社区的责任相结合，在尽责的同时，企业也享受了相应的权利，如企业声望的提高[②]。宝安区企业将慈善捐赠看作是企业的一种社会投资，是企业和社会积极互动、互利互惠的一种行为。在这种全新的慈善理念的支配下，慈善捐赠成为优秀企业自主自愿的社会道德行为，并将慈善事业与企业的市场战略、发展规划相融合，形成了可持续的制度化运作机制。

① 易开刚：《企业社会责任管理新理念：从社会责任到社会资本》，载《经济理论与经济管理》2007年第11期，第71—75页。

② 张楠、林志刚、王名：《民营企业家战略慈善新模式：民营企业（家）基金会发展特征及影响因素分析》，载《湖北社会科学》2020年第6期，第49—59页。

2. 企业慈善模式的确定

企业是社会财富的创造者，也是慈善事业的重要主体。宝安区进一步发挥了企业优势，释放了市场主体的活力，发挥企业的独特作用，形成精准化的企业慈善模式①。尤其是针对一些政策覆盖不到的群体和事项，存在保障水平不适应部分特殊困难需求的问题，宝安区企业给予了两重回应：一方面围绕现行民生保障政策缺口，有针对性地支持慈善组织开展各种帮扶，将社会的温暖传递给政策尚未覆盖的群体，参与社会安全网的共同建设；另一方面，企业结合自身特点和优势，围绕同一群体提供了灵活性、差异性、个性化的服务，与政府的公共服务实现了互补，为困难群众排忧解难。

3. 企业慈善目标的明确

宝安区许多企业都通过开展慈善活动来改善自己的竞争环境，进而促进自身的长期发展。就慈善活动对企业价值的提升而言，慈善捐赠的目标在于帮助企业提高销售额、建立新的业务联系、提升客户忠诚度以及提高公司声望②。除了企业价值提升的目标，还有社会价值提升的目标。企业慈善捐赠可以增进公众对社会公共服务需求的认识，积极投身个人慈善。

4. 企业慈善激励的创新

开展“宝安区慈善百强企业”认定工作是宝安区政府在企业慈善领域的重要创新，是对在慈善捐赠和社会责任方面作出重要贡献的企业进行褒奖的核心机制。宝安区慈善百强企业认定标准注重企业履行社会责任的示范作用和社会效益，不再以慈善捐赠额为主要依据，是对宝安区爱心企业参与慈善发展所进行的里程碑式总结。整个评审程序科学严谨，选出的企

---

① Lin-Hi N, Hörisch J, Blumberg I. “Does CSR Matter for Nonprofit Organizations? Testing the Link Between CSR Performance and Trustworthiness in the Nonprofit versus For-profit Domain”, *Voluntas*, 5 (2015), pp. 1944-1974.

② Kim H J, Oh H J, Thorson E. , “Embedding a Social Cause in News Features: The Effects of Corporate Sponsorship and Localization on Audience’s Attitudes toward Nonprofit Coverage”, *Nonprofit and Voluntary Sector Quarterly*, 2 (2014), pp. 314-337.

业在参与慈善工作上具有示范性，在慈善理念上具有典型性，在慈善文化上具有先进性。百家企业组合在一起，可形成独具宝安区特色的慈善矩阵效应，进一步推动宝安区乃至深圳市的慈善事业创新发展。通过慈善百强企业认定，宝安区企业的慈善事业主体地位更加凸显。宝安区慈善百强企业名录见表3.1。

案例：开展“宝安区慈善百强企业”认定工作，创新企业褒奖机制

慈善是一种美德，更是一种力量。为推动宝安区慈善事业更快发展，促进宝安区经济社会和谐发展，宝安区于2016年起，计划在两年内认定100家慈善百强企业。首批60家企业被认定为“宝安区慈善百强企业”，这些企业2014年和2015年在公益慈善方面累计捐款捐物2亿多元。

开展“宝安区慈善百强企业”认定工作，是宝安区政府对在慈善捐赠和社会责任方面作出重要贡献的企业进行褒奖的机制创新。区民政局负责人介绍，第二批宝安区慈善百强企业认定工作是对宝安区爱心企业参与慈善发展所进行的里程碑式总结，认定标准注重企业履行社会责任的示范作用和社会效益，不再以慈善捐赠额为主要依据。整个评审程序科学严谨，选出的企业在参与慈善工作上具有示范性，在慈善理念上具有典型性，在慈善文化上具有先进性，将形成独具宝安特色的慈善矩阵效应，进一步推动宝安区乃至深圳市的慈善事业创新发展。下一步，宝安区将着重做好企业参与慈善的服务工作，总结提炼具有宝安特色的慈善文化口号，强化成立冠名慈善基金培训工作，充分发挥慈善百强企业的示范带动作用，激发社会各界参与慈善事业的热情，提升爱心企业投身慈善事业的社会责任感。

（资料来源：《宝安区召开慈善百强企业认定工作总结大会》，央广网深圳分网，http：//sz.cnr.cn/szfwgb/cycx/20190529/t20190529_524631266.shtml. 访问日期：2021年12月30日。）

表 3.1　宝安区慈善百强企业名录

第一批（60 家）	深圳市东方建富实业有限公司、广东长和控股有限公司、深圳市中意集团有限公司、深圳市华丰世纪投资（集团）有限公司、深圳市宏发投资集团有限公司、卓越置业集团有限公司、深圳市松茂房地产集团有限公司、壹方置业（深圳）有限公司、深圳中洲集团有限公司、欣旺达电子股份有限公司、永正文化玩具创意（深圳）有限公司、深圳信立泰药业股份有限公司、深圳市新世界集团有限公司、深圳市裕同包装科技股份有限公司、深圳明金海集团有限公司、深圳市金环宇电线电缆有限公司、深圳市洪韦盛实业有限公司、深圳市宝安区石岩自来水有限公司、深圳市奋达科技股份有限公司、深圳市百佳华集团有限公司、深圳市广兴源投资发展有限公司、深圳市翰星资产控股有限公司、深圳市鑫豪盛实业有限公司、深圳市旺盈彩盒纸品有限公司、深圳润恒房地产开发集团有限公司、深圳恒丰房地产有限公司、深圳市众福康医药有限公司、深圳市豪轩联丰实业有限公司、邦深电子（深圳）有限公司、深圳市亿鼎丰实业有限公司、深圳市利得来实业发展有限公司、深圳市三和实业发展有限公司、深圳市金星精密技术有限公司、深圳市高新建混凝土有限公司、深圳佳德威油漆有限公司、深圳市港之龙实业有限公司、深圳市恒泰裕实业有限公司、深圳崇达多层线路板有限公司、深圳市合成号食品有限公司、深圳市联建光电股份有限公司、深圳市浩森小额贷款股份有限公司、深圳市景旺电子股份有限公司、深圳市崛起教育集团、深圳市中科诺数码科技有限公司、深圳市华苑壹号饮食有限公司、深圳市周朝科技发展有限公司、深圳市中熙房地产开发有限公司、深圳市宝安区保安服务公司、深圳市同和工贸有限公司、深圳市景泰荣投资控股有限公司、深圳市兴强发投资有限公司、深圳市安宏基实业有限公司、宝城物业管理（深圳）有限公司、深圳市沙井坐岗股份合作公司、深圳润迅数据通信有限公司、深圳市德昌盛机电装饰工程有限公司、深圳市宝安任达电器实业有限公司、深圳可立克科技股份有限公司、游晟印染（深圳）有限公司、史丹利百得精密制造（深圳）有限公司

续表

第二批（40家）	深圳明德控股发展有限公司、鸿荣源置业集团（深圳）有限公司、深圳市能源环保有限公司、深圳市鑫灏源精密技术股份有限公司、深圳市三诺电子有限公司、深圳市劲拓自动化设备股份有限公司、深圳市宝安华发实业有限公司、深圳市洲明科技股份有限公司、华讯方舟科技有限公司、深圳市新永海电子有限公司、深圳市金港实业有限公司、深圳市金星伟业有限公司、深圳市松岗琥珀交易市场有限公司、运必送物流（深圳）有限公司、深圳市红发实业有限公司、亿和精密金属制品（深圳）有限公司、广东恒丰投资集团有限公司、深圳市雍畝实业有限公司、深圳市永长润实业有限公司、深圳市汇威科技有限公司、深圳市翔宇电路有限公司、深圳市三德冠精密电路科技有限公司、裕亿纸品（深圳）有限公司、深圳市鼎盛精密工业有限公司、中天世纪实业（深圳）有限公司、深圳市鑫荣懋农产品股份有限公司、深圳市正强投资发展有限公司、深圳市益华市场管理有限公司、深圳市德明发实业集团有限公司、创维集团科技园管理有限公司、深圳市鑫东海投资顾问有限公司、兆基荣华模具（深圳）有限公司、深圳市名德投资有限公司、深圳市华创达投资管理有限公司、深圳市佳厨厨具有限公司、深圳市鑫梓润物业管理股份有限公司、中粮地产发展（深圳）有限公司、深圳市金安城房地产开发有限公司、深圳市汉高建设有限公司、深圳市沙井新桥股份合作公司

（二）政府、企业、社会组织形成良性三圈互动

宝安区企业慈善由于秉持着政府协调引导、企业供给资源、社会执行实施的运作理念，在实践中形成了三圈互动的良好生态。

1. 政府协调引导

宝安区政府为辖区内爱心企业及社会组织现场搭建平台，解决爱心企业有善款无项目、社会组织有项目无资金的实际问题，同时在社区治理层面，既达到资源的合理流向与配置，也满足企业参与治理体系的诉求。

为引导企业投身慈善事业，区政府着力打造具有宝安区特色的慈善文化，用文化去感染和影响潜在爱心企业。宝安制作慈善会会歌《爱是唯一》，在深圳市慈善晚会唱响，并被用于第四届鹏城慈善奖的颁奖活动。同时创办双月刊《善缘》杂志，并在《宝安日报》开设慈善会的慈善专刊，通过传统媒体渠道来进行慈善文化宣传。在与区民政局座谈过程中，

可感受到政府部门全方位开展慈善事业引导工作的努力：

“宝安区向全国征集慈善的十大语言，一共征集了1000多条，我们通过群众评，专家审，形成了宝安区的十大语言，朗朗上口。宝安也向全国开展了慈善征文，制作了动漫，在宝安区电台天天滚动播出。宝安还制作了代表自己区的慈善娃，这个产品很受欢迎。最重要的是宝安区启动了将近7年时间的慈善文化学校工程，2020年做到慈善文化进学校全覆盖。宝安专门给学校配套一个读本《我和慈善一起成长》，这本书已经公开出版。所以宝安已经逐渐形成了一个认识慈善和支持慈善、参与慈善的氛围。很多企业家过去是政府让做慈善，现在变成了自己愿意去做。”（访谈资料20200819MZ）

2. 企业供给资源

在企业慈善中，企业处于资源供给主体地位。企业作为慈善资源的主要来源，通过区慈善会提供的平台，响应政府号召，为公众提供需要的公共服务资源，体现了企业作为现代社会治理主体的价值。企业作为复杂商业实体，它的存在涉及多重利益相关方的关系，这些利益相关方可能拥有的利益和目标各不相同。企业的慈善活动可以协调股东、员工、投资者、供应商、客户、政府之间的关系①，同时主动地通过慈善事业拓展自己的市场，进行善因营销，改善企业的公众形象，通过资助教育降低内部的研发支出。

3. 社会组织支撑

社会组织在宝安区企业慈善中扮演了不可或缺的角色。社会组织利用自己接地气、灵活、反应快速等特征，发挥了链接企业资源的作用②。第

① 徐雪松、任浩：《企业公益行为与利益相关者管理的关系》，载《现代经济探讨》2007年第1期，第66—69页。

② 唐文玉、马西恒：《去政治的自主性：民办社会组织的生存策略——以恩派（NPI）公益组织发展中心为例》，载《浙江社会科学》2011年第10期，第58—65页。

一，社会组织能够为企业慈善提供落地载体，将企业的捐赠转化为实在的扶助或服务行为，依靠协同与群体的能量，满足社会群体的不同利益诉求。第二，社会组织也可作为外部监督主体，联动企业，让企业慈善活动始终保持合法合规的运作，实现慈善活动的优质化与规范化同步。另外，社会组织还可以通过倡导活动，引起更多企业对特定议题的关注，或者通过提供具体的服务项目书，争取企业支持，帮助企业在公益领域打开思路。

案例：公益慈善项目大赛中的三圈互动

多年来，宝安慈善会不断创新，多渠道多形式开展企业慈善活动，不断丰富宝安企业慈善文化内涵，持续提升企业慈善公信力，在宝安区民生和保障领域发挥重要作用。宝安慈善会公益慈善项目大赛由区慈善会、宝安日报社和区融媒体中心共同主办，旨在激发企业公益创投的活力。2018年宝安区慈善会第三届公益慈善项目大赛经过初赛、尽责调查和决赛路演，共有10个项目获宝安区慈善会资助并实施，为更好地确保资助项目的效果，第三届大赛将项目实施周期由一年改为两年，每个项目最高资助由原来不超过20万元提升为30万元，通过项目运作方式，救助更多区内困难群众，由专家点评、社群互动，提升社会组织专业水平，培养宝安区公益慈善专业人才，努力打造宝安区公益慈善品牌，为宝安慈善事业发展注入了新的活力，树立慈善典型的同时营造全民慈善的良好氛围，更好地推动宝安慈善事业发展。

（资料来源：《创新慈善方式 打造宝安特色慈善品牌》，2018年1月31日《宝安日报》第13版。）

（三）企业慈善建设机制创新

宝安企业慈善的培育不是一蹴而就的，而是通过打造标杆企业、推动企业竞合、提升企业战略慈善能力形成的。

1. 培育企业慈善中有影响力的标杆企业

在企业开展慈善的过程中，打造有区域影响力的标杆企业，这既是企业慈善成功开展的重要标志，也是实现企业慈善全面覆盖目标的重要条件。宝安区培育企业慈善中有影响力的慈善企业，采取了以下主要措施：第一，重点支持宝安区企业塑造具有行业领域内区域影响力的品牌项目；第二，支持慈善企业推荐慈善人才在社会组织中担任主要领导人，增强企业代表在社会组织中的话语权；第三，支持宝安区慈善企业引入慈善专业人才；第四，支持宝安区慈善企业牵头组织慈善项目。

2. 推动慈善企业间形成良性的竞争与合作状态

宝安区企业的发展面临不同主体间的竞争，包括企业与政府、企业与社会组织、企业与企业之间，但要实现共建共治共享的社会治理效果，需要企业之间通过合作性竞争实现共赢①。宝安区的企业不仅能与政府、社会组织合作开展慈善项目，还能在企业之间形成慈善领域的联合行动。

3. 提升企业具有国际视野的战略性慈善管理能力

战略性慈善是指企业将慈善融入自身的发展战略，将经济目标与社会目标结合，增强企业的持续发展能力②。随着慈善百强企业的认定完成，宝安区企业慈善已经成为一项体系化的事业，公益与商业的融合迫在眉睫。通过树立慈善百强企业的标杆地位，宝安区从两方面提升全区企业的慈善管理能力：一方面，企业的慈善事业创新更多结合商业战略；另一方面，企业需要明确自身慈善开展的方式并制订相应规划。

第三节　宝安企业慈善捐赠：以冠名基金为载体

企业慈善捐赠是企业履行社会责任、参与慈善事业的重要方式，通过对企业慈善捐赠的概念与价值、企业慈善捐赠的亮点、企业慈善捐赠的经

① 万君宝、秦施洁：《美国企业慈善的历史演进与长效机制研究》，载《经济管理》2015 年第 1 期，第 158—167 页。

② 张楠、林志刚、王名：《民营企业家战略慈善新模式：民营企业（家）基金会发展特征及影响因素分析》，载《湖北社会科学》2020 年第 6 期，第 49—59 页。

验三个方面的梳理，总体呈现宝安企业慈善捐赠的总体面貌。宝安的企业慈善捐赠以冠名慈善基金为主要形式，因此本节的分析也以冠名慈善基金会为核心对象。

一、企业慈善捐赠概念与价值

企业慈善捐赠的相关概念包括冠名慈善基金和围绕冠名慈善基金衍生的捐赠人、受赠人和受助人，而其价值主要在于建立了慈善资源稳定增长和企业参与慈善长效机制的重要途径，是企业可持续慈善的重要举措。

（一）企业慈善捐赠的相关概念

企业慈善捐赠的主要概念包括冠名慈善基金、捐赠人、受赠人、受助人四个方面的内容。

1. 冠名慈善基金

冠名慈善基金是指企业在宝安区慈善会的基本账户下设立专项冠名基金科目，按照捐赠人的意愿，专款专用[①]，用于社会创新、社区共建共享的倡导或实践、教育创新以及安老扶孤、助学助医、扶贫赈灾、助残济困、文体艺术、科研环保、社会工作等慈善公益领域，并接受宝安区慈善会监督和管理的专项资金。冠名慈善基金原则上可根据捐赠人的意愿来命名，在宝安区慈善会的监督指导下，由捐赠人遵照协议和章程中所约定的基金宗旨和投入使用方向，具体操作运营资助救助事项和慈善公益活动项目。

2. 捐赠人

捐赠人是慈善冠名基金的捐赠者，从法律角度看，冠名基金的捐赠人将自己的财产自愿无偿地给予慈善组织用于公益事业的企业[②]。一旦捐赠行为完成，企业捐赠的财产所有权即转移给慈善组织，企业捐赠财产性质

① 李明、金武刚：《关于“公共图书馆捐赠”研究——来自地方实践的调研与思考》，载《图书与情报》2018年第4期，第89—96页。

② 陈晓宇、冯倩倩：《我国高校的捐赠收入及捐赠人行为研究》，载《北京大学教育评论》2011年第1期，第80—93页。

也从企业自身的私有财产转化为社会的公共财产。企业自此便对这部分财产丧失占有、使用、处分的权利。企业此时的权利是可以指定捐赠财产的使用意愿，同时享有公益项目的冠名权、知情权、建议权、监督权等。

3. 受赠人

受赠人是指冠名基金的所有人，受赠人对于该基金负有完全的管理责任并承担全部的法律责任①。对于受赠人而言，履行对冠名基金的管理责任是基本的义务。受赠人不仅需要对捐赠的企业负责，对社会负责，也要对本组织负责。冠名基金的受赠人不仅要关注冠名基金的设立情况，还要监督冠名基金的运作过程。

4. 受助人

受助人处于被帮助和配合的角色，捐赠人通过冠名基金解决受助人面临的困难，受助人是冠名基金的受益者②。受助人群体的画像是多面的，不仅包括社会特殊群体，也包括因为突发公共事件导致生活困难的群体。部分冠名基金会限定受助人的范围，针对特定领域的受助人提供资助，部分冠名基金则依据特定情况灵活选择受助人。

（二）企业慈善捐赠的价值

近年来，宝安区大力弘扬“与爱同行、爱满宝安区，大爱无疆、爱满天下”慈善理念，以打造“全民慈善”为切入口，“大爱宝安区”的慈善品牌初步形成。特别是在2015年第四届中国公益慈善项目交流展示会上，深圳市民政局与宝安区人民政府签订了《推进慈善事业发展合作框架协议》，提出要发展冠名慈善基金，为宝安区探索公益慈善指明了新方向。以冠名慈善基金为主要形式的企业慈善捐赠是建立区域慈善资金稳定增长和长效机制的重要途径。

企业捐赠能够直接为慈善事业提供充裕资源。宝安区高度重视冠名慈

① 王荣珍：《论赠与人的任意撤销权与赠与人的责任》，载《社会科学家》2003年第5期，第31—34页。

② 金炳彻：《韩国国民最低生活保障制度受助人选定的现状和问题》，载《社会科学》2009年第1期，第79—87页。

善基金发展工作，特别是在2016年宝安区政府与深圳市民政局签订了《推进慈善事业创新发展合作框架协议》，确定市区共建宝安区“慈善之区”以后，宝安区积极发展冠名慈善基金。截至2021年5月，宝安区累计成立109家冠名慈善基金，募集金额4442万元；注销18家冠名慈善基金，募集906.405万元善款已经全部使用完毕。现存91家冠名慈善基金，募集金额3535.595万元，已使用1989.92万元，剩余1545.67万元[①]。涉及救灾、济困、助学、助老、助医、助残、慈善救助等各个方面，实现全区10个街道全覆盖。

发展冠名慈善基金是建立慈善资金稳定增长和企业参与慈善长效机制的重要途径，是企业社会责任与慈善的“双赢”善举[②]。它既是宝安区动员爱心企业参与慈善公益的有效形式，也是企业提升知名度、诚信度和美誉度的重要窗口。据宝安区民政局相关负责人介绍，冠名慈善基金构筑起企业与慈善公益项目之间、慈善管理人员互动的桥梁，从而吸引和鼓励更多的企业参与慈善事业，使更多的企业家成为慈善家，实现企业与慈善事业、企业家与慈善家的有机结合。

二、宝安企业慈善捐赠亮点：制度化与精细化同步

宝安区的企业慈善捐赠呈现出六大亮点，分别是设立条件优化、服务领域拓展、制度建设完善、精准扶贫助力、爱心典型树立和高效透明动员。

（一）设立条件优化

宝安区优化设立条件，鼓励“力所能及做慈善”。通过探索公募和非公募相结合的方式，区慈善会将冠名慈善基金准入门槛设在50万元以上，在推动社区基金发展、破解自然人、法人和其他组织从事公益困局、

① 宝安区民政局网站，http：//www.baoan.gov.cn/mzj/zwgk/gzdt/content/post_8790053.html。最后访问时间：2021年12月30日。

② 高力克、杨琳：《慈善中的社会与政府：温州与常州慈善模式比较》，载《浙江学刊》2013年第5期，第205—210页。

撬动社会资源发展慈善事业方面发挥了重要作用。冠名慈善基金捐赠收入占全区近3年捐赠总收入的31.5%[①]，已经成为宝安区慈善捐赠重要途径。

（二）服务领域拓展

宝安区拓宽捐赠所涉及的服务领域，不断满足社区居民的服务需求。冠名慈善基金服务领域由最初帮助困难群众解决基本生活需求问题，延伸到安老、助孤、助学、助医、助困、赈灾以及对口帮扶等各个方面，初步形成了多层面、宽领域、广覆盖、开放式的服务模式。

自宝安区慈善会设立冠名慈善基金以来。募集资金3652多万元，支出2375多万元，冠名慈善基金及时回应了社会保障体系刚性救助不足部分，成为慈善救助体系的重要补充力量。2020年宝安区慈善会共救助区内困难群众82人次，救助金额109.4万元，其中户籍困难居民重大疾病救助42人次73.82万元；劳务工重大疾病救助40人次35.58万元。

（三）制度建设完善

宝安区完善制度建设，规范冠名基金运作和管理。冠名慈善基金主要设立在区慈善会和各街道的社区基金会，资金使用由区慈善会或所在社区基金会设立专项科目进行专项管理。区慈善会制定了《深圳市宝安区慈善会冠名基金管理暂行办法》，明确了冠名基金的设立标准、使用要求、注销条件等，保障冠名基金规范有效运转。各个社区基金会均结合各自社区实际情况建立了相应的规章制度，进一步规范冠名基金运作和管理。

2020年宝安区出台了《宝安区冠名慈善基金使用操作指引》，畅通受助人和冠名慈善基金之间的沟通渠道，规范了冠名慈善基金的使用，更好地发挥冠名慈善基金的救助能力；区民政局连续两年举办了冠名慈善基金培训会，旨在规范冠名慈善基金的运作和管理，进一步推动宝安区慈善事业健康发展。

---

① 黄芳：《慈善为源 爱满天下——宝安区冠名慈善基金帮扶济困结硕果》，2020年11月12日《宝安日报》，A04版。

(四) 精准扶贫助力

宝安区助力精准扶贫，成为扶贫工作新抓手，区民政局秉持“真扶贫、扶真贫”精准扶贫要求，引导区内企业精准对接扶贫项目，通过社会力量助力脱贫攻坚。在区民政局的引导和区慈善会的动员下，宝安区一批知名企业投入脱贫攻坚战，因地制宜通过产业扶贫等模式推动支援地区发展，实现慈善领域的授人以渔。如宝安建投集团在广东省河源县的结对帮扶，就瞄准了当地实际情况开展产业扶贫：

> 我们根据精准扶贫对象龙川县郑里村的实际情况，在当地建设了六个产业基地，涵盖养蜂、养羊、养鹅、花卉四个农业基地和宝龙产业园、光伏产业园两个工业基地，投入资金218.78万元，带动贫困户43户129人。这种“公司+基地+贫困户”的合作模式，调动了贫困户的积极性，很快培育出了一家农业龙头企业和两户致富带头人。(访谈资料20210613JT)

(五) 爱心典型树立

宝安区树立爱心典型，激发社会各界参与冠名慈善基金热情。冠名慈善基金的冠名捐赠主体来自企业、社会组织、学校、金融机构、民主党派等，通过树立爱心典型，推动以点带面。《中华人民共和国慈善法》出台后，宝安区率先在全国县区级以区政府名义开展慈善自强表彰活动，引导、号召更多的爱心企业支持、参与慈善事业。

宝安区还是全国较为罕见的在区级层面获得相关慈善荣誉的行政区。2017年，为表彰过往10年贡献突出的个人和单位，宝安区慈善会评选“宝安区慈善奖”，表彰20位慈善捐赠个人、20家慈善捐赠企业、10家慈善典范机构以及20家慈善推动单位。表3.2展示了2017年获得慈善捐赠企业奖的各家公司名称。

表 3.2　宝安区慈善奖慈善捐赠企业获奖名单

01. 鸿荣源置业集团（深圳）有限公司	11. 深圳润恒房地产开发集团有限公司
02. 深圳市宏发投资集团有限公司	12. 深圳佳德威油漆有限公司
03. 深圳市东方建富实业有限公司	13. 深圳市汇聚资产管理有限公司
04. 深圳市华丰世纪投资（集团）有限公司	14. 深圳市翰星资产控股有限公司
05. 广东长和控股有限公司	15. 广东恒丰投资集团有限公司
06. 深圳明金海集团有限公司	16. 亿和精密工业控股有限公司
07. 邦深科技（深圳）有限公司	17. 裕亿纸品（深圳）有限公司
08. 深圳市金港实业有限公司	18. 深圳市德明发实业（集团）有限公司
09. 欣旺达电子股份有限公司	19. 深圳市洪韦盛实业有限公司
10. 深圳市利得来实业发展有限公司	20. 深圳市耀兴晖投资管理有限公司

数据来源：2017 年 6 月 24 日《宝安日报》，A04 版。

（六）高效透明动员

宝安区企业慈善坚持高效透明，这一点在抗击新冠肺炎疫情行动中体现尤为明显。面对疫情，宝安区慈善会积极动员企业参与防控工作并提供捐赠支持，同时坚持高度透明，主动接受社会监督，确保每一份爱心善意真正用到抗疫一线。

宝安区民政局接受、发放 6 批疫情防控物资，向捐赠单位送达感谢信。全区慈善组织（宝安区慈善会、宝安区红十字会、宝安区松岗街道慈善协会）在新冠肺炎疫情期间累计接受疫情防控捐款 1228.24 万元，发挥了慈善在疫情防控工作中的积极作用。

案例：抗击疫情，宝企在行动

抗疫物资是抗疫工作的重要保障，在疫情面前，众多宝安企业凝聚大爱，积极履行社会责任展现企业担当。怡亚通调动数千零售终端保障物资供应，民生供应覆盖 320 个城市。自此次疫情公布以来，宝企怡亚通迅速反应，调动了 2600 多个涵盖知名品牌供应商资源、覆盖 320 个城市的供应链网络以及电商、门店等销售终端，集合全生态力量支援疫情发生地和全国城乡民众的民生供应，彰显企业爱心和企业的责任担当。

宝安企业有大爱，齐捐物资送一线。抗疫物资是疫情防控工作的重要部分，疫情发生以来，宝安许多企业心系疫情发生地和市民生命健康，主动响应支援疫区，将救命医疗物资第一时间送入一线人员手中。有的企业春节加班发出物资；有的企业连续多次向疫情发生地捐赠药物；有的企业加紧升级针对性设备；有的企业为物资运输开通绿色通道……一线医护人员在战斗的同时，相关行业人员也战斗在岗位上，在资源保障、设备投用上贡献宝安人的力量。在这场防疫战斗中，他们的身影充满爱与责任。

在这样的关键时期，医疗物资出现货源紧张情况，宝安各企业积极复工生产，联手保障供应链不断链。其中，深圳市安多福消毒高科技股份有限公司为保障其生产不停顿，宝安区工信局等相关部门积极协调深圳市上悦标签有限公司，紧急生产所需产品标签410万张。运输作为重要的物资送达环节，宝安物流企业跨越速运特别启动高峰速运绿色通道，实现24小时昼夜收派件服务，驻场直收货物、专线直发机场，保障跨省最快8小时当天达的稳定时效。

（资料来源：《病毒无情人有情 抗击疫情宝企同行》，2020年2月7日《宝安日报》，第9版。）

三、宝安企业慈善捐赠经验：在多元治理中塑造良性生态

宝安区的企业慈善捐赠在履行企业社会责任的同时优化了社会治理和企业发展生态是其最重要的经验。具体而言，宝安区的企业慈善捐赠一方面通过促进社会治理主体角色、功能、评价多元化的方式丰富了社会治理主体结构；另一方面宝安区的企业慈善捐赠通过促进企业之间的合作，强化政府、企业、社会之间的纽带构建了企业发展的良好生态。

（一）促进社会治理主体多元化

现代社会治理理论的核心议题是治理多元化以及治理主体之间的理性协商，因为多元主体能够有效缓解政府的压力，通过转变政府职能将应该由社会承担的功能归还社会，既可以防止政府失灵又可以培育更为成熟的

理性社会[①]。多元主体之间的协商则可以最大限度实现资源共享、机制共建、问题同解的社会治理最佳状态。宝安区企业慈善捐赠的发展，特别是企业慈善捐赠主体的出现，标志着宝安区对于社会治理理念的准确把握，市场又在一定意义上回馈了社会，达到多元主体参与社会治理的理想模式[②]。因此，各类慈善企业在党委和政府的引导下参与捐赠的过程，也是宝安区社会治理主体日益多元化的过程。

现代社会的基本特征是社会管理与社会自治相结合，社会自治往往通过社会自治组织来实现，社会自治组织既包括村（居）委会，也包括各类协会和企业在内的市场主体。只有实现社会治理主体多元化以及多重主体之间的理性协商，社会问题才能够得以有效解决，社会矛盾才能得以缓解[③]。宝安区企业慈善捐赠促进社会治理主体多元化，主要体现在主体角色多元化、主体功能多元化和主体评价多元化。

1. 主体角色多元化

企业原本作为市场力量，参与慈善捐赠供给丰富了供给主体的角色。政府不再作为单一生产者，而作为筹划者，企业不再作为单一参与者，而作为提供者，社会组织不再作为单一提供者，而作为协调者。企业慈善捐赠令慈善生态圈的各个主体角色有了丰富的内涵和维度[④]，企业慈善捐赠是政府简政放权、发挥市场配置资源优势的重要体现。政府不再拘泥于成为单一的慈善资源提供、生产、安排者，而主动探索根据慈善领域的种类、性质和内容的不同，选择恰当的方式引入市场力量。企业慈善捐赠是政府在有限资源背景下，通过带动社会力量投入，支持多元主体供给慈善服务的有效治理模式。主体角色多元化有利于进一步发挥好市场的社会属

---

① 王华：《治理中的伙伴关系：政府与非政府组织间的合作》，载《云南社会科学》2003 年第 3 期，第 25—28 页。

② 滕世华：《公共治理视野中的公共物品供给》，载《中国行政管理》2004 年第 7 期，第 91—95 页。

③ 张康之：《社会治理创新与服务型政府建设》，载《中国人民大学学报》2014 年第 2 期，第 1 页。

④ 康晓光、张哲：《行政吸纳社会的“新边疆”——以北京市慈善生态系统为例》，载《南通大学学报（社会科学版）》2020 年第 2 期，第 73—82 页。

性，同时满足公共利益的需要。

2. 主体功能多元化

企业慈善捐赠是企业在其营利功能之外补充的社会慈善功能，政府为了促进慈善捐赠也会主动增补自己的服务功能，社会组织则会更多地发挥黏合功能①。主体功能的多元化使得企业慈善捐赠能够更好地围绕社会契约精神，促进政府发挥规则制定者与执行监督者的职责，企业通过公平开放、规范有序的慈善捐赠行为，通过与社会组织合作，以直接捐赠、冠名基金等多种合作形式，补充慈善资源，从而助力慈善事业可持续发展。

3. 主体评价多元化

一般而言，对企业的评价主要集中于其盈利能力、运营能力方面，而企业慈善捐赠丰富了对主体的评价维度，企业的评价可以考察其社会责任领域，政府和社会组织的评价也可以增补与市场合作的维度②。在现代慈善理念的持续推动下，企业慈善捐赠将社会责任理念应用于慈善领域，以基本公共服务供给促进慈善治理能力与治理体系的现代化，从而提升基本公共服务的供给质量与水平。企业与慈善捐赠的深度融合，除了丰富自身主体的评价维度，还整合了多元主体的评价信息，在此基础上综合评价政府、市场、社会三方主体的合作，搭建起信息匹配的桥梁。

（二）促进企业在良性生态中发展壮大

企业处于社会互动之中，其发展离不开一个良性循环的生态系统，即离不开政府圈与社会圈的正向反馈。一方面，企业慈善捐赠为拓宽政府资源渠道，政府从转变自身职能、提高慈善事业运作效率和满足社会需求的角度出发，在企业慈善捐赠的支持下能够更加有序地向社会赋权③；另一方面，企业慈善捐赠为社会组织发展壮大提供了资源补给，优化了社会组

① 刘威：《国家在场的慈善事业：经验局限与转型进路》，载《学术论坛》2015 年第 10 期，第 90—97 页。

② Wymer W，McDonald K，Scaife W. “Effects of Corporate Support of a Charity on Public Perceptions of the Charity，” *Voluntas*，6（2014），pp. 1388-1416.

③ 张圣、徐家良：《政府慈善赋权何以走向有序？—— 探寻渐进之道》，载《学习与实践》2021 年第 3 期，第 12 页。

织的资源依赖结构，有利于其专业性提升，从而更好地参与政社合作①。此外，企业慈善还能够形成群体效应，联动更多企业参与社会慈善事业，促进第三次分配。

1. 企业圈竞合可持续

根据波特的战略性企业慈善行为理论，企业慈善行为的出发点不仅包括社会福利增值，也包括企业自身成长②。宝安企业慈善捐赠有效促进宝安慈善事业发展的同时还有效改善了当地的企业竞争环境，当地企业通过慈善捐赠提升了自己的商誉，增加了对优秀人才的吸引力，提高了品牌的影响力。一些企业因为慈善捐赠，形成了紧密的伙伴关系，共同就某一议题设置公益项目。相比产品价格战等恶性竞争行为，慈善捐赠提升商誉则成为一种促进企业良性竞争、提升企业间合作的有效途径。

2. 政府圈互动可持续

企业与政府的合作不仅体现在企业业务层面，也体现在企业慈善捐赠层面。通过慈善捐赠，宝安区的企业形成了与政府的良好政企关系，增强了自身的资源获取能力与组织运作能力，企业利用自己的造血优势，积极与政府展开合作，共同解决社会问题③。此外，企业慈善捐赠资源成为政府购买服务资源的有效补充，促进了社会组织的发展，不仅提高了企业绩效和政府绩效，还提高了社会组织绩效。

3. 社会圈沟通可持续

社会组织的成长需要资源的注入，宝安区企业慈善捐赠创新性地整合了政府、企业、社会组织的力量，通过设立冠名基金等方式，社会组织接受来自企业的慈善资源，同时能够借鉴企业的运作经验，就特定议题提出

---

① 陆明远：《实现企业社会责任中的社会组织功能研究》，载《学术论坛》2010 年第 12 期，第 82—86 页。

② 唐更华、许卓云：《波特战略性企业慈善行为理论与启示》，载《南方经济》2004 年第 8 期，第 46—49 页。

③ 卓高生：《现代西方社会公益精神理论溯源》，载《学术论坛》2012 年第 7 期，第 189—192 页。

在地化解决方案。企业通过慈善捐赠还能为社会组织提供更多的关系网络[①]，分享消费者网络、政府网络给社会组织，帮助社会组织与更多利益相关者建立沟通体系。

案例：华丰，通过慈善捐赠构建良好生态

深圳市华丰世纪投资（集团）有限公司成立于1988年，30多年来始终坚持“产业报国、实业兴邦”的理想。经过不懈探索与实践，公司建立了完善的企业管理制度和运营机制，形成了一套先进科学的特色管理体系。公司现已成为国内知名且具有较大影响力的集产业运营、产业载体体系建设、产业培育孵化、产业生态服务、专业市场运营、房地产开发、城市更新、科技企业咨询管理于一体的多元化民营企业集团。

致富思源，不忘初心。集团在取得良好经济效益的同时，不忘初心，积极参与社会慈善事业。对内成立员工慈善基金会和员工子女教育基金会，扎扎实实为企业员工谋福利；对外大力支持地方教育事业，设立涵盖小学、中学及大学的奖学基金，并长期资助受灾地区和困难群体，切实做到服务社会、回馈社会。截至目前，已为社会累计捐款上亿元。集团荣获宝安区“慈善百强”“慈善企业奖”，集团董事长欧阳泉先生先后荣获个人慈善奖、慈善爱心人士、十大慈善家、百名爱心人士等荣誉。

（资料来源：《以信誉创造未来，深商名企走进华丰世纪》，深圳市商业联合会，https：//www.shenshang.org/p/577.html. 最后访问时间：2021年12月30日。）

第四节　宝安企业志愿服务：五重模式扩充社会资本

企业提供志愿服务是宝安企业慈善的重要内容，本节介绍了企业志愿

① 王肃羽、刘振杰：《善经济时代的慈善发展与社会治理机制探析》，载《河南社会科学》2017年第11期，第63—68页。

服务的概念与价值、宝安企业志愿服务的模式和宝安企业志愿服务的经验三个部分的内容，充分展现了宝安区企业志愿服务的特色与风采。

一、企业志愿服务的概念与价值

宝安区企业志愿服务的概念以知识型员工为核心，延伸至体力和脑力的志愿服务，价值主要包括员工层面的自我价值提升、企业层面的凝聚力强化和国家层面的文化培育。

（一）企业志愿服务的概念

1. 知识型员工

企业中知识型员工占主导地位，员工通常在某个专业领域具有较强技能，富有创新精神，拥有独特的价值观，具备较强的团队协作精神和适应能力。这些员工通过企业参与志愿服务，能够更好地发挥自身的创造精神，实现自我价值[①]。知识型员工成为专业化服务的人力资源基础，提升了企业志愿服务的专业性和精准性。

2. 体力志愿服务

体力志愿服务是指企业员工通过发起或参与相关公益项目，身体力行地参与公益项目的实施[②]。企业员工可以通过参与对公众和困难群体的志愿项目，如新冠肺炎疫情期间上门送菜服务、失能老人走访服务等。体力志愿服务通常需要企业员工亲临现场，实际参与项目的实施落地。

3. 脑力志愿服务

脑力志愿服务是指企业员工通过提供智力支持，如提出规划草案、咨询方案等方式为相关公益项目提供志愿服务[③]。例如，企业员工可以参与一项公益项目方案的设计、调研，利用自己的专业知识，为项目提出建

---

① Skurak H H, Malinen S, Kuntz J C, et al. "The Relevance of Self-determination for Corporate Volunteering Intentions," *Voluntas*, 5 (2019), pp. 1054-1068.

② 邓国胜：《奥运契机与中国志愿服务的发展》，载《北京行政学院学报》2007 年第 2 期，第 85—87 页。

③ 张望军、彭剑锋：《中国企业知识型员工激励机制实证分析》，载《科研管理》2001 年第 6 期，第 90—97 页。

议，但是不参与项目的落地实施。脑力志愿服务通常可以远程完成，更为灵活，但对员工的专业知识有更高的要求。

（二）企业志愿服务的价值

随着城市人口的快速增长，政府管理的幅度难以满足社会服务的需求的情况催生了对志愿者团队的结构性需求，结构性需求又成为企业志愿者队伍发育发展的广阔空间①。深圳市于 2011 年首倡建设“志愿者之城”，推动城市志愿服务从规模到规范管理走向精细化，这充分说明了城市需求就是志愿服务的发展空间。宝安企业志愿者的参与，大大缓解了社会组织的人力资源压力，真正推动了基层治理建设。随着志愿服务的普及，企业志愿者逐渐感受到自己被理解和尊重，更加积极地参与志愿服务。

1. 员工自我价值感提升

自我价值感主要是指员工从社会中获得的尊重与满足以及自身对于社会的责任与贡献两个方面，员工的自我价值感是主观的，是个人的社会价值在他人眼中的反馈②。对于自身员工通过参与志愿服务，能够在工作之外认识到自己对社会的价值，通过无偿提供自己的体力、脑力劳动，帮助他人解决实际问题，在此过程中进一步强化自我的价值感。

2. 企业整体凝聚力强化

企业的凝聚力是指企业通过内在意识和外在利益凝聚员工的能力，它影响着企业的工作效率，进而影响了企业的竞争力③。志愿服务一方面可以在工具层面，通过设置志愿服务绩效，让员工在志愿服务中达成绩效，提高凝聚力；另一方面可以在情感层面，让员工通过志愿服务提高对公司的情感联结，并促进人际关系的改善，从而提升凝聚力④。企业的凝聚力

---

① Costello J, Homberg F, Secchi D. “The Public Service Motivated Volunteer: Devoting Time or Effort?”, *Nonprofit and Voluntary Sector Quarterly*, 5 (2020), pp. 989-1014.

② 方舒：《社会工作促进社会自组织化：现实路径与道义价值》，载《思想战线》2014 年第 3 期，第 75—78 页。

③ 曹茵：《企业凝聚力的文化透视》，载《社会主义研究》2004 年第 3 期，第 92—94 页。

④ 孙美佳、崔勋：《组织公平与组织信任的文化特质性及其对中国企业凝聚力形成的影响》，载《管理学报》2013 年第 10 期，第 1462 页。

保证了员工在参与志愿服务的过程中达成共识，共同推进慈善事业的发展。

3. 社会慈善文化培育

企业作为社会的一分子，其员工是否具备志愿精神对于社会整体的慈善文化培育有着至关重要的影响①。志愿精神在构建慈善文化中是一种重要的精神力量，企业通过志愿服务能够改变和影响员工的行为模式，让其形成慈善文化的心理沉淀，从而进一步增强社会的慈善文化意识。

二、宝安企业志愿服务的模式：组织化履行社会责任

宝安区的企业志愿服务作为企业慈善的一个重要组成部分，其发展的具体方式多种多样、各具特色。企业志愿服务是指企业为了履行社会责任，通过主动为员工提供志愿服务机会的活动形式，宝安的企业志愿服务主要可以分为5种模式，分别是项目制模式、职能部门制模式、企业制度模式、基金会模式与志愿者组织模式。

（一）项目制模式

项目制模式是指企业通过落地一个个独立的或者联合进行的志愿服务项目，鼓励员工进行志愿服务②。这种模式能够帮助员工在参与志愿服务的同时充分发挥自己的比较优势，方便企业选择自己擅长的志愿服务领域，还能精准匹配志愿服务对象。目前，宝安区很多企业都选择自主开发或者合作参与同自身生产经营领域相关的志愿项目，以此发挥员工主观能动性，同时促进自身经营业务的发展。

2020年5月，宝安团区委与中国建设银行深圳市分行签订战略合作协议，整合金融资源，服务青年成长发展，助力企业复工复产，双方在以下三个方面开展志愿服务的项目合作。第一，加强青年思想引领。宣传思想

① 陈秀峰、李莉：《从慈善文化走向公益文明：试析中国基金会的治理理念》，载《学习与实践》2008年第9期，第119—124页。

② Afkhami A, Isfahani A N, Abzari M, et al. "Toward A Deep Insight into Employee Participation in Employer-Supported Volunteering in Iranian Organizations: A Grounded Theory," *Voluntas*, 5 (2019), pp. 1036-1053.

文化工作是团委工作的重要内容，双方以凝聚引领青年、组织动员青年、联系服务青年为指导思想，运用微信、抖音、微博等新媒体阵地，共同策划和培育一批线上共青团思想引领精品项目，弘扬社会主义核心价值观，传递青春正能量，提升团属新媒体影响力。第二，助力青年人才培养。为更好地服务区内的青年企业家，深圳建行团委借助建行大学这一平台，联合宝安团区委推出青年企业家能力培养计划，为区内青年企业家搭建投资管理交流平台，共同培养一支有理想、有责任、有担当、有创新活力、有全球视野的青年企业家队伍，引导他们积极投身"双区"发展建设。第三，促进青年志愿参与。为加强区内青年社会融入及社会参与，推动青年成为"志愿者之城"建设主力军，双方探索推广"共青团组织+专家智库+行业力量+社会组织"的志愿服务参与模式，持续拓展志愿服务参与社会治理的广度和深度。

通过企业自主或联合其他企业、政府、社会组织开发志愿项目的方式，宝安企业践行了慈善理念，也为自己的员工创造了更加良好的工作环境，通过联合开展公益活动，创造机会，加强员工队伍建设，推动区内志愿活动发展。

（二）职能部门制模式

职能部门制模式是指由企业的社会责任部、法务部、政府关系部、市场部等职能部门，设置专员负责志愿服务活动的组织和开展，将员工参与志愿服务的情况作为绩效评估的考核标准，从而将企业员工志愿服务的目标与企业发展的目标高度绑定的模式①。企业设置的、与志愿服务密切相关的职能部门成为企业志愿服务的重要引导者，在这些部门的努力下，企业志愿服务持续向好发展。

深圳机场集团由社会责任相关部门负责员工内部的培训体系和考核激励，建立了良好的志愿服务体系为员工进行能力提升。作为一家国有企

① Rimes H, Nesbit R, Christensen R K. "Giving at Work: Exploring Connections Between Workplace Giving Campaigns and Patterns of Household Charitable Giving in the USA," *Voluntas*, 4 (2019), pp. 828-840.

业，深圳机场集团立足自身专业和资源优势，热心开展员工志愿服务，为建设和谐社会贡献力量。深圳机场集团认真贯彻落实广东省精准扶贫工作要求，对口帮扶大往村，从源头找准致贫原因，按照“一户一策、产业帮扶、捐资助学、基础设施”的创新帮扶机制，扎实推进精准扶贫工作，全力帮助大往村的贫困户实现脱贫目标，迈向美好生活。

通过由职能部门负责企业的员工慈善活动，志愿服务组织依托于相关部门，志愿服务活动可以在职能部门的协同下予以开展，通过组织化的运作调动了企业员工参与志愿服务的积极性，提升了企业慈善的执行效果。

（三）企业制度模式

企业制度模式主要是指企业通过调整公司整体制度，为企业员工参与志愿服务提供良好的条件，从而系统性扫清志愿服务的障碍，推动志愿服务的发展①。企业制度模式有利于将志愿服务融入企业核心价值观和使命，使得员工更加认同公司的核心文化，实现员工自身价值与公司核心价值的统一。

坐落于宝安区的日东精密回路技术（深圳）有限公司作为一家日资企业，将“时刻牢记企业的社会责任，为维护地球环境及所处地域之社会作出贡献”写进了自己的经营理念，从企业制度上确立了员工参与志愿服务的制度完整性。针对紧急情况的通报与支援，该公司特别规定了要求员工支援当地社会，通过集团集体的力量对受害的集团公司、生产基地、当地社区进行救援，以此提升团队的团队合作，不断改善问题点的同时，使事业持续计划得到升华。

通过将员工志愿服务写进企业制度，企业提升了员工志愿服务的参与度，提升了员工的服务意识与责任感，尝到了团队成员乐于奉献、服务社会的精神，是团结凝聚职工群体、促使人才成长的有效手段。

（四）基金会模式

基金会模式主要依托于企业基金会，是企业基金会支持企业开展志愿

① Krasnopolskaya I, Roza L, Meijs L C P M. “The Relationship between Corporate Volunteering and Employee Civic Engagement outside the Workplace in Russia,” *Voluntas*, 2 (2016), pp. 640-672.

服务、拨付相关资金的发展形式。在基金会的支持下，企业策划、组织、开展相关志愿活动[1]，在这种模式下，企业的志愿服务没有明确的组织，都是由基金会进行管理，相关的人员、物资都是基金会来保障。这种模式能够保证企业志愿服务的开展与基金会的目标和宗旨高度一致，同时保障企业志愿服务有充足的资源来源，使得活动顺利开展。

深圳市欣旺达慈善基金会于 2012 年 9 月 19 日成立，是欣旺达电子股份有限公司发起，经深圳市民政局批准的非公募基金会，注册资金 200 万元。基金会一直秉持“通过点滴善举、弘扬慈善精神，增强公众意识、营造和谐社会”宗旨，支持公益慈善事业发展。欣旺达电子股份有限公司支持员工自主策划公益项目，员工通过发现周边需求发起公益项目，基金会给予资金支持推动公益项目开展。2021 年，欣旺达慈善基金会组织员工参与志愿服务，开展的“乡村老人关爱计划”是欣旺达慈善基金会联合当地政府、村委会及欣旺达青年志愿者走进广西、贵州、云南等 12 个省份上百个行政村，为近 500 位留守老人送上春节暖心大礼包。

通过企业基金会参与管理，企业的志愿服务团队成为企业基金会开展活动的重要平台，能够更加有效地推动基金会开展各项活动，同时企业志愿服务团队还能学习基金会高效的运作模式，接受更为系统的志愿服务培训，扩大志愿服务的影响力。

（五）志愿者组织模式

志愿者组织模式是指企业通过成立专门的企业志愿者组织开展企业的志愿服务活动，志愿者组织拥有专门的负责人以及完整的内部治理结构，负责志愿者从招募到执行的全流程执行活动[2]。志愿者组织的资金来自企业，运作机制也由企业决定。志愿者组织能够形成较为完善的运作模式，通过内部治理优化志愿服务，提升志愿服务的质量和效能，从而更加有效

---

① Rey-Garcia M, Sanzo-Perez M J, Álvarez-González L I. “To found or to fund? comparing the performance of corporate and noncorporate foundations,” *Nonprofit and Voluntary Sector Quarterly*, 3 (2018), pp. 514 536.

② Cook J, Burchell J. “Bridging the Gaps in Employee Volunteering: Why the Third Sector Doesn’t Always Win,” *Nonprofit and Voluntary Sector Quarterly*, 1 (2018), pp. 165-184.

地提供志愿服务。

例如，位于深圳市宝安区的拜耳材料科技（中国）有限公司，其所属的拜耳集团是德国制药企业，知名的《财富》世界500强企业之一。2008年5月汶川发生大地震后，拜耳启动了“员工志愿者计划”，企业部分员工以志愿者的身份参与灾后重建。2009年，为了让这种自发、松散的志愿服务更有组织性，拜耳中国志愿者协会应运而生。拜耳中国志愿者协会不同于拜耳的其他部门，协会采用自我管理方式，成员利用业余时间以及自身专业知识技术来关注并解决社会问题，创造社会价值、承担社会责任，也吸引到越来越多的拜耳人加入协会。

成立企业志愿者组织，不仅为企业员工以个体方式开展志愿服务创建了平台，还推动了企业志愿服务的组织化发展，使得员工的志愿行为能够更好地契合企业的社会责任目标，同时，志愿者组织将碎片化的志愿服务模式整合，也助力了企业志愿服务的专业化发展。

三、宝安企业志愿服务的经验：拓展本土网络打造典范

宝安区的企业志愿服务在促进企业治理绩效的同时促进社会治理绩效是其最重要的经验。具体而言，宝安区的企业志愿服务一方面通过增加个人、组织、国家社会资本的方式强化了地区社会资本；另一方面宝安区的企业志愿服务通过促进国家与市场合作、增强政社互动、多元化管理手段的方式推动了慈善事业的发展。

（一）志愿服务强化地区社会资本

社会资本是指个人、组织、社会、国家之间联系紧密的状态与特征，它隐于社会结构中，表现为社会网络、信任、道德等，能够促进人与人之间的合作，提高社会的团结性①。企业通过志愿服务增强了与社会横向与纵向的联系，增强企业所处的社会网络中其他主体对企业的信任度，建立和谐的社会网络关系。志愿服务强化社会资本要素主要体现在宏观、中观

① 李惠斌、杨雪冬：《社会资本与社会发展》，北京·社会科学文献出版社，2000年版，第19页。

和微观层面，分别是个体社会资本要素提高、组织社会网络联结增强与国家社会资本存量聚集。

1. 个体社会资本要素提高

企业志愿服务从两个方向影响着个体的社会资本要素，分别是供给方向和需求方向。从供给方向来讲，企业会通过组织志愿者等形式提供慈善服务，志愿者能够形成一个巨大的社会关系网络，个体在志愿者网络中能够建立起与他人的人际关系。这种人际关系可以表现为声誉、人缘、口碑等①，长期而言，人际关系能够带来个人未来的收益。从需求层面来讲，志愿服务可以将有需要的个体纳入整体网络，增进个体与他人的联系，增强个体对社会资源的获取能力，通过让个体加入互助团体或者帮助个体与外界建立网络连带，增强受助者的社会资本。

2. 组织社会网络联结增强

社会资本蕴藏于社会组织之中，志愿服务通过链接基金会、志愿者协会等社会组织，储存充裕的社会资本，协调人们的行动，使团队内部的成员为了彼此的相互利益遵守和认同一套相同的规范，形成多人之间合作的一种非正式规范，建立联结紧密的网络②，有利于组织社会网络紧密度的提高与共同行动的有效度提升。

3. 国家社会资本存量聚集

一个国家的社会资本存量积累可以促进其经济的增长③，企业志愿服务通过拓展个体的社会资本和增强组织的社会资本的方式最终提升了总体社会资本。当越来越多的企业进行志愿服务时，这个社会的网络开放程度和联动水平也会越高，社会中的成员会形成更强的关系，个体能够在社会中获得的资源越来越多，并且可以通过和成员之间彼此联系获得情感支

---

① 符平：《社会资本和个体经营者的创业与发展》，载《社会》2003 年第 2 期，第 38—41 页。

② 石军伟、胡立君、付海艳：《企业社会责任、社会资本与组织竞争优势：一个战略互动视角——基于中国转型期经验的实证研究》，载《中国工业经济》2009 年第 11 期，第 89—100 页。

③ 张克中：《社会资本：中国经济转型与发展的新视角》，北京 · 人民出版社，2010 年版，第 38 页。

持，因此成员在社会网络中能够通过促进内部的团结和凝聚力，促进成员在协作中健康发展。

（二）志愿服务促进社会治理善治取向

事实上，企业志愿服务的价值不仅在于它能够为社会特殊和困难群体提供帮助，更重要的是企业志愿服务事业的发展本身就是一个社会理性成长的过程。随着企业志愿服务事业的壮大，必然会出现一个更加成熟的现代社会，这正是社会治理的意义所在。宝安区企业志愿服务的发展及其参与社会治理的实践探索在赋予宝安区慈善文化名片的同时，实现了宝安区社会治理模式与体制的创新，达到了社会治理绩效的最大优化，实现了社会的善治趋向，主要体现为国家与市场的合作、上下互动的管理过程、管理手段与方式的多元化。

1. 国家与市场的合作

企业志愿服务模糊了国家与市场之间的明确界限，市场主动承担了越来越多的原先由国家承担的责任①。这种善治趋向的关键是激发慈善创新的市场活力，企业志愿服务令公众享有更充分的公共服务，享有更高满意度的公共管理，优化社会公众福利。

2. 上下互动的管理过程

传统的科层制政府习惯于单向与市场互动，但企业志愿服务要求实现上下互动，强化政府制定规则和进行监管的功能，避免政府出现“管一切”和“全不管”的两个极端②。企业志愿服务进一步将政府从包揽和直接从事的社会公共服务中剥离出来，改善了公共服务绩效，最大限度满足了人民群众不断增长的公共服务需求。

3. 管理手段与方式的多元化

企业志愿服务的过程是企业与政府、社会、公众良性互动的过程，政

---

① 冯仕政：《国家、市场与制度变迁——1981—2000年南街村的集体化与政治化》，载《社会学研究》2007年第2期，第24—59页。

② 吴建平：《理解法团主义——兼论其在中国国家与社会关系研究中的适用性》，载《社会学研究》2012年第1期，第174—198页。

府不再是大包大揽，命令式压制，而是不断回应公众需求，与企业合作的过程[①]。在企业志愿服务中，政府的管理手段与方式从管控规制向法治保障转变，从单一的命令到参与和协商。合理的管理手段与方式是促进企业志愿服务发展的必要条件，企业志愿服务通过强化政府社会治理职能，促进了社会治理的善治趋向。

本章小结

从社会互动理论和三圈互动理论来看，宝安区的企业慈善正是宝安区企业处于特定社会关系中与政府圈和社会圈互动的产物。在企业慈善力量逐渐成长起来以后，特别是随着慈善组织的发育成熟，宝安区企业慈善力量参与公益慈善的执行角色开始由慈善组织承担，政府则扮演推动企业慈善事业、规范企业慈善活动中慈善组织行为的角色。在此过程中，企业的力量开始在慈善事业中凸显，尤其是发挥主观能动性选择慈善领域、提供慈善资源，促进了慈善事业的进一步发展。正是通过政府、企业、社会组织的三圈互动，企业慈善力量补充了政府的部分职能短板，在扶贫济困、安老助孤、帮残助医、支教助学等领域开展慈善活动，从而在完善社会保障体系、维护社会秩序、促进社会公平正义、推动和谐社会建设中发挥了重要作用。

① 周辉：《网络平台治理的理想类型与善治——以政府与平台企业间关系为视角》，载《法学杂志》2020 年第 9 期，第 30—42 页。

第四章　社会慈善：合力慈善的动力源泉

社会慈善是社会领域慈善事业的总称，是对政府慈善和企业慈善的有效补位。如果说在慈善领域政府主要发挥政策引领作用，企业主要作为资源的供给主体，那么社会慈善则强调动员最广泛的社会各界力量，共同参与合力慈善。从宝安区合力慈善的发展现状来看，社会慈善是宝安合力慈善的动力源泉。在宝安区委区政府的正确领导下，宝安区慈善会、区内志愿组织、基金会、社会团体、社会服务机构、新闻媒体和社会公众发挥各自优势，在慈善活动开展、慈善项目运作、慈善文化宣传等方面各司其职，同时又通力开展合作。本章首先论述社会慈善的一般原理，继而通过深描宝安区慈善会、宝安区志愿组织、社会组织、新闻媒体和社会公众在社会慈善中的主要角色来呈现本区社会慈善的基本轮廓。

第一节　社会慈善的一般原理

社会慈善的一般原理是指导社会慈善发展的标准，是社会慈善应然发展的高度抽象。本书介绍的社会慈善的一般原理主要包括社会慈善的概念、特征、作用、功能、理论等方面的内容。

一、社会慈善的概念、特征与作用

社会力量是开展慈善工作的重要主体，社会空间是中国慈善事业蓬勃发展的广阔天地，分析社会慈善的内涵对于理解中国慈善本质、建立现代慈善事业发展体系具有重大意义。社会慈善可以汇聚最大数量的社会善意，激发社会公众参与慈善事业的热情，借助专业化的慈善项目明确社会慈善的普惠属性，有效协同政府以及企业共同做好慈善事业推进工作，缩小社会贫富差距，保障社会稳定和谐。厘清社会慈善的相关概念和特征对于理解社会慈善的辐射范畴、功能属性和运作机制具有重要意义。

（一）社会慈善的相关概念

社会慈善的相关概念主要介绍了社会慈善、社会参与、社会捐赠三个密切相关的概念，描述了社会慈善的总体轮廓和组成要件，对社会慈善的基本内涵作出了初步解释。

1. 社会慈善

社会慈善是慈善事业的重要组成部分，社会力量是慈善事业发展的重要基础设施[①]。社会慈善是指除政府慈善、企业慈善以外，由社会主体（各类社会组织、志愿者、社会公众）开展的慈善活动。社会组织是社会慈善事业的重要主体之一，社会组织作为现代社会的支撑，是汇聚社会力量的主要载体，在呼唤公民参与社会治理的当下，社会组织必然有其作用空间[②]。社会组织在筹集慈善物资、传播慈善理念等方面发挥重要作用，辐射教育、卫生、扶贫等多个领域，是社会慈善的重要推动者。社会公众通过参与慈善活动、进行慈善捐赠等方式加入社会慈善队伍，成为扩大社会慈善影响力的关键要素。

2. 社会参与

社会参与是慈善事业的活力源泉，慈善领域的社会参与是指社会主体主动参与社会慈善的项目设计、活动开展、文化宣传等过程的行为。中国的社会慈善始终坚持以人民群众的需求为核心，根据服务对象的真实需要而开展慈善活动。社会参与是社会慈善的重要依托，在扩大社会参与的过程中，要重点处理好社会参与和社会自治之间、社会参与和社会互助之间以及社会参与和社会动员之间的关系。中国的社会慈善重点关注激活社会力量参与，一方面要发挥党政部门的引领和规范作用，培育和规范社会力

① 土男：《新时代如何推动慈善基础设施建设?》，2021年11月30日《公益时报》，第7版。

② 毕素华：《中国语境下社会组织与政府关系再探讨：以慈善机构为例》，载《山东社会科学》2017年第1期，第175—180页。

量有序参与慈善事业；另一方面重点突出社会组织、新闻媒体、社会公众等社会力量在慈善领域的功能和价值。

3. 社会捐赠

社会捐赠是指社会主体（以社会公众为主）将现金、物资等财产捐赠给从事慈善事业的专门机构，扶贫济困，满足困难群体的需求。社会捐赠一般由党政部门、企业和社会组织等发起。政府发起的社会捐赠关注某一热点话题或领域，突出捐赠活动的教育和宣传意义。企业发起的社会捐赠活动多与企业文化以及企业扶贫项目的主题相关，社会捐赠是企业积极履行企业社会责任，主动投身慈善事业的有利契机①。社会组织的社会捐赠既包括常态时期的扶贫济困等事项，也包括应急时期的快速援助。社会捐赠是推动社会慈善事业向纵深发展的重要方式，有利于在全社会形成“了解慈善、乐于行善”的良好氛围。

（二）社会慈善的基本特征

社会慈善具有志愿性、无偿性和自发性三个方面的基本特征。志愿性是指从事社会慈善事业的参与者出于志趣和个人发展目的而加入社会慈善，成为社会慈善的重要主体。社会慈善的志愿性一方面强调了社会主体的能动性，同时关注了这一能动性的发挥基于上级主管部门的有效监管②。社会慈善的无偿性是指从事社会慈善的爱心人士不计报酬、不求回报，出于公心向社会和服务对象无偿提供服务。无偿性是健全志愿服务体系建设、推动社会慈善事业持续发展的重要条件③。社会慈善的自发性是指部分慈善活动的设计与开展由社会主体自发承担，政府和企业在此类社会慈善活动中较少直接介入。

社会慈善具有的志愿性、无偿性、自发性等特质为社会慈善事业向更

---

① 彭晓月、焦中理、秦晶：《王振耀：民营企业要接招“善经济时代”》，2014 年 3 月 20 日《中华工商时报》，第 5 版。

② 侯保龙：《我国民间志愿性慈善组织的困境与政府管理创新——一种善治的话语分析》，载《湖北社会科学》2010 年第 2 期，第 20—22 页。

③ 朱颖、庞保庆：《生命的馈赠——基于特大城市居民无偿献血行为的实证分析》，载《社会发展研究》2021 年第 3 期，第 191—204 页。

高水平发展提供了可能性，成为政府、企业以外推动慈善事业整体发展的关键主体。社会慈善对社会风俗习惯的演化过程是一项长期的事业，需要大力宣传现代慈善理念、慈善意识和慈善价值，在全社会营造关心慈善、支持慈善、参与慈善的良好氛围。

（三）社会慈善的地位与作用

随着中国社会的飞速发展，大批以解决社会问题、促进公益进步为使命的社会组织正在成为新的一种生产力。社会慈善是构建慈善事业整体性发展格局，加强政府、企业、社会组织、公众等社会治理主体间合作成效，助推中国慈善事业向纵深发展的重要路径。

《中华人民共和国慈善法》对慈善事业的发展具有积极意义，是对此前整体社会进步的汇总与法律形式的固化，并为此后社会的进步奠基[①]。目前，在慈善法律制度的引领下，我国公益慈善生态正在发生良性变化，公益慈善领域治理结构更加多元，跨界合作成为慈善公益行业活力和创造性的源泉，公益慈善正在成为全民文化，公益资源日益丰富，公益效率日益提升，这对于慈善组织的可持续发展，具有重大的意义。

二、社会慈善的功能

社会慈善具有提供物质支持、培育社会力量、彰显志愿者人生价值、形成慈善理念、营造慈善氛围 5 个方面的重要作用。随着中国社会从以经济建设为中心这一发展目标的转变，社会公平正义成为经济发展后最受人们关注的重大事项，社会慈善正是实现中国社会公平正义的关键方式。中国社会的快速发展带来了社会思潮的快速变化，不同的社会观念背后的价值观念和意识形态产生了激烈的碰撞，对社会生活产生了深远的影响。社会慈善事业通过鼓励民众做好事、行善事的方式进一步深化社会主义核心价值观的培育与传播，扩大主流社会价值观的影响力，助推社会慈善成为自觉抵御不良思想、传承中华传统精神的思想武器，在中国源远流长的传

① 陶传进：《〈慈善法〉呈现的两份积极意义》，载《中国民政》2017 年第 17 期，第 56 页。

统文化中探寻中国慈善事业发展的脉络①。社会慈善的多重功能是对社会主义核心价值观的重要体现，是推动社会慈善向纵深发展的核心动力。

（一）提供物质支持

社会慈善在提供物质支持方面具有较强的功能。社会慈善要求自觉践行现代慈善理念，坚持发扬人道主义精神和扶贫济困的宗旨。现代慈善事业将扶贫济困作为社会慈善事业的基础，并在这一基础上尝试实现提升全体社会公众的个体素质的宏大目标。我国的社会慈善发展时间不长、发展水平不高，亟待广泛发动联合各种社会志愿力量，充分开发社会资源，获取扶危济困所需资金与物资，深入开展面向区域内困难群众的救助和服务。

（二）促进社会力量发育

社会慈善有利于促进社会力量的发育，激发社会各阶层主体参与社会治理实践的积极性，释放社会治理主体的活力，培育出一批乐于参与社会慈善事业、积极投身社会治理的社会热心人士。社会力量是参与社会治理实践的重要主体，通过培育社会力量增强民众自主意识，提升治理能力，塑造良好的治理环境，建构具有中国特色的社会治理共同体②。社会力量是对行政力量和市场力量的有益补充，是实现中国慈善事业活力激发这一目标的关键路径，是保障社会慈善持续性推进的重要方式。对社会力量赋权增能可进一步提升社会组织、社会公众、基层社区的治理能力，将政府的政策要求嵌入治理过程，朝向“强政府-强社会”的治理模式发展。

（三）彰显志愿者人生价值

社会慈善可以彰显志愿者的人生价值。社会慈善在日常生活中的一大重要表现形式是志愿者提供的志愿服务。志愿服务是志愿者对服务对象捐赠时间、技能、知识等内容的社会活动，志愿服务是在身体、知识等方面

① 周秋光、曾桂林：《中国慈善思想渊源探析》，载《湖南师范大学社会科学学报》2007年第3期，第135—139页。

② 高晓波：《中国特色社会治理共同体的内涵、理论与构建》，载《甘肃社会科学》2021年第2期，第40—48页。

具有优势的志愿者无偿帮助服务对象的主要方式，是志愿者响应社会主义核心价值观号召，并将其内化为自身的行动指南，提升自身的道德建设，主动参加志愿服务活动，为社会慈善事业贡献自身力量。志愿服务可持续发展是建立在诸多要素与条件相互配合和支持的基础上，有效的制度供给、完备的法律法规、广泛的社会参与、高度的文化自觉、先进的技术手段，是推进我国志愿服务可持续发展的核心要素和重要基础①。社会慈善所倡导的志愿服务精神是精神文明建设和意识形态建设领域的重要话题，是一种以道德为核心的价值自觉和行为实践。社会慈善需要参与者将社会慈善的理念内化于心、外化于形，通过社会慈善的具体实践提升社会公众的道德修养，培育良好的精神文明风尚和慈善事业氛围。

（四）形成慈善理念

社会慈善有利于形成“爱慈善、乐慈善”的慈善理念，社会慈善是培育人们慈善理念的最佳方式。从传统慈善文化中汲取养分，培育慈善的文化认知，增进慈善的价值认同，融入慈善的理性精神，养成慈善的主体自觉是开展慈善文化教育实践的主要方式②。社会慈善一方面使参与者通过慈善活动获得价值满足；另一方面通过慈善活动引导参与者养成乐于行善的行为习惯，塑造参与者的核心价值观。社会慈善是对当前社会逐利趋势愈演愈烈的现状的纠正和调整，推动公众在社会生活中避免将经济利益作为自身行动的唯一标准，实现个体利益与集体利益的有机统一，贯彻社会主义核心价值观，通过社会慈善这一实体性的道德实践活动实现个体价值与社会服务的高效结合，引领新时代的道德风尚建设。

（五）营造慈善氛围

社会慈善通过社会力量的充分参与营造良好的慈善氛围。社会慈善具有移风易俗的功能，通过对社会价值观念的影响与改造这一方式改变中国

---

① 党秀云：《论志愿服务可持续发展的价值与基础》，载《中国行政管理》2019 年第 11 期，第 118—123 页。

② 潘乾：《传统慈善文化的教育实践逻辑》，载《东北师大学报（哲学社会科学版）》2018 年第 3 期，第 43—48 页。

社会中不适应、不符合社会慈善发展功能的阻碍因素，营造“人人慈善”的慈善事业发展氛围。在整体引领上，要以崇德向善为价值导向，使慈善文化与核心价值观始终保持一致①。党的十九大报告提出，培育和践行社会主义核心价值观。慈善所培育的责任意识、诚信意识、公正意识、规则意识、契约意识，既为经济平稳运行营造安定的社会局面，又为市场机制发挥作用提供价值观支撑②。社会慈善是践行社会主义核心价值观的重要抓手，具有凝聚、整合和引领社会各阶层人士参与慈善事业和社会保障的巨大作用，形成全社会“爱慈善、做慈善”的良好氛围。

三、社会慈善的理论基础

社会慈善的发展需要得到学术研究和理论思想的支持，理论为社会慈善指明前进方向，保障社会慈善朝向更高水平发展。理论为描述社会慈善的现实状况、发现社会慈善存在的主要问题提供了剖析和探讨的视角，从理论切面审视社会慈善有利于厘清社会慈善发展的本质问题。本部分主要介绍了多中心治理理论、合作生产理论和委托-代理理论三种介绍社会慈善生成过程和运作机制的基础理论，作为描绘社会慈善基本问题的重要内容。

（一）多中心治理理论

多中心治理理论是解释中国社会慈善现象的重要理论，对中国社会慈善事业的兴起与发展具有较强的解释力。多中心治理这一概念最初由迈克尔·波兰尼提出，他认为多中心治理的根源在于社会事务的复杂性引致的治理事项的复杂性，人类社会自发秩序形成的社会事务出现不同层次、不同领域的多中心现象，只有不同体系之间实现协调与统一，才能最终实现

① 周忠华、黄芳：《慈善文化的多层性与核心价值观的引领》，载《中州学刊》2017 年第 10 期，第 93—98 页。

② 马昕：《慈善——从道德实践到文化自信》，载《中国非营利评论》2020 年第 2 期，第 1—13 页。

社会的有效治理[①]。多中心治理理论的成熟与拓展则主要归功于奥斯特罗姆夫妇。奥斯特罗姆夫妇对多中心治理的讨论基于政府失灵、市场失灵和志愿失灵的社会现实，是在对单主体治理失效现象的反思基础上形成的多中心治理的整体框架[②]。多中心治理理论为探讨社会慈善的多元主体和合作模式提供了思路。

多中心治理理论对政府失灵、市场失灵和志愿失灵的反思过程呈现出该理论的主要特征。政府失灵是指政府在社会事务处理和公共服务供给过程中出现的缺位和失效现象。布坎南等研究者认为，决策错误、供给低效、过度扩张和寻租是政府失灵的根本原因，政府失灵体现为政府在决策和执行等多个方面的错误认知和行动[③]。政府失灵为其他主体承担处理社会事务和供给公共服务提供了可能性，使非政府力量承担部分公共职能、明确政府与非政府的边界、保持行政力量的适当限度成为可能。市场失灵是指市场在社会事务处理和公共服务供给过程中出现的缺位和失效现象。市场被认为是实现资源有效配置目标的重要手段，通过竞争机制实现服务供给的“强者进，劣者退”。然而市场机制并非是社会事务和公共服务供给的万全之策，伯顿·韦斯布罗德将市场失灵视为市场机制的固有顽疾，市场失灵说明公共服务的供给的职责仍然需要其他主体来具体承担[④]。

政府失灵和市场失灵等理论为多中心治理理论提供了理论前提。多中心治理理论的起点是对单一主体治理的批判，认为公共事务的治理必须摆脱政府或市场的单中心治理模式，建立起多元主体共同参与的治理模式，

① 迈克尔·博兰尼：《自由的逻辑》（冯银江、李雪茹译），长春·吉林人民出版社，2002年版，第191页。

② 徐家良、张其伟、汪晓菡：《多中心治理视角下慈善超市角色与困境——基于S市的调查》，载《中国行政管理》2017年第12期，第54—59页。

③ 张建东、高建奕：《西方政府失灵理论综述》，载《云南行政学院学报》2006年第5期，第82—85页。

④ Burton Weisbrod, “Toward a Theory of the Voluntary Non-Profit Sector in Three Sector Economy,” *Altruism, Morality, and Economic Theory*, eds. Edmund S. Phelps (New York: Russell Sage Foundation, 1975), pp. 171-196.

有效克服对单一主体依赖所导致的不良后果①。多中心治理强调治理活动应当依据不同的社会需求和物品属性，从而决定由何种组织承担制造和供给的职能。多中心治理理论强调不同组织在公共服务和公共物品供给过程中的分工与合作。多中心治理重点强调不同组织间合作如何形成：合作的基础在于合同等契约的制定与遵守，同时以协商的方式保证不同组织之间的共同利益，缓和组织间矛盾和冲突，共同形成公共服务供给的网络。多中心治理的网络形成不依赖于某一单方主体的决定性作用，而是需要所有主体之间的协同与配合。

社会慈善中的多中心治理主要体现为多个中心参与社会慈善活动。首先，多中心治理理论允许多个治理中心存在，突出自主治理赋予公民的选择权利，从而提升服务质量，减少搭便车现象，避免公地悲剧和集体行动困境，实现治理行为的公共性目标②。多中心治理理论为社会慈善指出了发展方向，社会慈善应当是政府、企业和社会共同参与的重要事业，是不同阶层、不同职业、不同领域的公众和组织共同奋斗的事业。社会慈善的根本目标在于建立社会多元主体间的合作伙伴关系，构建全社会的信任机制，坚持自治与共治相结合的合作治理网络，实现多中心协同发展③。社会慈善的多中心体现为不同的社会组织都可以成为推进全国或区域慈善事业的重要载体，不同类型的社会组织在提供政策建议、供给行业咨询、输送公共服务等方面各具优势。其次，多中心治理理论强调了主体之间的协同与共治。多中心治理主张采取分级分层分阶段的制度设计，实现政府、企业和社会在社会慈善领域的协调与配合。政府在社会慈善中主要承担搭建慈善事业总体框架，通过制度规则和政策设计有效激励社会力量参与慈善事业。社会慈善与政府主导慈善和企业慈善不同，政府主导慈善具有较

---

① 奥斯特罗姆、帕克斯、惠特克：《公共服务的制度建构》（宋全喜、任睿译），上海三联书店，2000年版，第11—12页。

② 吴磊、徐家良：《多中心治理视野下第三部门GDP核算制度研究》，载《学习与实践》2016年第2期，第80—86页。

③ 汪大海、何立军：《中国慈善事业的合作治理模式及其路径选择》，载《江西社会科学》2010年第5期，第13—18页。

强的行政推动力，企业慈善则具有一定程度的自利动机，社会慈善的原生动力往往是民众的奉献意识和利他精神。社会慈善不具有行政权力的强制属性，慈善的权责划分往往出于社会慈善的总体考量，在一定程度上抑制集体行动中的机会主义，保障社会慈善目标的实现，维护公共利益①。最后，多中心治理理论为社会慈善确定了发展模式。社会慈善的成长与发展取决于社会发育程度和民众慈善意识，需要社会各阶层人士和各类组织的共同努力和支持。社会组织是社会慈善的重要主体之一，其参与为社会慈善消解主体独立、各自为政的零散发育状态提供了可能性，成为链接社会慈善领域中各主体的重要黏合剂，强化社会力量在社会慈善事业发展中的主体作用，推动社会慈善的多中心发展格局逐步形成。

（二）合作生产理论

合作生产理论指的是在生产力高度发达的现代社会，随着社会分工的逐步细化，产品生产不再是由某一特定国家、企业、组织独立地提供资本、管理者、劳动力、原材料和半成品等全部生产资源，而是由不同组织来分工承担②。合作生产理论按照个体与群体的数量规模这一标准，将合作生产划分为集体合作生产、群体合作生产和个体合作生产三大类型③。合作生产的类型划分以规模为准绳，探讨了不同群体规模下的合作生产类型。合作生产的阶段研究则按照合作生产的流程这一标准，将合作生产细分为共同委托、共同设计、共同交付、共同评估四个方面的内容④。合作生产的绩效研究成为当前研究的热点话题，公共服务合作生产绩效可以从过程和结果两个维度加以解构，结果绩效主要表现为公共服务效率和质

---

① Elinor Ostrom , Larry Schroeder, Susan Wynne, *Institutional Incentives and Sustainable Development Infrastructure Policies in Perspective*（CO：Westview Press，1993），pp. 12-39.

② 陆雄文：《管理学大辞典》，上海辞书出版社，2013 年版，第 216 页。

③ Brudney，Jeffrey L，Robert E. “Toward a Definition of the Coproduction Concept，” *Public Administration Review*，1（1983），pp. 59-65.

④ Nabatchi，Tina，Alessandro Sancino，Mariafrancesca Sicilia. “Varieties of Participation in Public Services：The Who，When，and What of Coproduction，” *Public Administration Review*，5（2017），pp. 766-776.

量，过程绩效主要表现为社会价值建构、资源整合和强化问责①。合作生产的绩效研究目前仍然处于初步研究阶段，未来研究需持续关注效果测量、影响机理以及改进机制等方面的具体内容。

合作生产是对政府、社会组织、服务对象等群体利益的整合和协调，是在以行政力量为主体的纵向机制以及以协商为基础的横向机制之间的嵌入与再平衡，是对“中心-边缘”结构固化、多重目标冲突和信任关系弱化的基础上进一步提升合作的效能，理顺合作主体间关系②。合作生产理论是对国家与社会之间资源和关系重新调整的重要策略③，作为链接生产者与消费者的重要通道，需要多元主体的共同参与④。

（三）委托-代理理论

委托-代理理论是美国经济学家伯利和米恩斯在20世纪30年代提出的一种理论，旨在解决企业所有者兼任企业经营者这一普遍做法引发的不良后果而提出的理论。委托-代理理论倡导组织的所有权和控制权分离，组织的所有者仅仅保留剩余索取权，而将组织的管理权让渡于专业性的管理机构和人员。委托-代理理论是制度经济学契约理论的重要内容之一，主要研究的委托代理关系是指一个或多个行为主体根据一种明示或隐含的契约⑤。当代表人代表委托人行使权利、进行决策时就产生了委托代理关系，因此委托代理关系主要包括委托者、代理者和协议三个要素⑥。委托-代理理论是组织学研究的重要理论源流，为社会慈善的研究提供了重要的

① 王学军、牟田：《合作生产绩效及其影响因素：以政府和公众合作为视角》，载《行政论坛》2021年第2期，第116—125页。

② 朱火云、丁煜：《农村互助养老的合作生产困境与路径优化——以X市幸福院为例》，载《南京农业大学学报（社会科学版）》2021年第2期，第62—72页。

③ 朱春奎、易雯：《公共服务合作生产研究进展与展望》，载《公共行政评论》2017年第5期，第188—201+220页。

④ 姜晓晖：《公共服务合作生产的发展演进与时序变迁：价值嬗变、公民转向及工具更替》，载《甘肃行政学院学报》2019年第4期，第56—66+126页。

⑤ Stephan A. Ross, “The Economic Theory of Agency: The Principal’ s Problem,” *American Economy Review*, 3 (1973), pp. 134-139.

⑥ Ross, Stephen A, “The Economic Theory of Agency: The Principal’ s Problem,” *The American Economic Review*, 2 (1973), pp. 134-139.

借鉴意义。

社会慈善领域运用委托-代理理论必须遵守两个关键性的前提假设：一是信息不对称，这表现在代理者比委托者更具有完全信息和专业性优势[①]，从而导致代理者对委托者的投机行为。社会慈善领域的信息不对称这一问题的主要成因是慈善事业的部门分割和组织壁垒，不同属性的组织机构之间开展慈善事业往往各行其是，很难实现合作。二是目标冲突，即不同参与主体的目标选择和偏好不同导致他们行为逻辑存在差异[②]。即使委托者和代理者在一定时间段内达成共同的目标共识，但是两者在执行过程中的行为选择依然可能存在差异，因为代理者有获取闲置资源以实现工作偷懒的动机。社会慈善的效果取决于不同类型的组织机构之间的沟通与合作效率，对部分组织来说，与外界其他组织的合作可能导致自身组织优势的丧失和消解，组织目标之间的差异和冲突成为阻碍社会慈善和合力慈善真正发挥作用的关键因素。

委托-代理关系是指一种契约关系，根据这个契约委托者指定代理者为其提供服务，并根据提供服务的数量和质量支付相应的报酬[③]。同时，这种契约也是委托者控制和操纵代理者行为以实现自身目标的工具[④]。但即使是契约也不能完全解决委托者和代理者之间信息不对称和目标冲突的问题。因此，委托代理理论研究在信息不对称和目标冲突的情况下，委托人如何设计最优契约以激励代理人选择正确的偏好行为。有学者认为应优化对代理者的绩效评估，过滤掉外生因素对绩效评估的影响，让其取决于

---

① Richard W, Waterman Kenneth J, "Meier. Principal-Agent Models: An Expansion?" *Journal of Public Administration Research and Theory*, 2 (1998), pp. 173-202.

② Steven Kerr, "On the Folly of Rewarding A, While Hoping for B," *The Academy of Management Journal*, 4 (1975), pp. 769-783.

③ 麦克尔·詹森、威廉·麦克林：《企业理论：管理行为、代理成本与所有权结构》，载《所有权、控制权与激励——代理经济学文选》（陈郁编），上海人民出版社，1998 年版，第 48 页。

④ Richard W, Waterman Kenneth J, Meier. "Principal - Agent Models: An Expansion?", *Journal of Public Administration Research and Theory*, 2 (1998), pp. 173-202.

与代理者行动相关的信息变量决定①。同时赋予代理者决策权也是一种解决问题的重要方式，决策激励机制将使代理者在不同工作之间理性地分配工作经历②。

第二节　合力慈善中的志愿组织：基层服务生力军

志愿服务是宝安合力慈善的重要内容，志愿服务通过社会网络最大限度地汇聚了社会慈善资源，吸引更多的志愿者投身于慈善事业，通过志愿组织与政府、社区、第三方机构等不同主体的互动和合作过程呈现宝安志愿服务的价值与特征，并通过志愿服务的运行机制提炼宝安区志愿服务的主要经验。

一、志愿服务的相关概念

志愿服务和志愿服务精神是志愿服务研究的关键概念，志愿服务这一概念阐释了社会大众的利他行为，志愿服务精神则是对志愿服务参与者、志愿服务组织和志愿服务项目的价值内核的概括和提炼，志愿服务和志愿服务精神是志愿服务研究的重要概念。

（一）志愿服务

“志愿”可拆解为志向和意愿两个层面的内容，表明某人有志于做某事并且这一行为是出于自愿。志愿这一概念是一种昂扬向上的积极价值观，是人类出于公心而为他人提供帮助的奉献行为。通过对志愿这一概念的考察，可以发现志愿服务这一概念的核心在于为自己以外的他人提供力所能及的帮助。志愿服务的思想和概念最早起源于西方传统的宗教思想，

① Holmstrom Bengt, “Moral Hazard in Teams,” *The Bell Journal of Economics*, 2 (1982), pp. 324-340.

② Holmstrom Bengt, Paul Milgrom. “The Firm as an Incentive System,” *The American Economic Review*, 4 (1994), pp. 972-991.

志愿服务是宗教思想转化出的社会行为，是思想的具象化。与西方国家不同，中国传统的志愿服务思想则主要集中于个人修养层面[①]，强调对个人精神价值的提升。

志愿服务是组成志愿团队、建立志愿组织、形成志愿服务精神的重要概念，志愿服务的定义和界定受到了志愿组织的重视，成为志愿组织开展实务工作的基础。欧洲青年指导委员会（CDEJ）将志愿服务界定为志愿者和志愿服务对象共同学习的过程；联合国教科文组织（UNESCO）将志愿服务界定为志愿者在正式（非正式）场合在一定时间段内自愿无偿地贡献自己的知识与时间；中国青年志愿者协会（CWA）将志愿服务界定为不为物质报酬，而是基于良知、信念和责任，自愿为社会和他人提供服务和帮助。

本书从志愿服务的核心特征出发，描摹志愿服务的中心与边界，明确志愿服务的概念范畴。志愿服务具有以下特征：第一，志愿服务是劳动的新视角，不同于赚取工资的传统劳动观，志愿服务强调无偿和自愿，是超越人类传统生存需求、突出人生价值的新时代观念。按照马斯洛需求层次理论的界定，志愿服务应当超越生理需求、安全需求，处于社交需求、尊重需求和自我实现需求等层次[②]。第二，志愿服务是对自身资源的消耗，具体呈现为时间、技能、能量的消耗，在志愿服务的具体行动中表现为捐时间、捐知识、捐血等具体行为，志愿服务的基本出发点是为了他人更好地生活而消耗奉献自身的一种行为。第三，志愿服务是对其他社会行为的一种调节机制，参与政治活动和经济建设等活动可能在社会层面造成一定的不平等结果。志愿服务作为第三次分配的重要手段，是调节在政治活动、经济活动中不平等现象，讨论丰裕社会的财富流向如何适应个体精神

① 嵇康的《与山巨源绝交书》写有“今但愿守陋巷，教养子孙，时与亲旧叙离阔，陈说平生，浊酒一杯，弹琴一曲，志愿毕矣”。“志愿”一词在中国古代的用法与人生目标等现代词语的含义相近。

② 亚伯拉罕·马斯洛：《动机与人格（第3版）》（许金声译），北京·中国人民大学出版社，2012年版，第45—58页。

追求并达成人民美好生活这一命题的重要方式①。志愿服务的无偿性、自愿性和责任性都为志愿服务概念的延展和深化提供了依据，并进一步凝聚了志愿服务这一概念的核心要义。

当前，在全民参与志愿服务新格局中，要积极建立和完善社会志愿服务体系，建设党政统筹、团青示范、社团管理、公民参与、社会支持、法律保障的系统，促进志愿服务为和谐社会作出更大贡献②。根据本书的研究范围，将志愿服务界定为“基层社会中的人们出于公心和责任意识，自愿无偿地捐出时间、技能等为服务对象的美好生活提供帮助的行动”。一方面，志愿服务并非政治口号，应当是实实在在为志愿者和志愿服务对象搭建桥梁，为实现志愿者人生价值和满足服务对象需求而努力。为保证志愿服务持续开展的稳定性，志愿服务应当是在基层社会层面长期开展的社会活动，通过基层社会的熟人关系供给数量稳定、质量上乘的志愿服务，形成专业性较强、服务意愿强烈的社区服务团队是提升基层社会治理效能的重要路径之一。另一方面，志愿服务强调志愿者的服务既包括对时间的捐赠，也包括对技能的捐赠。志愿服务的时间捐赠主要体现为志愿者的志愿服务时长，在全国各地推进志愿服务的同时，志愿服务时长成为衡量地方志愿服务发展水平的重要指标，以志愿服务时长为统计依据建立的“时间银行”等方式成为地方发展志愿服务的重要抓手，志愿服务成为推动精神文明建设的关键路径。

（二）志愿服务精神

志愿服务精神是志愿者开展志愿服务行动所秉持的精神理念，是个人价值观与社会价值观在志愿服务这一具体领域的融合，志愿服务精神具体呈现为志愿者在志愿服务中的目标、准则和行为等内容。志愿服务是当今世界公认的衡量一个国家社会文明程度的重要标志。志愿精神以公共精神

① 王名、蓝煜昕、王玉宝、陶泽：《第三次分配：理论、实践与政策建议》，载《中国行政管理》2020年第3期，第101—105页。

② 谭建光、周宏峰：《中国志愿者：从青年到全民——改革开放30年志愿服务发展分析》，载《中国青年研究》2009年第1期，第76—81页。

为基础，也是公共精神生成的肥沃土壤，志愿服务是社会主义核心价值观在当代中国的典型实践[①]。志愿服务精神贯穿于志愿服务全过程，为正确引导志愿服务的方向性、科学性和稳定性提供支持与保障。志愿服务精神往往与国家倡导的社会价值观相结合，成为国家和社会倡导无私奉献精神的重要契机。志愿服务精神具有强烈的道德属性，志愿服务是促进社会道德水平提升、社会文明进步的重要抓手，是政府职能的重要补充，是实现社会“善治”的重要途径[②]。中国的志愿服务精神多与社会主义价值观等内容实现部分结合，志愿服务精神受到“爱国、文明、和谐、友善和公正”等价值观的影响和塑造。中华民族传统文化为志愿服务精神注入了“舍小家、护大家”的无私精神，历代志士仁人为志愿服务精神添上了完美的注脚。中国特色的时代印记为志愿服务精神与时俱进提供了新的可能，不同时代面临的社会环境对志愿服务精神提出了更高的要求。

志愿服务精神是提升志愿服务效能的关键因素。志愿服务作为一种推动人类发展和社会进步的高尚行动，是爱心、良知、奉献和人性之美的体现。志愿服务在弥补政府失灵，促进社会和谐与进步，弘扬人类真善美等方面具有积极的作用[③]。志愿服务精神的培育与发展需要着眼于整个志愿服务领域，贯穿于志愿服务的萌发、壮大、深化、常态化等发展的不同环节和阶段，通过将志愿服务精神的培育与建设纳入经济社会发展全局的方式，进一步明确志愿服务精神对慈善事业和社会保障的关键作用，积极培育昂扬向善、无私奉献的志愿服务精神，拓展志愿服务精神的映射范围。

二、志愿服务的重要价值

志愿服务具有链接慈善资源和形成专业队伍两个层面的重要价值。慈

① 孙宁华：《志愿服务：社会主义核心价值观的公民实践》，载《中国高等教育》2016 年第 22 期，第 48—50 页。

② 王莹、尚琳琳：《志愿服务的道德属性及其在国家治理中的作用》，载《道德与文明》2018 年第 1 期，第 127—130 页。

③ 党秀云：《论志愿服务的常态化与可持续发展》，载《中国行政管理》2011 年第 3 期，第 50—54 页。

善资源是撬动社会慈善事业的重要支持力量，慈善资源能否得到高效使用是决定中国慈善事业发展成效的重要因素。一般认为，慈善组织的合法性、慈善组织的信任资本和慈善组织网络是决定我国慈善资源动员机制的三大要素①。志愿服务是慈善资源动员的重要形式，通过志愿服务将慈善资源转化为慈善服务产品，从而为受助者提供精准帮扶。志愿服务创造了人员数量庞大的志愿者队伍，为愿意长期参与志愿服务工作的志愿者提供了行动的舞台，也使得提升志愿者的专业服务能力成为可能。

（一）链接慈善资源

志愿服务是党政部门引导、志愿组织发起、志愿者参与执行的重要慈善活动，是推进社会主义核心价值观建设、营造全社会慈善氛围的重要方式。志愿服务的一大重要价值在于志愿服务链接不同部门的慈善资源，对其有效整合并以志愿服务的形式释放慈善资源的活力。志愿服务链接慈善资源的价值体现在两个方面。

第一，志愿服务链接了政府掌握的慈善事业相关信息，并为慈善事业提供了相应的人力和物力资源的支持。将中央与地方关系视角引入国家与社会关系中进行综合分析，构成了探究当代中国慈善组织与政府关系的新路径②。党和政府是引导开展慈善事业的先行者，提供专业志愿服务的慈善组织应当在党和政府的引导和指导下正确开展业务工作。志愿服务在社会救助领域的具体运作体现出社会组织与党政部门的协调整合与通力合作，由志愿服务参与的单一性关系模式向多元化协同关系模式转变③。深圳市宝安区义工联和区民政局、区慈善会开展合作，在宝安区内逐年扩大慈善救助的类别和覆盖范围。按照优先救助“生活最困难、遭遇最不幸、群众最同情”的原则，从助医为主逐步扩大到安老助孤、帮残济困、助

---

① 朱力、龙永红：《我国现代慈善资源的动员机制》，载《南京社会科学》2012 年第 1 期，第 62—69+77 页。

② 丁轶：《多重政府层级下的组织合法性资源赋予——理解慈善组织与政府关系的三重维度》，载《华南师范大学学报（社会科学版）》2018 年第 4 期，第 12—20+189 页。

③ 袁小平、张雪林：《志愿服务参与精准扶贫的协同惰性研究——基于协同关系模式的分析》，载《福建论坛（人文社会科学版）》2019 年第 7 期，第 168—176 页。

学、青少年救助、特殊群体救助等领域，惠及更多的困难群体。不断扩大救助的覆盖面，不仅要惠及低保人群，而且要逐步惠及低收入人群及孤、老、残、幼等特殊人群。区民政局和区慈善会在开展慈善救助的过程中主要负责信息采集工作，由区义工联具体负责对接服务对象、开展上门服务。

第二，志愿服务是将社会力量纳入慈善工作体系的重要渠道，能够吸收社会资源。宝安区义工联与区慈善会实现深度合作，以制定的规章制度为依据和准绳，在慈善救助工作中明确各自的职能，共同做好慈善救助工作。例如《深圳市宝安区慈善会关于困难群众个案救助暂行办法》规定，经核查决定给予救助的，由区慈善会委托社区慈善志工直接将救助金送达救助对象本人。《深圳市宝安区慈善会关于资助宝安户籍困难居民重大疾病医疗暂行办法》规定，经核查决定给予资助的，由区慈善会委托宝安区慈善志工、社区工作人员将资助金送达资助对象本人或将资助金转入申请人的合法账户。《深圳市宝安区慈善会关于资助劳务工重大疾病医疗暂行办法》也同样附有类似条款。这一通过制度文件明确部门职能分工的做法明确了宝安区义工联、宝安区慈善会、宝安区各街道社区等不同主体在社会慈善中的不同角色与功能，为合力慈善的有效开展提供了制度基础。宝安区在推动志愿服务和合力慈善的过程中，重视传统文化资源对现代慈善事业的撬动作用，激发社会参与的动力与活力①。通过制度文件固定志愿服务和社会慈善已取得的成果，实现基层治理中的协同与互动，推动宝安社会慈善事业持续高水平发展。

（二）形成专业队伍

志愿服务的具体开展需要专业化的志愿者队伍，宝安区志愿服务通过逐步建立较为完善合理的组织网络，形成专业慈善人员、兼职工作人员与志工相结合的工作队伍。为保障志愿服务工作的稳定性和持续性，宝安区义工联通过广泛招募和加强宣传等方式不断扩大全职、兼职及志工队伍。

① 张树旺、李伟、王郅强：《论中国情境下基层社会多元协同治理的实现路径——基于广东佛山市三水区白坭案例的研究》，载《公共管理学报》2016年第2期，第119—127+158—159页。

志愿服务的专业化发展进一步提升了志愿服务的精准性和有效性，参与志愿服务成为越来越多有志于帮助他人、回报社会的公众的必然选择。

宝安区为推进志愿服务的规范化和专业化发展，制定了《深圳市宝安区慈善会志工管理办法》。这一管理办法第四条规定，宝安区慈善会委托宝安区义工联负责组织、协调本区的慈善志工服务活动。宝安区的志愿服务工作交由宝安区义工联统筹负责，志愿服务的设计、开展、协调等工作职能交由义工联统一行使，宝安区慈善会则主要发挥引导、指导和监督等方面的职能。这一管理办法第八条规定，慈善志工须在宝安区慈善会协调宝安区义工联的安排下开展服务，完成服务工作。这一规定明确了志愿者在开展志愿活动的过程中必须遵守相关志愿活动规定，服从宝安区义工联的指挥，在统一协调的前提下有序开展志愿服务活动。这一管理办法第十一条规定，慈善志工在从事服务期间应当佩戴统一的慈善志工服务标识。志愿者的统一着装有利于树立宝安合力慈善的正面形象，推动社会慈善向纵深发展。这一管理办法第十二条规定，宝安区义工联应当建立慈善志工考核和表彰制度。第十三条规定，宝安区慈善会和宝安区义工联建立服务时间累计和绩效评价等具体制度作为考核、表彰慈善志工的依据。志愿服务的制度化建设为规范志愿服务行为提供了有效抓手，志愿者们通过参加志愿服务工作，自愿付出个人时间及精力，促进社会进步①。打造社会慈善的专业队伍需要明确对志愿者的激励、监督、考核等多方面的具体规定，以制度为抓手，明确志愿者在志愿服务过程中的权利与职责。

三、宝安志愿组织的运行方式：靠紧基层落地社区

志愿组织的运行方式阐释了志愿服务在宝安的谋划与执行的内容，揭示了宝安区合力慈善中的志愿组织如何促成多方主体的协同与合作的过程，本部分主要介绍宝安志愿组织的项目运作、志愿服务在社区的落地以及服务与评估相结合的评价体系三个方面的主要内容。

① 王晨岑：《基于诚信建设与志愿服务制度化的青年信用体系建设》，载《当代青年研究》2020 年第 6 期，第 27—31 页。

（一）志愿组织的项目运作

志愿服务组织通过项目运作的方式创新慈善救助的形式。项目运作提升了志愿服务的专业性和持续性，能够发挥激励回馈培育志愿服务持续性的作用①。为有效提升志愿服务效果，政府部门通过多项改革优化救助流程，缩短救助时间，提高救助资金使用的合理性和时效性，发挥慈善救助效能。构建社会组织参与社会治理的政策支持体系，这不仅是一种积极的发展观，也是创新社会治理体制的内在要求②。因此，在宝安区民政局的指导下，区慈善会和区义工联通过多年调研和探索，尝试将传统的慈善救助从直接救助向项目资助转变，以财物直接援助为主要形式的“输血式”救助模式转变为以项目救助为载体的新型“造血”救助模式，提高了慈善救助的实效。

通过项目运作，区义工联与其他社会慈善力量共同建立起宝安区的慈善救助网络。国家与社会的协同是推动志愿服务和慈善救助的重要方式，“国家-社会”的共同在场形成了全民动员、系统协同的整体动员机制，促进了经济资源、情感道德资源、专业智力资源和全社会志愿力资源的快速集聚③。区慈善会和区义工联加强与社区慈善帮扶协会、专业慈善公益组织、社区组织的沟通联系与合作，宝安区慈善会通过定向委托、公开招标等形式，资助慈善公益组织和公益项目，逐步从直接救助转向项目资助。宝安区义工联则通过项目运作的方式开展慈善活动，进一步发挥义工在社会慈善事业中的主体作用。

宝安区义工联在开展救助工作时注重慈善救助覆盖面，在逐步扩大慈善救助类别、领域的同时，从贫困群体的需求做起，继续探索从直接救助向项目资助转变，并根据业务特点开展慈善项目。随着治贫实践的广泛开

① 曹海军、闫晓玲：《时间银行模式下政社协作关系分析——以G市N区时间银行为例》，载《理论学刊》2021年第1期，第132—140页。

② 李莉、张艺：《激发社会组织参与社会治理的政策支持策略——基于湖北省地方实践的分析》，载《理论月刊》2016年第2期，第162—166+182页。

③ 刘佳：《“国家-社会”共同在场：突发公共卫生事件中的全民动员和治理成长》，载《武汉大学学报（哲学社会科学版）》2020年第3期，第15—22页。

展，民众贫困程度不断降低，社会救助工作逐渐由现金救助向服务救助转变[①]。宝安区合力慈善突出项目化重点，推进精准救助、阳光救助，继续把助医、助学、助老作为重点救助项目，突出项目化推动、项目化落实，注重加强项目承接单位的专业化能力建设，提高慈善救助实效。宝安区义工联在开展慈善项目的过程中重视完善项目的对接机制，保证项目的延续性和稳定性。当前社会救助制度存在运动式开展、多头管理与监管难等问题，急需坚持以“济”为主、以“扶”为辅的综合治理思路，实现精准扶贫和社会救助的规范化、普遍化、科学化、系统化[②]。落实精准扶贫，通过密切联系政府部门，深入基层开展调研，继续开展公益项目资助，获得社会各界对公益扶持、慈善救助的需求信息。通过定向捐赠、定向委托，定向资助公益慈善项目，提高慈善帮扶项目化、精准化程度，同时也为社会各界搭建投身公益慈善的平台。

案例：“邻里三相”——宝安志愿服务品牌项目

近年来，宝安区以“邻里三相”社区志愿服务计划为抓手，通过志愿服务倡导邻里之间相识、相知、相助，组建各类专业志愿服务队伍，满足社区居民多样化需求。在养老服务、法律援助、区域安全等领域发挥作用，提升居民的获得感与满意度，打造出将青年志愿服务有效融入新时代基层治理体系的宝安样本。

在养老服务领域，居民、业主、商铺经营者等社区“自己人”为老年人提供了多样化的日常服务，包括饺子、糖水制作活动，才艺表演，义诊义剪，有条件的情况下还会组织深圳市内游。随着生活的充实，社区老年人的幸福感显著提升，反过来也产生了投入社区志愿服务的意愿。

在法律援助领域，宝安青年汇智团、社区青年议事会、青年业委会委

---

① 白维军：《区块链+社会救助服务：创新前景、核心问题与推进方略》，载《社会科学辑刊》2021年第2期，第73—80页。

② 白小平、代枚训、王娅荣：《精准扶贫与社会救助制度“协同”观察》，载《重庆社会科学》2017年第5期，第49—56页。

员联谊会等青年社群为广大青年志愿者提供法律工具包、典型案例集等赋能培训，引导青年积极参与基层治理。充分发挥志愿者的群众优势，由志愿者收集整理当事人的建议和意见，提交法院诉讼服务中心、区信访大厅等部门，根据群众反馈及时调整和改善服务内容和方式，让司法服务更接地气。

在区域安全领域，区义工联委先后与深圳市市场监督管理局宝安局、区消防救援大队等部门签订志愿服务合作协议，共建食品安全和消防安全志愿服务队伍，共同开展特色宣教和科普活动。义工联食品安全志愿服务队与市场监督管理局专业工作人员共同开展市场活禽区、学校周边、街道社区等重点区域食品安全巡查检查。疫情期间，共同对全区544个冷库开展检疫证明、清洁消毒等方面暗访督查，充分发挥志愿者定人定位作用，掌握食品监管对象经营状况，发现问题即时上报。

（资料来源：《“邻里三相”打造幸福社区》，2021年8月27日《中国青年报》，07版。）

（二）志愿服务在社区的落地

志愿服务的开展需要落地社区，离不开社区民众和社区其他机构的参与和支持。社区不仅是社会公众的生活场所，同时也是思想宣传和文化建设的主要阵地，将思想教育融入社区生活是推动社会主义核心价值观建设的重要路径，志愿服务在社区的落地与运作成为推动精神文明建设的主要方式之一。社区志愿服务作为基层社区治理的基本内容，在基层社区治理过程中的地位和重要性逐渐显现，日益成为现代社区治理体系的重要环节之一①。宝安区志愿服务充分依靠本区企业、居民和其他合作伙伴的参与，最大限度动员本区慈善资源，发挥不同组织机构参与慈善事业的效能，优先满足在本区工作和居住的困难家庭或人士的社会救助需求，建立健全便捷、直接、高效地为本区服务的公益慈善价值链。同时，在满足本区慈善

① 张敏、胡建东：《提升社区志愿服务质量路径探究》，载《人民论坛》2020年第26期，第70—71页。

救助目标的前提下，通过项目对接适度加大对区外困难群体的帮扶力度。

在宝安区的志愿服务体系落地过程中，U 站发挥重要作用，是服务在基层落地的重要载体。作为 2011 年深圳举办世界大学生运动会的产物，U 站是深圳特有的街头志愿服务岗亭。而在大运会之后，这些原本临时性的服务站点并未被拆除，仍作为基层志愿服务单元发挥作用。在宝安区，截至 2021 年初共有 53 座 U 站处于运行状态。宝安区义工联负责人也向研究团队介绍了 U 站的运行方式：

> 我们依托 U 站建立了义工服务队，直接面向社区提供服务。由于 U 站和服务队都设置在基层，我们需要照顾群众的各种需求，因此在服务领域上不作太多限定，每个服务队的服务内容或者对象都可能有所重合。这样的好处是能够提供全覆盖的服务，群众来找你时也都能帮上忙。（访谈资料：20200820YG）

志愿服务在社区的落地与运作得到了制度文件的支持。当前的基层社会慈善事业存在组织发展缓慢、动员能力有限、能力不足等突出问题，急需加大政策支持力度、明确慈善事业功能与定位、营造有利于慈善事业发展的社会氛围①。宝安区慈善会与宝安区义工联、新安街道办事处、松岗街道办事处、各街道商会、五类百强企业联合会、宝安日报社和融媒体中心等不同组织机构签订了推进公益慈善事业发展合作的框架协议，通过文件规定的形式进一步拓展不同机构在合力慈善中的合作范围。制定的一系列政策文件为志愿服务与社区工作的有机结合提供了可能，通过签订合作框架协议的方式将更多的社区纳入志愿服务和社会慈善的范畴内，建构覆盖全区街道层级的社会慈善网络，携手构建合作共赢伙伴关系，进一步凝聚发展慈善事业的磅礴合力。在新冠肺炎疫情期间，义工联既为防控一线的社区提供了大量的疫情防控志愿者，又通过常态化的培训机制为防控人

① 郑功成：《中国慈善事业发展：成效、问题与制度完善》，载《中共中央党校（国家行政学院）学报》2020 年第 6 期，第 52—61 页。

员的动态补充提供坚实基础。

（三）服务与评估相结合的评价体系

宝安区志愿服务工作既重视服务过程，又重视服务效果，尝试通过项目评估和第三方评估的方式对志愿服务效果进行评价，从而找准优化方向。志愿服务在落地和运作过程中消耗了一定数量的人力和物力资源，为进一步提升志愿服务的资源使用效率，通过项目评估尤其是采用第三方评估的方式成为提升志愿服务质量的必然选择①。当前慈善事业和志愿服务存在公信力缺失的风险，造成这一问题的原因非常复杂，信息公开程度不高、财务管理制度不健全、商业化运作风险等都对志愿服务的有效开展造成了一定的困扰②。现阶段，第三方评估机制在建设过程中存在制度缺失、信息不对称、资金依赖以及评估不专业等问题，需要在制度保障、信息公开、资金独立及技术创新等方面取得突破，从而推动社会组织第三方评估的发展和社会组织治理水平的提升③。志愿服务的生成与发展一方面依靠社会组织的成熟与治理能力提升；另一方面要继续深化政府自身改革，形成良性有效的政社合作④。宝安区志愿服务在做好项目前提设计和过程运行的基础上，聘请第三方专业机构，借鉴国内外先进公益项目成果评估指标框架，制定符合宝安区志愿服务发展情况的指标体系，从定性和定量两个方面，定期对志愿服务项目的实施效果进行追踪评估，并公布相关评估结果，提升志愿服务质量和社会慈善的效率。

四、宝安志愿组织的主要经验：专业服务与多方合作

志愿服务落地社区而形成与居民之间的良好协同关系，提供多样化的

---

① 王福涛、陈博：《以第三方绩效评价提升慈善资金公信力》，载《中国行政管理》2020 年第 11 期，第 151—153 页。

② 孙发锋：《我国慈善组织公信力的缺失与重塑》，载《郑州大学学报（哲学社会科学版）》2015 年第 6 期，第 30—33 页。

③ 潘旦、向德彩：《社会组织第三方评估机制建设研究》，载《华东理工大学学报（社会科学版）》2013 年第 1 期，第 16—22+43 页。

④ 王诗宗、杨帆：《政府治理志愿失灵的局限性分析——基于政府购买公共服务的多案例研究》，载《浙江大学学报（人文社会科学版）》2017 年第 5 期，第 184—195 页。

专业服务和志愿服务，促成居民的社区参与，增进居民的自助与互助能力①。宝安区志愿服务的工作经过多年发展，取得了良好的发展成效。志愿服务是宝安区合力慈善和社会服务领域的重要标杆，志愿服务为宝安区的困难群体提供了有效帮助，为其改善生活条件付出了巨大努力。随着志愿者数量的持续增加，志愿服务的影响力逐渐增强，志愿服务日渐成为年轻人提升自我价值、回报反馈社会的主要选择，通过志愿服务进一步加快宝安区的精神文明建设。总体来看，宝安区志愿服务的主要经验包括专业化提升志愿服务质量、合作化增强志愿服务深度、社会化拓展志愿服务广度三个方面的内容。

（一）专业化提升志愿服务质量

专业化是提升志愿服务质量的关键因素，专业化建设精准对标服务对象的需求，抓住志愿组织能力建设的关键层面，持续提升志愿服务质量。宝安区义工联通过建立专业化的慈善志工队伍以提升志愿服务质量。通过建立健全志工队伍登记注册制度、设定志愿服务岗位以及志愿服务类型、建立志工培训机制和考评激励机制，把提供志愿服务与优先享受志愿服务结合起来，激励社会各界积极踊跃地加入志工队伍。

（二）合作化增强志愿服务深度

志愿服务的深度拓展需要打破对志愿服务作为辅助工具的错误认知，不再仅仅将志愿组织看作是为其提供服务的工具，而是要承认其政治地位，以赋予市民社会新活力，并通过重新恢复活力的市民社会，为福利制度创造能够良好运行的国内环境②。宝安区义工联通过与街道社区、区残联、社区帮扶协会等多元主体的合作，大大增强志愿服务的深度和延展性。宝安区义工联在区内大部分街道设立义工服务中心，在社区层面设立

---

① 崔月琴、胡那苏图：《日本地域社会治理及社区志愿者组织发展的启示——以名古屋市“南生协”的社区参与为例》，载《福建论坛（人文社会科学版）》2019 年第 12 期，第 82—90 页。

② 周真真：《英国新工党政府与志愿组织的合同合作》，载《学海》2020 年第 3 期，第 195—200 页。

一批义工服务站，加强同其他社会组织的协调互动，互相沟通联系，交换信息。宝安区义工联确定服务的项目和计划，组织开展慈善服务，尝试在每一街道设立一个慈善志愿者服务基地，通过义工联与社区的深入融合进一步提升宝安区志愿服务的影响力。

（三）社会化拓展志愿服务广度

志愿服务的社会化是拓展志愿服务广度的重要举措。志愿服务的社会化强调吸纳更多的社会力量加入志愿服务，志愿服务并非仅仅是党政部门和志愿组织的工作和任务，同时应当成为更多社会组织、社区和公众参与社会治理、发挥功能和作用的重要机遇和场所。宝安区义工联深度联合街道社区，开展特殊群体慰问活动，把爱送到千家万户，通过“恒爱·善行”节日慰问困难老人活动，在各街道社区挖掘了一批热心慈善事业、乐于参加慈善活动的社区达人和热心人士。例如，宝安区义工联联合新安商会在宝安区新安街道开展“乐善社区行”慰问困难家庭活动，义工和商会会员共同参与社区慰问活动，义工联通过社区慈善活动进一步吸纳新的义工成员加入，壮大义工联的志愿者规模。志愿服务的社会化还表现为借助专项基金在区民政局、区慈善会、区义工联、爱心企业、社会组织之间建立合作联系，如“恒爱·善行”慈善关爱项目开展了中秋、春节慰问“五老”、困难老人和失独老人活动，在节假日为特殊老人送去爱心和慰问服务。慈善送爱心系列活动持续开展多年，已经成为宝安区慈善慰问的重要品牌。

第三节　合力慈善中的社会组织：多元治理协同者

宝安合力慈善的发展需要社会组织的支持，社会组织是合力慈善发展的重要行动基础。社会组织是合力慈善中最具活力和潜力的组织机构，社会组织在合力慈善中实现对政府和企业的有效补位，有效发挥了社会组织在合力慈善中的主体作用。不同类型的社会组织成为合力慈善的重要平台，激发合力慈善中多元主体的行动积极性，实现合力慈善的深度发展。

一、宝安合力慈善中的社会组织类型

宝安合力慈善中的社会组织主要包括基金会、社会团体和社会服务机构三种类型，在宝安合力慈善工作中发挥资金支持、项目运作等功能。

（一）合力慈善中的基金会

基金会是社会组织中的重要类型之一，基金会在慈善事业中主要发挥募款、运行公益项目等方面的功能。基金会的定义从不同层面可以得出不同的理解。美国研究者凯佩尔以法律属性来界定基金会的基本内涵，认为基金会是基于慈善目的而设立，在法律监管下以理事会的形式运作并享受一定税收优惠的组织①。基金会是社会慈善的重要组织类型，在社会慈善事业推进过程中，基金会不断加强专业化转型，将打造慈善平台、汇聚慈善资源作为组织的战略定位，在资金支持、项目等方面助推社会创新项目的发展。为进一步加强基金会的发展，公益市场化成为一种可行的选择。公益市场化是国内外公益与商业实践发展的新趋势，在社区基金会等跨部门合作的模式下也催生了大量新的探索路径与发展空间②。基金会的发展植根于中国本土社会，在社会治理创新的驱动下，开展广阔的社会治理探索，走出一条具有中国特色的基金会发展道路。

（二）合力慈善中的社会团体

宝安合力慈善中的社会团体以街道商会为代表，宝安区各街道商会是合力慈善建设的重要主体。商会是商品经济和市场经济发展的重要产物，一般是指商人依法组建的、以维护会员合法权益、促进工商业繁荣为宗旨的社会团体法人。商会的民间属性使得其借助自组织资源汲取能力的增强、组织化程度的提高、自治规则的完善、行政性依赖的弱化、社会合法

---

① Frederick P. Keppel. *The Foundation: Is Place in American Life* (New Jersey: Transtion, 1989), p. 3.

② 翁士洪：《公益市场化中的资源依赖与政府控制——基于上海市社区基金会的实证研究》，载《北京行政学院学报》2020 年第 6 期，第 30—39 页。

性的成长、与政府关系的理性化等一系列变迁实现自主治理机制①。宝安区在各街道设立商会，实现商会在所有街道全覆盖，通过街道商会组织开展慈善活动，商会广泛参与精准扶贫、冠名基金、定向捐赠等具体的慈善活动或慈善项目，为慈善事业提供资金支持，部分街道商会成为志愿者在社会慈善领域提供专业化志愿服务的平台，街道商会深度参与宝安区合力慈善，成为推动合力慈善向纵深发展的重要主体之一。

（三）合力慈善中的社会服务机构

社会服务机构是我国社会组织的重要类型之一。社会服务机构过去被称为民办非企业单位，2016 年《中华人民共和国慈善法》颁布后，社会服务机构的概念替代了民办非企业单位。宝安区合力慈善的发展得到了宝安区社会服务机构的广泛支持，专业类的社工机构为宝安区的慈善项目和慈善活动提供了智力、人力和物力支持。深圳市宝安区旭源社会工作服务中心、深圳市宝安区尚德社会工作服务社、深圳市宝安区益民社会工作服务中心等都是扎根宝安、从事社会公共服务事业、深度参与宝安慈善事业的社会服务机构。社会服务机构在合力慈善的建设过程中通过专业化的服务充分发挥机构优势，成为推进合力慈善建设的又一重要的社会组织类型。

二、宝安社会组织的参与方式：全链条嵌入慈善体系

社会组织参与基层慈善事业的发展是提升社会组织服务能力、优化基层治理体系的重要举措，各类社会组织在参与慈善事业的过程中发挥出自身的独特优势。基金会的参与突出强化资源供给，社会团体的参与强调协同制度建设，社会服务机构的参与则关注多元服务递送。

（一）基金会的参与：强化资源供给

基金会是推进宝安合力慈善发展的重要主体，在合力慈善中主要通过资金资助方式支持慈善组织开展项目，在部分特殊情况下也会直接开展慈

① 陈剩勇、马斌：《温州民间商会：自主治理的制度分析——温州服装商会的典型研究》，载《管理世界》2004 年第 12 期，第 31—49+155 页。

善项目，在供给端和执行端同步参与基层治理和合力慈善。

1. 资助慈善组织开展项目

基金会在推进慈善事业建设过程中需要切实发挥其在慈善行业的推动与发展方面的桥梁纽带作用，通过资金支持和项目运作等方式加快区域内慈善组织的协同合作并为组织间的互助交流提供载体和平台。基金会通过慈善类竞赛等平台对计划完善、效益巨大的慈善项目予以资助并指导社区服务类、社会服务类、公益慈善类社会组织具体开展慈善项目，培育社会组织在慈善领域的专业化发展能力。基金会对慈善组织的支持既包括资金支持，也包括能力支持，为更好地适应社会慈善的发展要求，慈善组织需要在组织架构、项目实施、资源筹集、保障制度建设等方面加以改革①。基金会一方面支持社会组织在区域内的业务开展，另一方面也加强与区域外其他慈善组织的业务联系与合作交流，逐步建立起宝安慈善事业创新发展的长效合作机制。

深圳市社会公益基金会通过开展公益慈善项目大赛，吸引更多的社会组织参加宝安慈善，并借助设立专项资金及推进专项项目对接工作做好慈善募捐工作。由该基金会参与举办的宝安区慈善公益项目大赛坚守发展，具备成为“百年老店”典范项目的可持续发展潜力和实现目标的决心。大赛自 2015 年启动已连续举办 5 届，对项目进行投后管理经验已达 7 年，支持项目共 54 个，是具有可持续发展能力的赋能资助项目。这一活动具有 5 个方面特征：第一，资金来源稳定。宝安区慈善会作为大赛发起方，为项目提供稳定的资金来源，同时发挥核心资助的杠杆作用撬动更多社会资源。第二，标准化流程已规范。大赛不断优化和完善赛制和项目赋能的专业性，目前已形成宝安公益慈善项目大赛项目管理手册、月报、辅导评估机制等一系列标准化项目管理工具。在赛制方面，采取“招募—入围评审—尽职调查—晋级评审—决赛路演—预算编制”的赛程，充分展示公益项目，保证每个竞赛过程的充分性和公平性，并提供优化辅导体现公益

① 黄政：《资源链接与服务供给：社区基金会的功能及其发挥》，载《社会建设》2020 年第 5 期，第 24—34 页。

性。第三，社会资源承载力好，合作开放性强。大赛资助的项目形成合力，打造品牌项目平台吸引社会资源加入，项目优质发展的同时也会吸引更多的合作伙伴一起把好事做好。第四，大赛品牌化发展。大赛打造项目品牌，精准定位“服务宝安民生的公益慈善项目大赛”，引入宝安日报社、宝安广播电视中心等高品质媒体传播平台提供常态传播服务；并邀请专业公益领域信息化平台“公益啦”打造大赛专属线上社群，对项目活动、动态、媒体报道等信息进行聚合传播；并通过项目竞赛的平台扩大社会影响力，让企业、商会、民众等跨界力量参与公益。第五，创投培育成效认可度高。大赛不仅提供资金支持，也侧重提供“能力建设+资源对接”，目前大赛运营模式为两年制，由“慈善会+社基会”双平台运营，通过四期评估辅导、全年制的过程性陪伴、定期走访和个性化针对性指导全方位对项目提供赋能支持，如与深圳大学城市治理学院合作开发的“辅导员制度”的常规创投服务，为项目提供下沉式辅导服务，带领着项目发展。

除了市级层面基金会的支持，社区基金会也在合力慈善体系中发挥过重要作用。桃源居公益事业发展基金会①是中国第一家社区基金会，于2008年11月8日成立，是中国首家以服务社区、服务居民为宗旨的民间基金会。桃源居社区基金会的成立壮大了社区公益领域的力量，使公益领域中除了救灾、扶贫、助教、助医、环保之外的第六领域——社区公益——的权重明显增加，开辟了社区公益领域发展的新格局。作为中国第一家民间社区基金会，桃源居公益事业发展基金会引领了社区慈善的发展方向，成为社区慈善的重要样板。自桃源居公益事业发展基金会成立以来，社区基金会成为深圳和宝安慈善事业的重要主体。深圳市宝安区流塘社区基金会、怀德社区基金会、安乐社区基金会、沙企社区基金会等多家社区基金会积极参与社区治理，支持社会组织和慈善事业的发展，提供资金、人员、技术等方面的支持，在社区事务和公共服务领域成为基层政府的好帮手，社区民众的好朋友，在基层治理现代化过程中将发挥重要角色。

---

① 目前桃源居公益事业发展基金会已依法注销。

2. 直接开展慈善项目

慈善项目是推动慈善事业发展的重要方式。慈善项目的有效运作需要完成整合慈善资源、搭建适当平台、实现资源与项目有效对接等工作，助力社会慈善事业的目标实现①。慈善事业的项目化运作需要专业性的行动力量，基金会在开展慈善项目过程中可以参与项目的设计与运作过程，如深圳市社会公益基金会在宝安区开展合力慈善过程中给予项目设计、项目运作、资金支持等方面的指导和帮助，率先推进专项精准资助项目，对特定服务对象的慈善项目集中人力、物力和财力，提供专业化、精细化和定制化的项目支持。

基金会在宝安区率先开展慈善项目招募工作。经过数年发展，宝安全区多家慈善类社会组织和福利机构积极申报慈善项目，项目类型涵盖关爱特殊儿童、老人、外来务工人员、困难群体和困难义工等多个社会服务领域。深圳市社会公益基金会接受宝安区慈善会的委托，全程运作项目选拔工作，经过初选、入户调查、现场评审等环节，最终评选出多个具有代表性的项目，并在项目后期的发展和完善过程中给予一定的资金支持和业务指导。慈善公益项目的招募，提升了宝安区慈善类社会组织和福利机构的项目运作水平，吸引了更多的机构共同参与慈善事业，让慈善事业覆盖更多困难群众，成为全区慈善救助、社会福利等方面工作的有益补充，同时培育了一批“愿做慈善、懂做慈善”的社会组织，提升了社会组织在社会服务领域的专业化能力建设。

（二）社会团体的参与：协同制度建设

社会团体参与合力慈善是宝安慈善事业发展的重要内容，宝安区参与合力慈善的社会团体以商会为主，尤其以各街道商会最为积极。总结街道商会在合力慈善中的参与过程和参与方式有利于揭示街道商会在社会慈善领域的重要主体作用，激发街道商会参与慈善事业的积极性和主动性，提升街道商会参与社会慈善的能力和水平。

---

① 王文龙：《新乡贤与乡村慈善：资源整合、项目对接与激励机制创新》，载《云南民族大学学报（哲学社会科学版）》2020 年第 2 期，第 52—57 页。

商会在推动慈善事业发展的过程中发挥了重要作用。从一般层面来看，商会的存在使慈善经费的来源更加广泛，提升了慈善救济的协作性、社会性和公共性①。宝安区各街道商会均加入区慈善会作为会员单位，新安、西乡、航城、福永、福海、沙井、新桥、松岗、燕罗、石岩10家街道办事处都成立了街道商会。街道商会在慈善募捐、慈善项目开展等方面为宝安合力慈善工作作出巨大贡献。社区是合力慈善的重要空间，是弘扬慈善文化、传播慈善理念、开展慈善活动、培育慈善参与者的主要场所。宝安区在推进合力慈善过程中重视发挥社区的主体阵地功能，通过运用“社区共治同心圆”工作法，建立综合型社会组织，发挥社区党委的“向心力”作用，通过“搭平台、建机制、造氛围、强项目”等举措，调动社区多元主体参与社会治理，实现社区共建共治共享。街道商会作为社区慈善的重要参与者，积极融入“社区共治同心圆”社区治理工作法的具体实践，发挥社区党委的向心力作用，推动社区互不隶属的各类横向社会主体和全体居民群众积极参与现代化社区治理。

街道商会参与合力慈善工作的制度化建设取得初步成果。经过多年沟通与合作，新安街道办、松岗街道办、所有街道商会目前已经与宝安区慈善会签订了《推进公益慈善事业发展的合作框架协议》。这一协议对街道商会参与慈善活动的方式、要求等作出了说明，协议的签订标志着街道商会开展的慈善活动、宣传慈善文化等推进合力慈善工作将在制度规则的指导下有序进行，街道商会成为推进宝安区合力慈善工作、营造合力慈善氛围的重要主体之一。

宝安区近年来大力打造“党建+360°”服务体系，突出“把党建变成项目、把项目变成清单、把清单变成服务、以服务凝聚民心”，把基层党组织的工作重心转到服务发展、服务民生、服务群众、服务党员上。宝安区力图让基层党建“更接地气”。街道商会在社区慈善中有效链接党建工作资源，通过组织路演等方式开展慈善活动。例如，橄榄树“益启购”社

① 葛吉霞、卢锐：《论我国近代商会公益慈善事业的运营机制及其现时代价值》，载《海南大学学报（人文社会科学版）》2016年第5期，第63—69页。

区残疾人创业店是深圳第一个以党建引领的助残项目。“益启购”社区残疾人创业店这一项目帮助社区重残友在“家门口”创业，探索“互联网+”社区残疾人新型创业模式，使得社区党员、干部群众都可以“零门槛”共同参与。

与企业类似，街道商会从2014年起也开始探索冠名捐赠新模式，并创立多项冠名基金。冠名基金这一慈善捐赠的新方式为爱心企业家们提供了参与社会慈善的新平台和新渠道，2014年11月成立的福永家私协会关爱基金，在成立的第一天就收到20万元的善款。冠名募捐的形式，充分激发了爱心企业参与慈善的热情和积极性。紧随其后，新桥、沙井、航城、石岩等街道商会都成立了慈善冠名基金。冠名基金资助项目逐步落地，为服务对象送去温暖和关怀，民建关爱基金继续帮扶脊柱伤病儿童康复和广西梧州老兵；新桥、沙井和航城商会冠名基金对精准帮扶对口地区的攻坚脱贫给予了资金支持。

宝安区慈善会还通过拍卖会的形式开展慈善活动。2015年12月27日，在宝安区慈善会与宝安区茶文化研究会的共同倡议下，举办了一场小型拍卖活动，本次拍卖活动吸引到50余名社会爱心人士参加，共认捐善款20多万元，设立多个专项资金用于慈善救助，大大推动了社会慈善和民间捐赠的发展。

各类社会组织还积极参加慈善助学和儿童关爱项目，为爱心项目提供资金支持。2015年11月28日，在宝安区第七届福永家私节开幕仪式上，福永家私行业协会的爱心企业家们向家私协会冠名基金捐赠善款50万元，用于“宝塔希望之星”助学项目，资助新疆塔什库尔干塔吉克自治县的贫困学生完成大学学业。在宝安区第七届福永家私节上，“宝塔希望之星”助学项目顺利签约。由捐赠方深圳市宝安区福永家私行业协会、受赠方深圳市宝安区慈善会和资助对象新疆喀什塔什库尔干塔吉克自治县教育局共同签订了《“宝塔希望之星”助学项目三方协议书》，资助50名贫困学生完成大学四年学业。这一项目的实施，圆了新疆塔什库尔干塔吉克自治县贫困学生的大学梦。2016年，宝安区西乡商会在宝安区慈善会第二届公益慈善项目大赛中认领了“星星童画梦·慈绘蓝天下——自闭症儿童艺术潜能开发计划”项目，设立了前海品汇慈善专项基金。宝安区新安商会在宝安区慈善会第二届公益慈善项目大赛中认领了“我是小画工”外来子女社区融合计划项目，成立了宝安区新安商会专项基金。

街道商会在推进合力慈善过程中还通过协同建设慈善组织的方式推动了合力慈善发展。在宝安区慈善会的指导下，松岗街道成立慈善协会，并与区慈善会签订《推进公益慈善事业发展合作框架协议》，充分发挥街道、社会组织和企业的优势，共同搭建平台，进一步打造“合力慈善”，惠及更多困难群众。街道商会与街道慈善协会通力配合，共同推进宝安合力慈善的深度发展。

（三）社会服务机构的参与：多元服务递送

社会服务机构在宝安合力慈善的推进过程中扮演了重要角色，发挥自身特长，助力慈善事业发展。深圳市宝安区旭源社会工作服务中心成立于2012年3月，是宝安区本土社工机构，具有完整的管理制度、独立的财政主体、具备独立持续的运作能力、具有清晰的财务规范制度。主管单位是宝安区民政局，营业范围是为有关单位、社区、家庭或个人提供专业化社工服务；开展社工课题研究、宣传和学术交流活动；承接政府有关部门委托的各类社工服务项目。

旭源社会工作服务中心开展了涉及范围较广的慈善相关活动，包括精准扶贫与乡村振兴、关爱妇女儿童及老人等特殊群体等。在扶贫方面，该中心积极响应党中央号召，参与区委党委扶贫点帮扶服务，深入贫困地区开展需求调研，党员梁颖积极参与为期一个月的宝安区扶贫协作广西大化社工服务行动，用自己的力量支持广西河池市大化社工本土化发展，促进大化古江社区（易地搬迁安置点）融合，并重点为困境留守儿童提供监护指导等专业社工服务。2020年，中心直接向扶贫对象提供价值3.51万元的捐赠款物，2021年又在新冠肺炎疫情期间捐赠防疫物资25万件。在乡村振兴工作中，通过“宝安区驻龙母社工服务站”开展相关的乡村振兴服务和生态环境、社区营造等社会服务事项。在“亮灯陪读”活动开展过程中，10名志愿者将智能台灯派送给27名留守困难儿童，并与留守儿童进行结对帮扶。在关爱特殊群体方面，该中心依靠党群服务中心开展相关关爱妇女儿童及老人等特殊群体服务。尤其在新冠肺炎疫情期间，中心带领和组织140多名社工，联动17个党群服务中心85名社工和31名精防社工的力量，先后建立了9条社工防疫热线，积极为抗击疫情贡献社工力量。

三、宝安社会组织的主要功能：将慈善文化建设融于服务

社会组织在社会慈善发展过程中进一步释放其在社会治理和社会创新领域的功能和作用。基金会、社会团体和社会服务机构成为宝安合力慈善的重要平台，通过各类社会组织以及其他社会力量的参与，宝安合力慈善的规模不断扩大，社会影响力与日俱增。总体来看，社会组织作为基层的慈善平台主要发挥了通过慈善类竞赛传播慈善文化和精神、通过慈善活动培育慈善力量、参与慈善研讨活动扩大影响力三个方面的功能。

（一）通过慈善类竞赛传播慈善文化和精神

竞赛活动是慈善事业发展到一定阶段的产物，慈善竞赛将竞技精神和慈善文化相融合。竞赛类公益主题真人秀节目是中国慈善事业的重要本土化创新，《志愿者真情耀中华》等节目通过赛事形式宣传“好人帮好人”的慈善氛围①。宝安区各类社会组织长期支持慈善类竞赛活动，通过公益项目大赛等方式实现慈善金点子、推动慈善项目落地、鼓励慈善活动创新。宝安区慈善会、深圳市社会公益基金会、各街道商会与区内媒体和知名企业联合开展慈善公益项目大赛，带动更多的社会组织参与慈善，提升慈善专业服务能力。宝安区慈善会公益慈善项目大赛在发起初衷、模式创新、持续发展及成效方面，均具有发挥示范效应的潜力。这些项目不但使社会组织得到资源支持，能够有效改变受助对象的境遇，更重要的是形成一股影响氛围，通过赛事过程中的媒体宣传和公众讨论，使慈善精神在全

① 蒋宁平：《慈善·故事·竞赛——〈志愿者真情耀中华〉的创新》，载《电视研究》2009年第10期，第60—61页。

社会得以快速传播，借助慈善赛事推动区域慈善文化建设。

“大赛”自举办以来，所资助的54个公益慈善项目，领域涵盖特殊群体（自闭症、脑瘫）关爱、融合教育、生活恢复教育、艺术疗愈；青少年眼健康、安全教育、科创比赛、防性侵、反校园欺凌；老年人关爱、健康理念宣导、科技养老、艺术养老；家庭教育、亲子关系；环境保护等。具体资助项目见表4.1。

表4.1　宝安区慈善会公益慈善项目大赛历届资助项目名单

2015年首届		
序号	项目名称	执行单位
1	“点亮星灯，璀璨星空”关爱自闭儿童项目	宝安区义工联
2	“爱的供养”关爱优秀困难义工项目	宝安区义工联
3	助力幸福社区——来深建设者家庭发展能力提升计划	深圳市宝安区慧家社会事务服务中心
4	自闭症青少年康复支援及职业技能辅导	深圳市宝安区爱心智慧特殊儿童康复中心
5	“环保酵素改变生活”社区环境净化项目	深圳市宝安区旭源社会工作服务中心
6	宝安区外来务工贫困家庭脑瘫孩子康复救治项目	深圳市宝安区庆春特殊儿童康复中心
7	守护天使——少女意外妊娠关爱项目	深圳市宝安区乐邦社会工作服务社
8	“渲绿”低碳环保公益宣讲项目	深圳市宝安区绿宝宝垃圾分类指导中心
9	福利机构老人白内障复明手术	深圳市宝安区社会福利中心
2016年第二届		
序号	项目名称	执行单位
1	星星童画梦·慈绘蓝天下——自闭症儿童艺术潜能开发计划	深圳市宝安区心星园训练中心
2	“耆巢添丁·乐享颐年”福永街道空巢老人居家养老社工服务	深圳市融雪盛平社工服务中心

续表

2016 年第二届		
序号	项目名称	执行单位
3	我是小画工——外来务工子女社区融合计划	南风社会工作服务社
4	欢乐空间——社区外来务工子女圆梦计划	宝安慧家
5	“点亮星灯，璀璨星空”关爱自闭症儿童	宝安区义工联合会
6	盲健同行——让视障者更好地融入主流社会	深圳市信息无障碍研究会
7	“电子保姆”——社区老人居家安全支援计划	深圳市宝安区乐邦社会工作社
8	如是·宝安区阳光妈妈拼布创业技能培训	深圳市如是布艺制作交流中心
9	让爱更完美	深圳市宝安区庆春特殊儿童康复中心
10	特别的爱给特别的你——特殊儿童家长们的驿站	永乐特殊儿童康复中心
11	“爱的供养”关爱优秀困难义工项目	深圳市宝安区义工联合会
12	生涯梦工坊（宝安站）——青年就业促进计划	深圳市生涯规划与发展协会
13	零污染——有害垃圾回收无害化处理	深圳市宝安区绿宝宝垃圾分类指导中心
2019 年第三届		
序号	项目名称	执行单位
1	爱树·宝安爱树行	深圳市爱树生态保育促进中心
2	永乐特殊儿童课堂	宝安区永乐特殊儿童康复中心
3	“护蕾行动”深圳市宝安区中小学“校园欺凌”减除计划	深圳市阳光家庭社会服务中心
4	育儿有道——3—6 岁孩子父母管教能力提升项目	深圳市宝安区尚德社会工作服务社

续表

2019 年第三届		
序号	项目名称	执行单位
5	宝安·快乐陶笛亲子乐团	深圳市福田区颂雅艺术团
6	四点半更精彩，周末“创”起来——青少年科创计划	深圳市益网社会公益文化促进中心
7	共享蓝天——宝安区戒毒学员社会帮扶计划	深圳市宝安区禁毒协会
8	“智慧保姆”社区老人居家安全支援计划	深圳市宝安区乐邦社会工作社
9	社区星火计划——宝安区社会组织骨干及居民领袖培育计划	深圳经济特区社会工作学院
10	星星童画梦·慈绘蓝天下——自闭症艺术社区支持计划	宝安区心星园训练中心
2021 年第四届		
序号	项目名称	执行单位
1	星星童画梦·慈绘蓝天下——星空守护者计划	深圳市宝安区心星园训练中心
2	守护时光留下的记忆，阿尔茨海默病早期筛查	深圳市宝安区鑫梓润养老服务中心
3	“护蕾行动”校园欺凌减除计划之社区共行动	深圳市阳光家庭综合服务中心
4	爱·会·保护自己——关爱未成年人预防性侵安全教育工具包项目	深圳市集爱社会工作服务与发展中心
5	永乐特殊儿童课堂	深圳市宝安区永乐特殊儿童康复中心
6	深圳老有才社区文化服务中心	深圳市广电公益基金会
7	共享蓝天——宝安区戒毒学员社会帮扶计划	深圳市宝安区禁毒协会
8	心明眼亮暨新安街道光明计划	深圳市星光眼健康公益服务中心
9	心智障碍者资源中心——个案管理模式支持残疾人家庭计划	深圳市自闭症研究会

续表

2021 年第四届		
序号	项目名称	执行单位
10	少年派安全阅读	深圳市益网社会公益文化促进中心
11	育儿有道，为爱成长——幼小衔接家长积极养育能力提升项目	深圳市宝安区尚德社会工作服务社

注：首届和第二届宝安区慈善会公益慈善项目大赛为一年举办一届，自 2019 年第三届开始改为两年一届。

各类慈善项目和活动是引领宝安公益慈善创新发展的风向标。区别于慈善会的传统的“单一性、封闭性、短暂性”资助模式，深圳市社会发展基金会、各街道商会开展的慈善大赛和慈善项目实现了慈善活动的创新，具体有以下三点创新。第一，资源投放创新。通过公开征集和项目竞赛的模式创新资源的投放渠道，有效、快速地遴选出潜力项目。第二，创投赋能创新。通过慈善活动和慈善项目的长期培育，对具有发展潜力的慈善项目提供持续性的资金与赋能支持。区别于一般资助模式，赋能采用持续性、动态性的项目生命周期观察，借助联合公益导师陪伴指导，研究生作为辅导员全程跟进，更突显大赛对于项目培育的先进理念和实践。第三，项目模式创新。深圳市社会公益基金会作为运营方，在拥有“中国公益慈善项目大赛”的先进实践经验基础上，在宝安的慈善比赛和慈善活动中将国家级赛事经验应用在本项目，以更好支持项目发展。

（二）通过慈善活动培育慈善力量

慈善活动是培育慈善力量的重要方式，目前官办慈善组织在组织公益慈善活动方面起了主导作用（甚至是支配作用）①。随着社会进步和慈善理念的推广，社会力量参与慈善成为慈善事业发展的重要趋势。慈善事业在中国逐渐被社会公众所接受，慈善活动培育慈善力量成为形成自觉和浓厚

① 林卡、吴昊：《官办慈善与民间慈善：中国慈善事业发展的关键问题》，载《浙江大学学报（人文社会科学版）》2012 年第 4 期，第 132—142 页。

的慈善意识的重要路径[①]。宝安区慈善会通过常态化的慈善活动，与义工联、街道商会、社工协会等机构开展合作，共同推进合力慈善向纵深发展。

发展专业志愿者团队。宝安区义工联广泛动员社会公众参与慈善志愿服务，构建形式多样、内容丰富、机制健全、覆盖全面的慈善志愿服务体系，力争到2022年实现注册志工数量3000名。在现有注册志工队伍的基础上，创新公益理念，对标国际经验，引进“专业志愿者”模式，推进辖区志愿服务向专业化发展。根据本会的业务范围、宝安区公益组织发展状况、志愿者的服务兴趣和专业能力，与区义工联合作设计专业志愿者项目，组建不同类别的专业志愿者团队，力争到2022年成立5~10支专业的志愿者队伍。

“党建+360°”服务联盟注重开放融合，呈现“四个开放”结构：面向人员开放，所有宝安人都能参加；资金开放，所有符合条件的党建项目都能参与进来；组织开放，园区、“两新”等各类党组织都能参与；阵地开放，区、街道、社区三级服务中心均面向社会开放。“党建+360°”服务联盟重视发挥引领作用，以建立党支部工作站为阵地，搭建线下服务平台和线上宣传平台，全面服务宝安区社区社会组织，用党建力量带动宝安质量。

宝安区慈善活动以公益理念支持慈善项目培育，能不断推动公益慈善事业的专业化和规范化发展，引领公益伙伴创新优质的社会服务提供方式和社会服务提供方案，满足本土社区多层次、多样化的社会服务需求，为社会组织可持续发展积累丰富的实践案例，惠及更多困难群众及有效解决社会问题，让更多社会化专业力量服务宝安社会民生，并通过项目自身的运营和成长，带动公益人才培养，为宝安区公益慈善事业丰富人才库，践行“合力慈善”，最终实现“一个人做好事到一群人做好事”的转变，培

---

① 许琳、张晖：《关于我国公民慈善意识的调查》，载《南京社会科学》2004年第5期，第89—94页。

育出慈善领域的优质社会网络资源。

（三）参与慈善研讨活动扩大影响力

宝安区各类社会组织积极参加慈善研讨活动。近年来，国内各级慈善组织获得了长足进步，其中基层慈善会作为我国慈善组织的重要组成部分，已建立了基本覆盖全国的组织网络。基层慈善组织作为最贴近民生的公益力量，如何把握时代机遇，进一步找准差距，深化管理体制机制改革，明确方向和发展路径，从而日臻完善，是当下需要专门探讨的一个问题。

社会慈善领域的众多社会组织成为开展慈善研讨活动的主体，数量众多的基层社会组织的具体实践通过学术研讨的方式加以深化。2016 年 12 月 24 日至 25 日，“基层公益慈善组织创新发展深圳宝安论坛”在深圳市宝安区政府举行。此次论坛由深圳市宝安区慈善会主办，深圳大学城市治理研究院、深圳大学社会管理创新研究所、深圳市社会公益基金会承办。来自北京大学、国家行政学院、中国人民大学、上海交通大学、同济大学、中山大学、中央民族大学、上海外国语大学、华南师范大学、重庆市委党校、深圳市社会科学院、深圳大学等研究慈善领域学者，以及来自天津市、宁波市、惠州市及深圳市各区基层慈善组织代表出席了此次论坛。

宝安区慈善事业的相关研讨以“基层慈善组织体制机制改革方向”“优化基层公益资源配置”“公益事业中的公众参与”作为主题，积极探讨基层慈善组织创新发展问题。慈善组织专题讨论圆桌会围绕未来慈善会的法人治理结果与功能定位，优化公益慈善资源配置、促进公益金保值增值、公益慈善组织实务者心得与愿景三个专题展开讨论。慈善论坛为慈善理论的理论研究者和实务工作者搭建了沟通桥梁，宝安区社会慈善事业得到高校研究者和对基层慈善组织的创新发展提出很多宝贵建议，对研究深圳乃至全国慈善事业的发展提供了很好的范例。

第四节　宝安合力慈善中的新闻媒体：爱心文化传播者

宝安合力慈善的发展需要慈善文化的支持，从而获得持续发展的动力。宝安慈善文化依托于新闻媒体进行对外传播，通过新闻媒体的宣传功能，进一步释放宝安合力慈善的活力，激发各参与主体的积极性。宝安的新闻媒体主要包括广播电视台、报纸、自媒体等平台，在发挥宣传功能的同时也对宝安合力慈善中的多元主体开展监督，促使宝安合力慈善的规范化发展。

一、新闻媒体参与合力慈善的主要做法

新闻媒体参与合力慈善的主要做法包括创新合力慈善的宣传方式、加强慈善网络平台建设、充分发挥新闻媒体宣传作用、进一步提升媒体监督的能力四个方面的内容。

（一）创新合力慈善的宣传方式

新闻媒体是参与社会慈善的重要主体，是宣传合力慈善活动、成果、文化等内容的重要载体。作为经济体系中的第三部门，非营利组织的信息披露问题备受瞩目，新闻媒体作为重要的社会监督力量，成为当前社会组织监督的重要主体之一①。但就现实来看，慈善组织与政府、捐赠人、扶贫对象、新闻媒体和第三方评估机构等主要利益相关者之间缺乏主动、持续的互动和沟通成为影响慈善事业发展的一大问题②。新闻媒体通过慈善论坛、慈善晚会、慈善沙龙等座谈、联谊形式，加强慈善组织、爱心企业

---

① 颜梦洁、李青：《政治关联与非营利组织透明度：自媒体监督的调节效应》，载《公共管理与政策评论》2021 年第 2 期，第 129—141 期。

② 丁辉侠、赵冰：《主要利益相关者对慈善组织参与扶贫的影响与合作对策》，载《河南大学学报（社会科学版）》2021 年第 2 期，第 52—58 页。

与媒体之间的沟通互动，提升企业形象，助推善款募集，扩大社会影响，调动企业的捐赠积极性。每两年定期举办“宝安慈善论坛”等大型活动，开展“慈善宣传周”活动，通过多种渠道进行宣传和引导，增加公众对慈善事业的认知，培育慈善价值观，提高全区公民的慈善意识。

新闻媒体在慈善宣传中充分运用科技手段，通过LED宣传广告栏，滚动播出各类慈善资讯。在新闻媒体与广告公司合作，开设大型户外宣传窗口，拓展宣传渠道。推动“慈善文化进校园、进企业、进社区”，将慈善教育融合到教育、工作、生活之中，提高全社会的社会责任意识。

新闻媒体通过慈善募捐晚会、慈善拍卖会、冠名基金、网络募捐、募捐箱等多种形式开展募捐活动，创新慈善募捐方式，对宝安区合力慈善中的新做法新方式进行宣传。运用多种形式，多渠道全方位开展慈善宣传。通过报纸、广播、电视、网络、海报、画册以及候车亭、立柱、车身广告等形式向社会宣传慈善，传播慈善。

新闻媒体对宝安合力慈善的宣传以宝安区慈善表彰作为重点。2017年6月举行的宝安区慈善奖表彰大会就起到了良好的宣传效果。6月30日在区委区政府会堂举行宝安区慈善奖表彰大会，激励和表彰支持宝安慈善事业的企业、机构和个人，共评选出欧阳泉、曾少强等慈善捐赠个人奖20名；鸿荣源置业集团（深圳）有限公司、深圳市宏发投资集团有限公司等慈善捐赠企业奖20名；深圳市宝安区义工联合会、深圳市宝安区茶文化研究会等慈善典范机构10名、深圳市宝安区总商会、卢暖培等慈善推动奖20名，树立慈善典型。大会盛况得到深圳新闻网、《宝安日报》等多家媒体报道，在深圳营造出全民慈善的良好氛围，更好地推动宝安慈善事业发展。

（二）加强慈善网络平台建设

声誉是慈善组织的核心资本之一①。慈善网络平台建设有利于进一步扩大声誉良好的慈善组织的影响力，通过平台建设聚集更多的社会慈善资

① 党生翠：《慈善组织的声誉受损与重建研究》，载《中国行政管理》2019年第11期，第111—117页。

源。宝安区新闻媒体充分发挥网络传媒信息量大、覆盖面广、辐射速度快、受众人群多的特有优势，开发网络视频功能，全景展示慈善活动开展情况，第一时间播发慈善资讯、慈善要闻、慈善动态，及时准确发布善款募集、管理、使用情况，使社会各界快捷、全面、清晰地浏览、掌握各种慈善信息，潜移默化地受到慈善文化渲染。

以“宝安区慈善奖”评选工作为契机，宝安区慈善事业充分联动新闻媒体，对促进慈善发展作出较大贡献的慈善人物、慈善组织、慈善项目进行大力宣传表彰。完善慈善捐助和志愿服务考评制度，推进慈善捐赠信息纳入全区社会征信系统，推进辖区内企业与个人捐赠税收减免政策的落实。宝安区新闻媒体强化慈善网络宣传。为了更有效地自主宣传，宝安区慈善会还开设微信公众号，及时准确地发布善款募集、管理、使用情况，报道宝安慈善工作动态，征集发展宝安慈善事业的意见，充分发挥网络传媒的特有优势。

（三）充分发挥新闻媒体宣传作用

宝安区社会慈善事业重视发挥新闻媒体宣传的主渠道作用。宝安慈善会、宝安义工联等机构积极与广播、电视、报纸等新闻媒体合办节目、共同举办活动，开辟专题栏目。宝安区慈善会与宝安日报社合作创办《慈善周刊》和《善源》杂志，宣传慈善政策法规、爱心企业个人、慈善救助项目、慈善理论研究成果，公布慈善募捐动态、善款收支情况、社会救助效果，使社会各界了解慈善政策，认知救助项目，熟悉救助程序，明晰善款使用情况，建设现代慈善、阳光慈善、透明慈善，在全社会营造“人人皆可慈善、人人皆能慈善”的氛围。

在抗击新冠肺炎疫情期间，宝安区融媒体中心与宝安区慈善会合作举办 2020 年度疫情防控知识宣传项目，正面宣传疫情防控的宣传教育和舆论引导，应对可能暴发的秋冬疫情。在疫情期间，区慈善会在救助、“一十百千万”等募捐活动中，开展系列慈善宣传，善用互联网思维，充分发挥网络新媒体作用。

新闻媒体的宣传作用还体现在对宝安典型慈善活动的宣传。通过新闻媒体对救助项目的制定过程、项目内容和申请程序进行宣传。举行了慈善资助金启动仪式，印发了救助办法宣传册，每年都举办街道和社区慈善业务培训班等，收到了良好的宣传效果。

（四）进一步提升媒体监督的能力

随着 Web 2.0 时代的到来，新媒体成为慈善监督的重要方式，推动慈善组织和慈善项目透明化，提高监督效率，促使政府及时修订和出台慈善事业法规政策①。宝安区慈善会联合宝安区媒体，在官方网站公布慈善金收支信息，通过微信公众号平台、慈善会网站、报纸等媒介，公开每一笔慈善金收支情况，接受社会监督。宝安区新闻媒体及时报道慈善公益项目评审会等慈善项目的运作情况，在宝安区内媒体和区慈善会网站上对通过评审的项目进行公示。宝安区新闻媒体配合宝安区慈善会做好慈善金年度审计制度，每年都将审计报告和救助对象名单在《宝安日报》和宝安区慈善会网站上公开，接受社会的监督，提高了慈善会的社会公信力。

除了借助权威媒体，自有媒体平台也是宝安区慈善会重要的信息公开渠道。慈善会网站和微信公众号定期公布爱心捐助个人及企业名单，将慈善金的每一笔收支向全社会公布，接受社会监督。宝安区慈善会还在全市区级慈善会中率先实施第三方审计，对每一年度慈善金收支情况进行审计，并通过网站、微信公众号等新媒体方式进行公开。

二、宝安新闻媒体推进合力慈善的主要经验：打好宣传“组合拳”

新闻媒体在推进合力慈善建设、营造慈善氛围方面摸索出一系列做法，有效推动了社会慈善的快速发展。经过多年的调整与创新，新闻媒体在推进合力慈善中形成了一定的模式与经验，并通过制度建设固定新闻媒体推进合力慈善的现有成果，进一步提升新闻媒体推进合力慈善的有效性。总体来看，宝安区新闻媒体推进合力慈善的经验主要包括通过系列报道打造合力慈善专题版块和形成联动线上线下资源的慈善平台。

---

① 陈为雷、毕宪顺：《Web2.0 时代新媒体慈善监督刍议》，载《理论学刊》2015 年第 6 期，第 85—91 页。

（一）系列报道打好合力慈善宣传“组合拳”

新闻媒体通过专题报道、口号征集、典型表彰和大事记编制的“组合拳”方式，大力宣传宝安区合力慈善工作，在纸质媒体和网络媒体打造合力慈善专题版块，丰富宝安合力慈善的内涵，吸引更多市民关心慈善、追求慈善、参与慈善。专题报道方面，《宝安日报》推出“公益慈善”专栏，生动描绘了宝安区的慈善人物、慈善获奖、慈善故事等合力慈善多个层面的具体内容，让宝安合力慈善更加深入人心。

典型表彰方面，宝安区媒体注重宣传和树立慈善典型，对林乐文、郑焯辉、翁锐贵、苏洪根、黄尔春等慈善人物进行了专题报道。积极推荐区内优秀慈善人物参加“中华慈善奖”“南粤慈善奖”和“鹏城慈善奖”等各级慈善评选表彰活动，树立了一批慈善典型。同时注重平民慈善的宣传，宣传了“拾荒老人”周汉青、陈锦花等平民慈善的先进典型。

2017 年编印宝安区慈善会 10 周年大事记，评选成立 10 周年 10 件有影响力的大事（见表 4.2）。将成立 10 年来宝安区慈善会两届理事会的工作进行了梳理，图文并茂地留存了珍贵的历史资料，为慈善会的传承与发展奠定了良好基础。经过专家委员会研究，评选出成立深圳市首个区级慈善会、慈善救助办法正式启动等 10 件有影响力的大事，通过媒体发布，号召宝安市民进一步关心慈善、追求慈善、参与慈善。

表 4.2　宝安区慈善会 10 周年 10 件有影响力大事

成立深圳市首个区级慈善会
慈善救助办法正式启动
举行“5·12”汶川特大地震募捐
启用宝安区慈善会会标，发布慈善动漫、会歌和慈善娃
颁发首届宝安区慈善奖
开展慈善文化进校园活动
出台慈善会首个五年规划
举办首届优秀公益慈善项目选拔赛
打造“合力慈善”
举办“基层公益慈善组织创新发展深圳宝安论坛”

（二）形成联动线上线下资源的慈善平台

新闻媒体在合力慈善中的持续参与进一步释放了新闻媒体的活力与积极性，形成联动线上线下资源的慈善平台。募捐是社会慈善的重要工作，宝安区新闻媒体积极发挥中介作用，联动多方资源，为宝安合力慈善提供了新的募捐渠道。宝安区民政局、区慈善会与区内多家新闻媒体共同建立互联网资金募集平台，通过微博、微信等社交娱乐工具，建立“微慈善”资金募集平台，并及时公开资金募集及使用情况。在宝安电视台设立慈善募捐和救助热线，为有捐赠意愿或救助需求的对象提供咨询服务和指引。

线上捐赠平台、咨询热线和线下的募捐箱等共同构成了宝安合力慈善事业的捐赠体系，为宝安慈善事业的发展提供了强大支持。定期向全社会公开慈善金收支情况。通过微信公众号平台、区慈善会网站、报纸等媒介，公开每一笔慈善金收支情况，接受社会共同监督。

第五节　宝安合力慈善中的个体参与：自发助力行动者

个体慈善是宝安合力慈善的群众基础，个人参与成为宝安合力慈善可持续发展的条件要素，通过个体慈善进一步拓展慈善事业的发展空间。

一、个体慈善的概念及特征

个体慈善是推动宝安合力慈善的一大主体，通过公众每一个个体的力量汇聚爱心，共同推动合力慈善的深度发展。个体慈善的概念核心在于个人捐赠。个体慈善具有依托于其他载体、个体慈善与其他慈善形式有机结合、重视个体慈善体验三个方面的特征。

（一）个体慈善的概念

个体慈善的核心是个人捐赠，是指个人为推动公共福祉，主动参与慈善活动，通过慈善捐赠、志愿服务等方式投身慈善事业。个人捐赠坚持由捐赠人在完全自愿的基础上自主实施捐赠行为，自行决定捐赠的规模、方式和用途。个人捐赠尊重捐赠人意愿，未经捐赠人同意，不擅自改变捐赠款物的用途。在捐赠过程中坚持无偿捐赠，捐赠双方不以捐赠为名进行利益交换。随着互联网的快速发展，捐赠型众筹的社交属性吸引了广泛的爱心人士参与捐赠，为中国慈善事业带来新的发展契机①。个人捐赠应当尊重受助人的合法权益和真实意愿，坚持在人格平等的基础上提供帮助。坚持公开透明，定期向捐赠人及社会公布捐赠款物使用情况等信息，积极接受各方监督。宝安区合力慈善工作尝试推进个人冠名基金的创新与实施，并鼓励以家庭为单位参与创设冠名基金。

（二）个体慈善的特征

1. 个体慈善依托于其他载体

宝安区的个体慈善工作鼓励个人捐赠，重视个人捐赠在社会捐赠体系中的作用，并依托于宝安区合力慈善中的现有载体，进一步扩大个体慈善的影响范围。在前期工作成绩和经验的基础上，以需求为导向，不断丰富捐助载体和方式。通过开展“慈善晚会”、“与爱同行”慈善微跑、“广东扶贫济困日”等大型募捐活动，宝安区慈善会为公众参与慈善活动搭建舞台。同时，日常的慈善参与渠道包括募捐箱及募捐网点，到2022年募捐箱及募捐网点数将扩展至200个。此外，研究、探索知识产权捐赠、技术捐赠、股权捐赠、有价证券捐赠、不动产捐赠、遗产捐赠等新型捐赠方式。

借助募捐平台发挥个人捐赠的优势，大力发展网络慈善，推进数字慈善建设。继续完善区慈善会以互联网和微信公众号为载体的慈善事业网络平台，进一步拓展线上善款募捐平台和业务，通过微信、微博、论坛、慈善募捐和救助热线等新媒体途径，及时发布辖区内遭遇突发事件的家庭或个人信息，开展临时募捐；及时公开慈善项目运行过程、善款管理和使用信息等。

2. 个体慈善与其他慈善形式有机结合

宝安区合力慈善中的个体慈善与企业慈善实现有机结合，在推进企业

① 王正位、王新程：《信任与捐赠：社会网络在捐赠型众筹中的认证作用》，载《管理世界》2021年第3期，第34—50+4—7页。

捐赠工作有序开展的过程中积极加快鼓励个人捐赠。与超市、商场等机构合作，设立募捐箱。在“广东扶贫济困日”活动期间，将慈善宣传、项目推介与“广东扶贫济困日”活动结合，联合区内外媒体，每年举办一次大型的慈善募捐或拍卖晚会，每两年开展一次慈善人物评比颁奖活动，通过树立典型，鼓励企业和个人积极参与慈善。

宝安区合力慈善通过开展大型募捐活动、举办慈善拍卖活动、举办慈善微跑项目等方式筹集个人捐赠的善款，积极参加“广东扶贫济困日”募捐活动，并通过“互联网+慈善”的新方式开拓线上捐赠业务，进一步扩大慈善捐赠的资金数额，实现慈善捐赠总量的持续增长。由区慈善会开展主题为“慈心暖人间·善举行宝安”大型募捐活动，发动社会各界募集善款。募捐活动得到社会各界的大力支持，宝安日报社和宝安电视台积极宣传报道民间慈善的热情被充分激活，各街道、各街道商会积极发动，区内企业、社区、单位纷纷慷慨解囊，募捐活动壮大了宝安区社会慈善的影响范围，推广了宝安区“人人皆能慈善”的理念。

3. 重视个体慈善体验

宝安合力慈善非常重视个人捐赠者的慈善活动体验，对个体捐赠等慈善行为设计了一整套服务流程。宝安区慈善会可根据捐赠人的意愿开设捐赠专户，由捐赠人和宝安区慈善会商定救助人群，在宝安区慈善会设立专项基金。

宝安区合力慈善重视发挥捐赠人在慈善捐赠中的参与体验和监督作用。吸纳捐赠人参与管理监督，继续强化媒体监督，在主流媒体、广告屏公开慈善会运作信息，对区内基金会的工作进行监督，并及时反馈公众的意见和建议。

通过对个体捐赠的深度服务积极拓展会员，打造灵活高效的慈善资源动员体系，建设结构分明的会员体系。提倡“市民慈善”，积极吸引辖区内市民成为本会的个人会员，到2021年，个人会员数达到150人以上。

开创“互联网+”慈善捐赠模式募集善款。2015年新开通的宝安区慈善会微信公众号，拓展线上捐赠业务，为广大市民提供最便捷的捐款服务。在邮政储蓄银行窗口新增 150 个慈善募捐箱，善款用于“爱心书包”项目。

二、宝安个体慈善的主要方式：捐赠与亲身参与并行

经济社会的快速发展使得个体慈善超越了传统的捐钱慈善，服务慈善等新的慈善行为方式日渐兴起。宝安区个体慈善的主要方式包括通过线下现金捐赠、网络捐赠、创办个人基金会、认领慈善项目四种方式。

（一）线下现金捐赠

依托于募捐箱这一载体。《宝安区慈善捐赠箱管理暂行办法》规定，捐赠箱由宝安区慈善会统一制作并免费发放。捐赠箱由设箱单位到宝安区慈善会申领，区慈善会统一安装并备案，设箱单位负责日常管理。其他组织、单位、部门和个人不得在公共场所自行以宝安区慈善会的名义设立慈善捐款箱。宝安区慈善会和设箱单位定期开启慈善捐赠箱，清点后双方当事人签名确认。捐赠箱内的善款属设箱单位的捐赠款，统一汇入宝安区慈善会账户。宝安区慈善会开具广东省接受社会捐赠专用收据。

宝安区积极探索定点募捐。在婚姻登记处、各街道社区、中心区大型商场、中国银行各网点、邮政储蓄银行宝安支行、恒丰海悦酒店等地放置了 34 个慈善募捐箱，募捐箱的善款将全部用于资助自闭症儿童。慈善募捐箱的设置让捐款更加便捷，让慈善融入日常生活，让更多市民参与慈善。随着慈善理念不断深入人心，宝安慈善氛围日趋浓厚，为适应募捐的快速增长需要，宝安区在全区内增加募捐箱的设置点。在区内大型企业、工厂、工业区等单位增设募捐箱，募集专项善款，开展定向捐赠，做好日常慈善救助工作，举行“一十百千万”募捐活动。

（二）网络捐赠

网络慈善众筹是从在线社区获得财力捐助的行为①。网络慈善是激发社会公众捐赠热情、鼓励其参与慈善事业的重要方式和手段。网络慈善依

---

① 朱灏、尹可丽、杨李慧子：《面部表情与捐赠者——受益者关系对网络慈善众筹捐赠行为的影响》，载《心理与行为研究》2020 年第 4 期，第 570—576 页。

托于互联网技术，由于互联网特质与民办慈善具有高度的契合性，因而网络慈善是当下中国社会慈善的重要形式①。网络慈善扩大了慈善事业的影响范围，提升了慈善捐赠的广度和有效性。

宝安区开通微信公众平台加快全区网络捐赠工作的开展。内容涵盖慈善捐助、活动资讯、会长善言等栏目，推送便捷、更新及时，彰显了互联网时代慈善工作新思路。区慈善会微信公众号平台还拓展了移动终端捐款、捐助等“微慈善”服务，做好服务群众“最后一公里”，自开通以来共4.6万多人关注，让广大市民切身感受到互联网时代慈善事业的新发展。

（三）创办个人基金会

个人基金会以某一位发起人或创办人为核心，组建专业化的管理团队，成立基金会。随着经济社会的快速发展，具有一定经济实力和慈善精神的个人愿意通过创办个人基金会的方式推动个体慈善向组织化慈善发展。宝安区具有代表性的个人基金会是深圳市曾少强慈善基金会。该基金会由广东省政协常委、深圳市政协常委、中国光彩事业促进会常务理事、深圳市工商联副主席、深圳翰宇药业股份有限公司副董事长、翰宇控股有限公司董事长曾少强先生捐资创办。曾少强先生热心公益事业，积极履行社会责任，长期在宝安区开展扶贫济困、捐资助学活动，在香港中文大学（深圳）等院校设立奖学金。先后获得“慈善企业奖”“广东省第三届优秀中国特色社会主义事业建设者”“广东省光彩事业奖”“鹏城慈善奖捐赠个人金奖”等荣誉。

（四）认领慈善项目

个人通过认领慈善项目的方式深度参与宝安的慈善项目之中。在宝安区公益慈善项目大赛举办的过程中，宝安区慈善会积极鼓励个人认领慈善项目，进一步提升慈善项目的影响力。2016年，刘焕德先生在宝安区慈善会第二届公益慈善项目大赛中认领“爱的供养”关爱优秀困难义工项目，设立了刘焕德慈善专项资金。苏洪根先生在宝安区慈善会第二届公益慈善

① 刘秀秀：《动员与参与：网络慈善的捐赠机制研究》，载《福建论坛（人文社会科学版）》2014年第1期，第187—192页。

项目大赛中认领了“耆巢添丁·乐享颐年”福永街道空巢老人居家养老社工服务项目，设立了邦深电子（深圳）有限公司慈善专项资金。卢暖培先生在宝安区慈善会第二届公益慈善项目大赛中认领了“零污染——有害垃圾回收无害化处理”项目，设立了卢暖培慈善专项资金。林启中先生在宝安区慈善会第二届公益慈善项目大赛中认领了“点亮星灯·璀璨星空”关爱自闭症儿童项目，成立了深圳市雍啟实业有限公司慈善专项资金。

（五）开展慈善活动

个体层面的慈善活动是公众参与慈善事业的重要方式。个体通过参与慈善活动，传播慈善文化，从而为弘扬慈善理念提供了有力支持。即使并非富裕群体，也可以在慈善领域有所贡献。以宝安区福永街道民工街舞团为例，该组织团体通过街舞活动传播慈善思想，弘扬慈善精神。周生财是福永杂技团的工作人员，业余时间到福永街道办对面的万福广场练习街舞。2007 年，周生财和同伴参加了福永街道举办的外来工舞蹈大赛，获得特等奖。赛后，周生财和同伴决定组建一支街舞队，由他担任队长，还给街舞队起了个英文名 HPG。宝安区福永街道民工街舞团参加 2011 年春节联欢晚会的表演，周生财和 21 位农民工表演了《咱们工人有力量》的街舞，技惊四座，轰动全场。宝安区福永街道民工街舞团通过文艺表演的方式宣传了宝安文化，呼吁政府部门关注民间文艺团体的生存状况，加大政策扶持力度，对其中优秀人员争取解决户口、医保、社保等实际问题。

本章小结

社会慈善是宝安合力慈善持续发展的不竭动力，社会慈善是合力慈善走向科学化、规范化、民主化、多元化的积极力量，为合力慈善向纵深发展提供坚实基础。本章介绍了社会慈善的一般原理，分别从志愿组织、社会组织、新闻媒体和个体描绘了宝安合力慈善这一框架中社会慈善的主体要素。社会慈善是政府慈善和企业慈善的有效补充，对前两者未能覆盖或供给效率不高的领域进行补位。社会慈善中志愿服务成为链接专业服务组织与具有利他情怀的志愿者之间的重要纽带，志愿服务充分彰显了宝安的志愿文化和城市精神。社会组织成为社会慈善的重要载体，社会组织在社区充分发挥集聚资源、运作项目、培育队伍等功能，社会组织成为保持社会慈善活力的关键主体。新闻媒体参与合力慈善有利于充分发挥信息媒介的扩散作用，进一步弘扬慈善精神、传承慈善文化，扩大合力慈善的社会影响力。个体参与慈善事业是发挥慈善动员作用的重要表现，个人作为捐赠人或志愿者主动参与合力慈善，成为合力慈善和社会慈善持续发展的关键主体。社会慈善作为宝安合力慈善的重要内容，与政府慈善和企业慈善共同推进宝安合力慈善的蓬勃发展。

第五章　三圈合作互动：宝安合力慈善的模式总结

宝安合力慈善是政府、企业以及社会组织等各种主体共同参与慈善事业，形成慈善事业发展合力，推动慈善事业向纵深发展的过程。在第一章，本书已将此模式总结为三圈合作互动。如果将慈善事业比作社会领域的输血渠道，那么宝安合力慈善就是打通了一条独具特色的一体化供血通路。在这条路径中，政府作为协调引导者，厘定出以“造血”代替“输血”的慈善理念，并通过理顺制度环境予以贯彻；企业作为掌握足量慈善资源的主体，是造血的基础，保障“血液”供给源源不断；而社会组织、媒体和公众个人则作为一个个的“红细胞”，将养分输送到需要的地方，完成供血的最后步骤。

2017 年 10 月，党的十九大报告提出了“打造共建共治共享的社会治理格局”的重要内容，在党的理念引导下，宝安区积极探索慈善新模式、激发慈善新动力。伴随着经济发展和社会进步，宝安区慈善事业发展过程中多元主体合力参与的趋势逐渐明显。本章首先介绍宝安合力慈善过程中政府、企业以及社会合力的交汇点——宝安区慈善会，解析其在促成与凝聚合力过程中的角色。其次，本章用案例分析合力慈善过程中政府与企业、政府与社会以及各主体的互动形态，寻求合力慈善多主体互动的微观解释。最后，本章探析宝安合力慈善发展模式的特点以及经验，体现宝安合力慈善的标杆和样本，提升宝安区慈善事业发展水平和能力。

第一节　合力慈善中的枢纽平台：宝安区慈善会

宝安区慈善会是宝安合力慈善建设模式的枢纽和平台，在联结多方主体、促进形成慈善合力等方面发挥了重要的作用。宝安区慈善会的发展历程充分彰显了宝安区委区政府对发展慈善事业的高度关注，同时宝安区慈善会在运作过程中得到了企业、社会组织等多方主体的鼎力支持。宝安区慈善会发挥枢纽平台的角色，成为联结政府、企业、社会组织的重要主体。

一、宝安区慈善会的发展历程

宝安区慈善会是宝安合力慈善工作推进的重要主体。区慈善会长期参与慈善事业建设，在政策建言、慈善项目设计、慈善组织支持、慈善活动策划等方面成果颇丰，是宝合力慈善的重要主体。

（一）宝安区慈善会的总体情况

宝安区慈善会是深圳市首家区级慈善会，区慈善会致力打造“透明慈善”“阳光慈善”的慈善事业发展模式。慈善金实行封闭式管理，慈善金使用项目化运作，从而推动慈善金的科学化运用。创新的制度设计保证了慈善金的规范运作，提高了公信力。区慈善会实行会长办公会向常务理事会报告工作制度，聘请法律顾问，坚持依法办慈善。区慈善会主动公布慈善金年度审计报告，接受社会和媒体的监督。宝安区慈善会积极发掘社会慈善资源，筹集善款，不断增强慈善会的实力。区慈善会加快转型发展，在提高募捐能力、提升慈善救助力度、弘扬慈善文化、加强队伍建设和规范管理等方面取得了重要成绩和宝贵经验，将其内化为区慈善会的核心价值。

（二）宝安区慈善会开展慈善工作的主要特征

宝安区慈善会为全区慈善事业的长足发展、为宝安民生保障和经济社会的健康协调发展作出了积极贡献。

第一，创新募捐方式，多形式多渠道地开展募捐活动。宝安区慈善会自成立以来，共募集资金 7.96 亿多元。区慈善会设置自闭症儿童专项救助项目，共募集善款 12 万多元；探索成立了 25 个冠名基金，募集善款 3652 万多元；推行社会化大型募捐活动，共募得善款 2889 万多元；举办慈善拍卖活动，共募集善款 737 万多元；举办慈善微跑活动，共募集善款近 100 万元；积极开展“广东扶贫济困日”募捐活动，共募集资金近 2.27 亿元，连续 5 年居全市第一；开创了“互联网+”慈善捐赠模式，拓展线上捐款业务。

第二，创新救助模式，不断完善慈善救助项目。截至目前，区慈善会共发放赈灾款和救助金 6.4 亿多元，救助区内困难群众 1400 多人次。其中，救助病种由原来的 12 种扩大到 16 种，救助门槛从月收入低于 3200 元调整为 4260 元；对户籍困难居民的最高救助金额由原来的每人每年累计资助 4 万元提高为 6 万元。在全市区级慈善会中首创公益慈善项目大赛，共计资助项目 54 个，资助金额共计 1334.96 万多元，惠及服务对象 200 多万人次。率先实施专项精准资助项目，已有 14 名先天性心脏病患儿得到资助和有效治疗。在全市创新出台了困难群众个案救助暂行办法，扩大了受助群体范围，同时提高驻地困难官兵救助标准。

第三，丰富文化内涵，吸引更多市民关心慈善、追求慈善、参与慈善。在全市率先探索推进“慈善文化进校园”工程，编写了《我和慈善一起成长》小学生慈善读本，实现了慈善文化全区公民办小学全覆盖；在《宝安日报》共推出“公益慈善”236 期慈善专栏；举办了慈善之语全国征集评选活动，吸引了来自全国 10 多个省份热心人士的广泛参与，共收到来自全国各地的慈善之语 1400 多条，评选产生了“十大宝安慈善之语”；举办了三届“慈善宣传周”，在各街道、宝安各 U 站、各社区宣传发放区慈善会救助办法 7000 多册，在宝安电视台、6 条线路 12 台公交车上宣传“十大慈善之语”，开展了 17 场义工表演进社区活动；开展“我的善缘”慈善征文活动，共收到 200 多篇来稿；于 2014 年创办《善源》杂志，每季度出版一期；升级区慈善会网站，开通微信公众平台，已经吸引了 4.6 万多人关注；创作并推广了慈善会会歌《爱是唯一》，制作了慈善动漫宣传片《大家一起做慈善》，推出“慈善娃”爱心玩具，由区慈善会授权爱心企业生产销售，所得利润的50%捐赠给区慈善会用于慈善事业；制作了慈善会成立10周年专题宣传片，出版发行了15万字的《基层慈善改革创新实践——宝安区慈善会十年探索》一书，举办了区慈善会成立10周年回顾展，并与深圳大学联袂举办了“基层公益慈善机构创新发展深圳宝安论坛”，吸引了来自北京大学、中国人民大学等11所高校相关学者以及市内外的基层公益组织代表100多人共同参与；在航城和沙井街道建设慈善地标，2022年实现“一街道一地标”；建设“星星童画梦慈善关爱空间”和“1+4”眼健康关爱空间。

第四，完善制度规范，提升慈善公信力。修改与完善了《深圳市宝安区慈善会章程》。制定《宝安区慈善会定向捐赠管理暂行办法》《宝安区慈善会慈善公益项目管理暂行办法》《宝安区慈善会志工管理办法》《宝安区慈善会冠名基金管理办法》等制度，做到“一活动一制度、一项目一制度”，加强监督（主要工作文件见表5.1）。进一步完善了“慈善会—街道—社区”三级审批制度，实行定期向监事会报告财务工作制度，坚持审计制度并在全市各区级慈善会中率先建立了第三方审计制度，坚持定期在宝安区慈善会网站公布慈善金的每一笔收支，使慈善会的工作更加科学规范、公信力日益提升。

表5.1　宝安区慈善会促进慈善事业发展而制定的一系列主要工作文件

《宝安区慈善会章程》
《宝安区慈善会发展规划》
《宝安区慈善会志工管理办法》
《宝安区慈善会冠名基金管理办法》
《宝安区慈善会定向捐赠管理暂行办法》
《宝安区慈善会慈善捐赠箱管理暂行办法》
《宝安区慈善会慈善公益项目管理暂行办法》
《宝安区慈善会关于困难群众个案救助暂行办法》
《宝安区慈善会关于资助驻地困难官兵暂行办法》
《宝安区慈善会关于资助劳务工重大疾病医疗暂行办法》
《宝安区慈善会关于自然灾害和突发性重大事故救助暂行办法》
《宝安区慈善会关于资助宝安户籍困难居民重大疾病医疗暂行办法》

第五，强化自身建设，增强了凝聚力和向心力。坚持开展走访和座谈活动，加强与名誉会长、理事、会员的沟通协调。创新学习制度，坚持会长办公会专题学习，赴先进地区公益慈善组织学习，加强业务培训，共开展了7场慈善与爱心专题讲座、16场慈善救助业务培训，不断增强慈善队伍专业化能力。在全市各区中率先成立了慈善志愿工作者队伍，吸纳志工2000余人，参与慈善活动2300多人次。

第六，整合慈善资源，打造合力慈善，构建了大慈善工作的格局。区慈善会已拥有会员数量144个，并且已经与区义工联、新安街道办、松岗街道办、各街道商会、区五类百强企业联合会、宝安日报社、区融媒体中心签订了《推进公益慈善事业发展合作框架协议》，形成了优势互补的工作格局；开展两年一次的慈善评选工作，召开了宝安区慈善奖表彰大会，共评选出慈善捐赠个人奖和企业奖各20名、慈善典范机构10家、慈善推动奖20名，树立慈善典型，营造了全民慈善的良好氛围。

二、宝安区慈善会在合力慈善中的角色

在三圈合作互动框架中，区慈善会处于三圈交汇的核心地带，是联结多元主体的平台单位，通过与区内其他主体达成合作共识，拟订行动方案，实现慈善事业发展的协同共进。具体来看，区慈善会通过冠名基金、慈善项目大赛等方式进一步提升宝安合力慈善工作的深度和广度。

（一）促成多元主体战略合作

从合力慈善的主体间关系来看，合力慈善依托传统互助逻辑根基，以各类互助组织为本体，通过联合社工机构、企业等多元力量，政府、社会、市场等多方资源，结合现代市场经济中的市场规则、法律契约等外生信用手段，公益、慈善、合作等理念，互联网、物联网等先进技术，将其规范化、制度化，以满足人民低成本生产、供销和生活的需要①。宝安区慈善会在推进合力慈善的过程中重视吸收其他社会主体和社会力量的参

① 刘妮娜：《中国特色互助社会：历史溯源与现代建构》，载《北京社会科学》2021年第5期，第103—115页。

与。宝安区慈善会与宝安区五类百强企业联合会签订战略合作协议，分别与宝安区义工联合会、宝安区各街道商会、宝安日报社以及宝安区融媒体中心签订《推进公益慈善事业发展合作框架协议》，以促进慈善募捐。与宝安区签订协议的各方将发挥自身业务优势与慈善会合作，共同开展慈善筹款活动。

基于宝安区义工联与宝安区慈善会签订的公益慈善事业发展合作框架协议，宝安区义工联合会与区慈善会联合区内爱心机构或企业，共同组织开展各类特色公益筹款活动；开展以“一十百千万”为主题的大型募捐活动，发挥U站阵地作用，发动市民参与慈善捐款，形成“人人讲慈善、人人皆慈善”的良好氛围。开展募捐箱日常管理工作。区义工联派义工协助对区慈善会设置在区婚姻登记处、中心区商场、酒店等处的慈善募捐箱进行管理，每季度开箱清点善款存入区慈善会账户。

公益慈善传播工具创新效应明显，对普及公益慈善知识、扩大公益慈善影响以及弘扬公益慈善文化等都产生了积极推动作用[①]。截至2021年5月23日，宝安区共有新安、西乡、航城、福永、福海、沙井、新桥、松岗、燕罗、石岩等10个街道建立街道商会[②]。宝安区街道商会在搭建慈善公益平台，引导会员履行责任，促进区域慈善事业发展中作出了贡献。宝安区街道商会与区慈善会积极合作，响应慈善会号召，在宝安区扶贫帮困、灾害救济中发挥重要作用，区慈善会与街道商会将共同合作发动成立专项资金并大力发展冠名基金，街道商会将号召会员企业促进善款筹集。依据《深圳市宝安区慈善会定向捐赠管理暂行办法》，双方还将共同开展定向捐赠工作，区慈善会为捐赠单位或个人开具广东省公益事业捐赠专用收据，以受赠方的身份按照捐赠方的意愿，直接将捐赠款拨付捐赠方指定的资助对象，并负责监督落实捐赠款的使用。

宝安日报社与宝安区融媒体中心是宝安区内两家主要媒体，分别运营

---

① 赵文聘、周荣：《公益慈善传播工具创新中的理性冲突与弥合》，载《理论探索》2021年第4期，第78—83页。

② https：//datasearch. chinanpo. gov. cn/gsxt/newList. 最后访问时间：2021年12月30日。

有深圳宝安广播电视台以及《宝安日报》等媒体平台。宝安区慈善会与宝安区融媒体中心共同探索创办慈善专题，制作宣传短片，固定时段播出《大家一起做慈善》公益短片；与宝安日报社合作运营慈善会微信公众号、《慈善周刊》和《善源》杂志。宝安区慈善会充分发挥媒体的宣传作用，广泛宣传，动员社会各界参与各类特色公益筹款活动，不断壮大宝安区慈善会慈善金实力，帮助更多需要帮助的困难群众，形成“人人讲慈善、人人做慈善”的良好氛围。

（二）冠名基金集聚社会力量

冠名基金是宝安区慈善会吸收爱心人士捐赠、鼓励社会参与、推进合力慈善工作的重要方式。冠名基金具有私益和公益双重属性[①]，因此确立慈善冠名捐赠适用机制成为冠名基金在宝安运作的首要问题。根据《深圳市宝安区慈善会冠名基金管理暂行办法》，冠名慈善基金是指由捐赠方在本会设立的以捐赠单位或捐赠人的称谓和慈善公益项目名称命名的基金。凡热心于慈善事业、自愿向本会捐赠善款的单位、个人（或家庭），均可在本会设立冠名慈善基金。

《深圳市宝安区慈善会专项资金管理暂行办法》对宝安区慈善会在冠名基金之外同时设立的专项资金定义进行了明确：“慈善专项资金是指由捐赠方在本会设立的以捐赠单位或捐赠人的称谓或公益慈善项目名称命名的资金。凡热心于慈善事业、自愿向本会捐赠善款的单位、个人（家庭），均可在本会设立慈善专项资金。”宝安区慈善会所设立的专项资金的设立和使用与冠名基金类似，但在设立的金额标准、资金使用和注销管理等方面有所区别。

冠名基金、专项资金受到政策重视，并被纳入政策目标。冠名基金的“捐赠-冠名”形式是筹资方式多元化的重要实现方式，进一步形成公开透

① 李喜燕：《美国慈善冠名捐赠纠纷解决机制及其启示》，载《法商研究》2018 年第 3 期，第 181—192 页。

明的“捐赠-冠名”管理体系[①]。宝安区慈善会于2018年11月和2019年6月分别实施《深圳市宝安区慈善会冠名基金管理暂行办法》和《深圳市宝安区慈善会专项资金管理暂行办法》，以规范和鼓励各企事业单位、行业协会等主体参与开展慈善捐赠活动。按照区委区政府要求，2020年宝安慈善会大力发展冠名基金和专项资金，广泛宣传动员爱心企业和社会人士设立冠名基金和专项资金，并为冠名基金和专项资金设定救助项目，有针对性地发挥其救助实施的精准性。

（三）项目大赛活动实现慈善创新

与其他主体合作举办慈善主题的大赛活动是区慈善会推进合力慈善的又一重要方式。宝安区慈善会公益慈善项目大赛由深圳市宝安区慈善会、宝安日报社、宝安区融媒体中心主办，深圳市社会公益基金会承办，自2015年以来已成功连续举办了5届。2021年12月，第五届大赛获资助项目已成功签约。大赛自2015年开展首届，第一、二届为一年制项目执行期，从第三届开始为两年期。大赛成功遴选和资助了一批优质公益慈善项目，在宝安区社会民生方面做出多方面的成绩，为宝安区公益慈善、公益创投奠定了良好的基础。宝安区慈善会公益慈善项目大赛作为以“公益创投”为理念的赋能资助计划，旨在通过遴选和培育本土优质创新公益项目，创新优质的社会服务提供方式，满足本土社区多层次、多样化的社会服务需求，并通过培育优质创新公益项目，推动本土公益生态的发展，是慈善会系统探索本土化社会问题解决方案的有效尝试。大赛目前已培育了“星星童话梦·慈绘蓝天下”——自闭症儿童艺术支持项目、“护蕾行动——校园欺凌减除计划”等品牌项目，资助项目领域涵盖特殊群体关爱、融合教育、青少年眼健康、安全教育、儿童性教育、校园欺凌、老年人支持、家庭教育、亲子关系、环境保护等，在深圳市范围内已打造出独特的项目资助模式和品牌，并形成了一定的专业影响力和社会影响力。

---

① 张会杰、徐钧：《如何评价大学“捐赠-冠名”的筹资模式——基于清华“真维斯楼”舆论话题的评析》，载《现代大学教育》2012年第1期，第24—29页。

大赛是夯实宝安公益事业基础设施建设的推动器。慈善会作为社会资源的聚集地，如何更有效、更优质地进行资源配置是重要的内容。本项目基于慈善会资金基础，鼓励社会组织针对真实存在的社会需求进行创新项目策划，旨在通过招募征集落地于宝安的公益慈善项目，为其提供持续资金支持，并以公益创投理念为项目提供赋能建设和资源链接，提升其项目质量和影响力。大赛以公益创投理念支持项目培育，能不断推动公益慈善事业的专业化和规范化发展，引领公益伙伴创新优质的社会服务提供方式和社会服务提供方案，满足本土社区多层次、多样化的社会服务需求，为社会组织可持续发展积累丰富的实践案例，惠及更多困难群众及有效解决社会问题，让更多社会化专业力量服务宝安社会民生，并通过项目自身的运营和成长，带动公益人才培养，丰富了宝安区公益慈善事业人才库。

大赛是引领宝安公益慈善创新发展的风向标。区别于慈善会的传统的“单一性、封闭性、短暂性”资助模式，宝安区公益慈善项目大赛整体创新点如下：第一，资源投放创新。大赛以公开征集的项目竞赛模式，创新了资源的投放渠道，更有效、快速遴选出潜力项目。第二，创投赋能创新。大赛的培育周期为两年制，对项目提供两年持续性的资金、赋能支持。区别于一般资助模式，大赛赋能采用持续性、动态性的项目生命周期观察，如联合公益导师陪伴指导，研究生作为辅导员全程跟进，更凸显大赛对于项目培育的先进理念和实践。第三，项目模式创新。大赛的合作方深圳市社会公益基金会作为运营方，拥有“中国公益慈善项目大赛”的先进实践经验，在大赛的基础项目模式中将国家级赛事经验应用在本项目，以更好支持项目发展。

自大赛启动以来，不断吸纳创新，提升优化。大赛自 2015 年启动已连续举办了 5 届，对项目进行投后管理经验已达 7 年，支持项目共 54 个，是具有可持续发展能力的赋能资助项目。具体而言：第一，资金来源稳定。宝安区慈善会作为大赛发起方，为项目提供稳定的资金来源，同时发挥核心资助的杠杆作用撬动更多社会资源进入联合支持。第二，标准化流程已固定。大赛不断优化和完善赛制和项目赋能的专业性，目前已形成宝安公益慈善项目大赛项目管理手册、月报、辅导评估机制等一系列标准化项目管理工具。在赛制方面，采取“招募—入围评审—尽职调查—晋级评审—决赛路演—预算编制”的赛程，充分展示公益项目，保证每个竞赛过程的充分性和公平性，并提供优化辅导体现公益性。第三，社会资源承载力好，合作开放性强。大赛资助的项目形成合力，打造品牌项目平台吸引社会资源加入，项目优质发展的同时也会吸引更多的合作伙伴一起把好事做好。第四，大赛品牌化发展。大赛打造项目品牌，精准定位“服务宝安民生的公益慈善项目大赛”，引入宝安日报社、宝安区融媒体中心等高品质媒体传播平台提供常态传播服务；并邀请专业公益领域信息化平台“公益啦”打造大赛专属线上社群，对项目活动、动态、媒体报道等信息进行聚合传播；并通过项目竞赛的平台扩大社会影响力，让企业、商会、民众等跨界力量参与公益当中。第五，创投培育成效认可度高。大赛不仅提供资金支持，也侧重提供“能力建设+资源对接”，目前大赛运营模式为两年制，由“慈善会+社基会”双平台运营，通过四期评估辅导、全年制的过程性陪伴、定期走访和个性化针对性指导全方位对项目提供赋能支持，如与深圳大学城市治理学院合作开发的“辅导员制度”的常规创投服务，为项目提供下沉式辅导服务，带领项目发展。

宝安区公益慈善项目大赛旨在选拔和培养更多的慈善公益项目，让更多的人能够参与慈善公益事业，让慈善公益项目惠及更多的群众，同时也为培养更多本土慈善公益项目专业人才。随着大赛使命目标的达到和社会影响力的提升，其逐渐成为宝安区慈善事业的一项特色品牌①。宝安区公益慈善项目大赛充分体现了区慈善会联动多方资源、促进慈善事业发展的优势，逐渐成为宝安区慈善事业的标志性内容。

“与爱同行慈善微跑”活动是宝安区慈善会、宝安区工商联（总商会）、宝安区义工联合会、中国银行宝安支行四家单位共同举办的一项将

① 宝安区第四届慈善会公益慈善项目大赛昨日正式启动，https：//jz. sznews. com/jhxt/files/szxw/News/201905/30/175609. html？ prolongation = 1？ prolongation = 1&nid = 175609&share = 1. 最后访问时间：2021 年 12 月 30 日。

徒步与健康相结合的非竞技体育活动。“与爱同行慈善微跑”以橙红色为主色调，彰显“爱心公益”主题。自2016年4月举办第一届以来，每年举办一次，迄今成功举办四届。“与爱同行慈善微跑”活动将慈善与健康相结合，倡导健康的生活方式，弘扬人人参与慈善的理念，传递社会正能量，成为宝安慈善事业的品牌项目。慈善微跑活动开辟了网上扫码的方式筹集善款，现已筹集善款近百万元。2019年7月，宝安区慈善会与南方医科大学深圳医院合作，设立了“与爱同行慈善微跑”健康成长专项基金救助项目，主要对未满18周岁的户籍困难居民和宝安出生的青少年先天性心脏病、烧伤患者进行医疗慈善救助；成立眼健康关爱空间，降低青少年的近视率。

（四）突发事件组织应急援助

宝安区慈善会在2021年7月的河南特大水灾期间主动参与救助工作。在河南遭遇极端强降雨，多地发生区域性严重洪涝灾害，造成重大人员伤亡和财产损失，防汛形势十分严峻的背景下，7月21日下午，宝安区慈善会第一时间召开紧急会议，迅速成立工作小组，启动应急预案，开启募捐绿色通道，开通24小时捐赠热线，建立值班轮守等工作制度。当天晚上8时30分，在宝安湾App发布了《宝安区慈善会助力河南抗洪救灾倡议书》，公布了捐赠方式和区慈善会捐款账号信息，第一时间向社会发出助力河南抗洪救灾的募捐倡议，宝安的爱心企业家和爱心人士迅速行动，仅仅7分钟便有爱心市民陆续向宝安区慈善会捐款，很多爱心企业家也纷纷打电话咨询捐款事项。

各街道工商联（商会）积极响应宝安区慈善会号召，充分发挥桥梁纽带作用，组织引导会员企业和社会各界爱心人士踊跃捐款。7月26日下午，在宝安区慈善会助力河南抗洪救灾捐款仪式上，深圳市欣旺达慈善基金会捐赠290万元、深圳润恒集团有限公司捐赠100万元、深圳市恒丰投资集团有限公司捐赠100万元、深圳市广兴源投资发展有限公司捐赠100万元，为灾区群众献上一份企业爱心、向社会献上一份宝安企业担当。爱心市民积极参与助力河南抗洪救灾捐赠，收到爱心企业家及爱心人士援助河南水灾专项捐款950万多元。宝安人民发扬了“一方有难、八方支援”的民族优良传统，汇聚宝安慈善力量，为遭受洪灾的同胞们筑起了一道大爱防线。

宝安区慈善会将把全部募集到的善款都用到河南省郑州市的抗洪救灾和灾后重建，所有项目将集中关注受灾后的困难群体、灾后重建、防洪设施建设等，保证群众不会因大灾返贫。

第二节　合力慈善的主体间互动形态

宝安合力慈善过程中政府、企业以及社会之间构建良性互动的关系模式，本节将以实际案例为佐证，分析合力慈善各主体的互动发展情况以及参与现状，寻求合力慈善多主体互动的微观解释，系统呈现宝安合力慈善中的主体间互动形态。

一、政府与企业的互动：表彰奖励与需求响应

在宝安合力慈善的互动格局中，政府和企业较少发生直接联系，多是基于区慈善会平台进行慈善领域的合作。其直接互动主要体现为政府对企业在慈善领域所作贡献的表彰奖励和企业对于政府社会建设需求的积极响应上。

宝安区政府与企业的密切互动案例可参见区政府与深圳市广兴源投资发展有限公司（以下简称广兴源公司）的合作。广兴源公司成立于2004年，是以房地产开发为主业，集房地产开发、产业运营、商业运营、物业服务、科技投资、大健康产业等为一体的多元化发展的集团企业。自成立以来，广兴源公司活跃在各慈善领域，持续为社会公益慈善事业作出贡献，累计捐赠2000万多元。由于其在慈善领域的突出贡献，区政府对于广兴源公司给予了充分认可，将其认定为宝安区第一批60家百强慈善企业之一。双方在慈善领域的合作体现在设立冠名基金和兴建慈善地标两方面。

案例：发展慈善冠名基金

2015年第四届中国公益慈善项目交流展示会期间，深圳市民政局与宝安区人民政府签订了《推进慈善事业发展合作框架协议》，提出要发展冠名慈善基金，为宝安区探索公益慈善指明了新方向。2020年5月宝安区出台《宝安区冠名慈善基金使用操作指引》，畅通受助人和冠名慈善基金之间的沟通渠道，规范了冠名慈善基金的使用，更好地发挥冠名慈善基金的救助能力。宝安区民政局连续两年举办了冠名慈善基金培训会，旨在规范冠名慈善基金的运作和管理，进一步推动宝安区慈善事业健康发展。

以广兴源公司为代表的宝安区企业积极参与冠名基金的建设，及时回应社会保障体系刚性救助不足部分，成为慈善救助体系的重要补充力量，在推动社区基金发展，自然人、法人和其他组织从事公益事业、撬动社会资源发展慈善事业方面发挥了重要作用。截至2020年6月，宝安全区累计冠名慈善基金109家，冠名慈善基金捐赠收入占全区近3年捐赠总收入的31.5%，成为宝安区慈善捐赠重要途径。广兴源公司于2020年6月捐赠250万元人民币设立广兴源慈善关爱基金，善款重点用于定向扶贫，也用于帮扶宝安区低保对象与困难群众，并开展一定形式的助学活动。

（资料来源：2020年6月12日《潇湘晨报》）

案例：建成深圳慈善地标

宝安区人民政府倡导深圳速度、创新精神、敢闯敢干的魄力以及浓厚的公益慈善氛围。为了让慈善理念深入人心，宝安区政府没有仅仅把目光停留在物质支持上，而是“两手抓”，在丰富物质救助的同时，激发情感共鸣，在宝安区营造慈善文化的浓厚氛围。为了进一步丰富慈善文化的内涵，打造“慈善+”系列品牌项目，倡导积极健康的生活方式和慈善理念，由广兴源公司捐资建设的“与爱同行慈善微跑”慈善地标在宝安区航城街道教育城学子路公园管理处广场上落成，标志着深圳市首个慈善地标诞生。

慈善地标所关联的“与爱同行慈善微跑”活动是宝安区慈善事业品牌

项目，自2016年4月举办第一届以来，每年举办一次，迄今成功举办四届。慈善地标通过建立一个永久性的标志物，让标志物来见证和记载宝安慈善事业发展，丰富宝安慈善文化内涵，传播人人慈善的理念，让更多的人了解慈善、追求慈善、参与慈善，为宝安慈善助力。

在宝安区2019年提出设立慈善地标建议时，广兴源公司董事长黄耀文主动与区慈善会联系，表态愿意承担建立地标的费用。在他的支持和各级相关部门的配合下，地标不到一年内即宣告建成，体现出广兴源公司的闯荡精神和实干作风，也反映出当地基层慈善中的政社高效合作。

（资料来源：2019年5月11日《深圳新闻网》）

二、政府与社会的互动：职能转移与服务承接

在合力慈善中，政府与社会的互动表现为政府向社会组织等民间力量转移社会服务职能，而社会组织通过承接上述职能获得生存合法性，并进一步吸收资源。政府对于社会力量的信任在服务递送的过程中逐步积累，并经由区慈善会等枢纽型组织搭建的平台实现制度化，再通过这些平台为社会力量提供进一步支持。

宝安慈善领域的政社互动集中体现在宝安区慈善会与深圳市社会公益基金会的合作。深圳市社会公益基金会成立于1991年7月18日，由深圳市民政局主管，在广东省民政厅登记，是致力于社会公益事业创新发展的5A公募基金会，荣获深圳市十大典范慈善组织和中国最透明基金会50强。作为本市慈善领域的头部机构，深圳市社会公益基金会在发展过程中逐步确立了“构建社会创新项目的公益创投平台和资源聚集枢纽”的战略定位，累计筹集善款超过3亿元，资助逾1000个社会创新项目。坚持“以创新支持创新，用专业赋能专业”的基本理念，在可持续公益实践中建立核心竞争力，已成为涵盖公益创投支持体系、联合募捐、专项基金、慈善信托一体化服务的初具全国影响力的综合性支持型基金会。宝安区政府与深圳市社会公益基金会的合作形式主要是开展公益创投。

案例：公益创投

公益创投是一种新型公益伙伴关系和慈善支持模式，通过资助和赋能保障社会创新项目或组织获得平等发展机会。公益创投的流程是政府、企业、基金会等根据主题、地区、项目目标，设计创投模式，搭建项目创投平台，依托成熟的标准化项目遴选体系，为合作伙伴发掘核心竞争力的公益项目，将为进入创投平台的项目方提供最匹配的现阶段陪伴成长服务。深圳市社会公益基金会经过多年探索公益创投本土化运作模式，建立“1+N”联动公益创投模式：“1”代表中国公益慈善项目大赛，以此为平台，带动“N”个专题性和区域性的公益创投活动发展。

深圳市社会公益基金会运作的项目有中国公益慈善项目大赛、宝安区慈善会公益慈善项目大赛、龙岗区体育关爱工程以及大鹏新区“美丽大鹏行动者集结计划”等。其中，宝安区慈善会公益慈善项目大赛由深圳市宝安区慈善会、宝安日报社、宝安广播电视中心主办，深圳市社会公益基金会承办，2015 年举办第一届，截至 2021 年连续成功举办了五届。四届公益慈善项目大赛提供常规创投服务，包括“能力建设+资源对接”，四期评估辅导过程性陪伴，定期走访与针对性指导，“慈善会+社基会”双平台运营，新媒体与线上平台多重宣传，另有更高规格赛事平台，以及潜力种子库的孵化接棒。

（资料来源：深圳市社会公益基金会官方网站，2022 年 8 月 19 日，作者有改编，http：//www. bacsh. cn/cshgk/cshjs/index. html）

三、政府、企业与社会的三主体互动

宝安参与合力慈善的主体有宝安区政府、社会组织、企业等。如前所述，在三圈合作互动中，三类主体各自承担了不同职能，但在整合慈善资源、调整运作机制灵活、管理慈善项目等事务上，合力慈善过程的各类参与主体平等沟通、协商、合作，为社会提供多元化服务。合力慈善过程中三主体互动主要体现在如下三个层面。

第一，共同打造社区基金会。宝安区社区基金会由政府、企业及民间共同发起，作为支持社区慈善的重要资源供给主体。在深圳市范围内，宝安区的社区基金会发展情况居于领先地位，早在2018年就基本实现了各个街道的全覆盖。社区基金会由各个街道办事处支持成立，上级政府提供支持条件，原始资金中相当一部分来自本地企业，而活动的落地则要依靠其所处区域内的社会组织，是基层三圈互动开展合作生产的主要媒介。

第二，共同建设宝安区志愿者联合会（原为“宝安区义工联合会”）。宝安区志愿者联合会自成立以来，在社区志愿服务、大型赛事志愿服务、文明城市创建与巩固、U站群建设、禁毒宣传等志愿服务当中取得良好的成果，已经成为宝安区群众性精神文明建设的重要组成部分，为推动宝安区的文明进步发挥了积极作用。宝安区志愿者联合会的主要发起方是共青团宝安区委，其常态化运作得到多个党政部门支持；核心志愿者团队中不乏企业经营管理者和社会组织从业者，由这些关键群体发挥凝聚力和管理能力，不断扩充队伍；整个志愿者联合会以社会组织形式运作，其活动开展依靠的是超过30万人的注册义工。

第三，共同吸纳商会作为慈善资源供给者。宝安区各街道设立商会，通过街道商会组织开展慈善活动，商会广泛参与精准扶贫、冠名基金、定向捐赠等具体的慈善活动或慈善项目，为慈善事业提供资金支持。将商会吸纳进基层慈善体系，是宝安区布局社会组织慈善参与的重要手段。作为企业和企业家的联合体，社团性质的商会组织具有强大的资源网络和较为紧密的共同体结构，在特定地域范围内可以释放出较强能量。如前所述，在宝安区慈善会以及各街道社区基金会的冠名基金中，有相当一部分来自各家商会。相比于企业家个体的捐赠，商会层面的捐赠集合众多企业家力量，既减轻了个体负担，又使得共同体的联系更加密切，成为基层慈善的坚实堡垒。

宝安区政府、宝安区慈善会以及宝安街道商会、基金会、行业协会、媒体、志愿者多方互动，宝安区慈善会发挥枢纽和中介作用，链接社会资源，在文体教育、扶贫济困和社会救助等方面发挥作用。

案例：文化教育

宝安区慈善会通过慈善教育项目捐赠以及慈善文化宣传发挥文化教育功能。(1) 开展慈善文化进校园活动。《深圳市民政局、深圳市宝安区人民政府推进慈善事业创新发展合作框架协议》确定在宝安区小学推广“慈善文化进校园”工程。宝安区“慈善文化进校园”工程是将慈善文化引进校园，从慈善文化与校园文化相融合、慈善文化与课堂教学相融合、慈善文化与校园主题活动相融合三个方面来推动小学德育教育。宝安区慈善会编印了慈善读本《我和慈善一起成长》，开展慈善征文比赛，汇编了小学生征文比赛作品集《慈善的种子》等，培养小学生的慈善意识和社会责任感，树立正确的世界观、人生观和价值观。(2) 创办《善源》杂志。《善源》杂志以宣传公益理念和慈善文化为宗旨，并形成了自己独特的风格，是一本姓“慈”名“善”、兼具文人情怀的高层次刊物。《善源》杂志积极配合宝安区慈善会的宣传，通过新闻媒体来提升慈善传播效应，放大社会慈善声量，以带动更多人参与宝安慈善事业。

（资料来源：2020 年 1 月 2 日《宝安日报》）

案例：扶贫济困

宝安区慈善会通过定点帮扶以及建立社区基金会等发挥扶贫济困功能。(1) 定点帮扶。宝安区慈善会定点帮助龙川、都安、大化三县完成脱贫任务，宝安区不仅积极发动各级机关党委、区直部门的力量，还通过充分利用“广东扶贫济困日”平台、开展“一对一”“点对点”帮扶活动等，广泛发动全区爱心企业、社会组织和爱心市民的力量参与其中，取得了良好的帮扶成效。(2) 发挥社区基金会作用。宝安区慈善会与宝安区义工联、宝安区新安街道办、宝安 10 个街道商会分别签订《推进公益慈善事业发展合作框架协议》，充分发挥各单位自身优势，打造“合力慈善”。宝安还建立区、街道、社区三级慈善帮扶网络，在全市率先成立区级慈善会，全区每个街道成立慈善帮扶协会，培育发展社区慈善帮扶组织41个，新安街道实现慈善帮扶协会22个社区全覆盖，先后成立了多个社区基金会。(3) 成立冠名基金。宝安全区累计冠名慈善基金109家，109家冠名基金中，设立在区慈善会21家，占19%；设立在各街道社区基金会88家，占81%。宝安区民政局秉持“真扶贫、扶真贫”精准扶贫要求，充分发挥区慈善会平台枢纽作用，引导冠名慈善基金、街道商会等社会资源精准对接扶贫项目，通过社会力量助力脱贫攻坚。宝安区民政局发动深圳市广兴源投资有限公司捐款250万元成立“广兴源慈善关爱基金”支持扶贫工作，沙井商会公益慈善基金先后资助广西都安瑶族自治县尚律村水管建设和危改项目，以及广西河池市佑岸村花椒产业项目共80万元等。冠名慈善基金近3年在对口扶贫项目中的支出占总支出近50%。

(资料来源：2020年11月12日《宝安日报》)

案例：疫情防控下慈善组织在行动

宝安区慈善会在疫情暴发阶段，开通捐赠渠道，后疫情时期，做好疫情的防控工作。(1) 疫情暴发阶段。2021年初，宝安区慈善会在区委区政府的统一领导、统一指挥下，积极配合区相关部门做好疫情防控工作，积极动员全区社会力量、激发社会爱心，发扬一方有难、八方支援的优良传统，积极有效地引导爱心企业和个人安全、有序做好慈善募捐工作。宝安区慈善会发挥慈善组织优势，开通紧急捐赠渠道，建立捐赠对接机制，为社会爱心力量搭建捐赠平台，为各方爱心力量链接资源渠道。宝安区慈善会接受社会各界公司、个人、慈善基金会的捐款，用于采购口罩、防护服、消毒液等防护物资，满足宝安区内的医院以及社区物资需求。(2) 后疫情时期。疫后开展慈善关爱项目是疫情慈善的延伸，也是抗疫工作整体筹划的部分。宝安区慈善会与宝安广电中心达成共识，将携手采用“线上+线下”相结合，宝安区慈善会通过为期一个月的日常高频次新媒体、广播电视平台音视频宣传等以融媒体矩阵宣传为特色的活动相结合，对在疫情防控中区慈善会组织动员社会慈善力量参与抗疫工作的经验进行回顾、总结与反思，对存在的短板进行深入剖析，以弥补不足，并完善动员社会力量参与疫情防控的有效机制，能依法、高效、有序参与疫情防控。同时，2021年4月7日，随着石岩人民医院园美社区健康服务中心顺利接入政务专网，宝安区113个新冠疫苗接种点实现政务光纤网络100%全覆盖，宝安区提高疫苗接种点覆盖率，满足宝安区人民对疫苗的需求，力争实现“应接尽接”，切实提高宝安区人民的获得感、幸福感、安全感。

（题目为编者所加，材料来源于深圳市宝安区慈善会官方网站，2022年6月11日，http：//bacf. baoan. gov. cn/）

第三节　合力慈善的基本特点：一核二元、平台链接

合力慈善能充分发挥政府、企业和社会组织的各自优势，共同搭建平台，形成区、街道、企业、社区多元合作的公益事业架构，多渠道多形式地开展慈善活动，不断丰富宝安慈善文化内涵，不断创新，让救助更精准更及时，持续提升慈善公信力，宝安区民生和保障领域发挥重要作用。合力慈善表现在二个方面，分别是政府组织动员能力强、企业慈善成为关键主体以及社会慈善发展壮大。合力慈善充分发挥宝安区政府、企业、社会组织以及个人等作用，彰显新时代的慈善活力和巨大潜力，这是宝安人民乐善好施传统发扬光大的表现，也是宝安区党和政府重视慈善事业、慈善政策不断完善的结果。

一、一核主导：政府提供良性制度供给

在三圈合作互动的合力慈善格局中，政府居于领导地位，既通过创设良好的制度环境来促进慈善事业发展，又通过适当的规制与监管来确保慈善活动的运行规范化。在基层慈善事业发展体系之中，政府继承了计划经

济时代国家的强大资源动员能力，仍然有能力在短时间内汇聚充足资源。但从宝安的实践来看，政府更重要是从慈善制度供给入手，理顺整个慈善事业的发展进程，同时赋予社会更多的自主性空间。

宝安区政府弘扬宝安积极开展公益慈善的好传统，引导更多社会组织、个人参与慈善事业，营造人人参与慈善事业的良好氛围，形成慈善事业的宝安品牌。推进各类慈善组织建设，引导成立更多慈善基金，发挥社会力量所长，补齐部分行业和部分领域慈善工作的短板，凝聚各行业各部门的资源和力量，努力开创宝安慈善工作新局面。协调完善相关税收政策，促进股权、房产、有价证券等非货币捐赠广泛开展；及时开展慈善信托试点工作，促进慈善信托在更多地方落地实践，拓宽企业参与慈善事业渠道；建立优秀慈善组织目录和品牌慈善项目库，搭建各类展示交流平台，促进企业慈善资源更好对接配置；提高社会组织登记办事效率，丰富窗口和在线服务内容，为各类企业依法设立慈善组织提供高效优质服务；协调各方加大企业慈善事迹宣传，加强对企业慈善行为指导，引导支持所有企业加入慈善事业发展行列。

二、一元奠基：企业慈善提供海量资源

在三圈合作互动格局中，企业是合力慈善的资源供给主体。作为社会主义市场经济的主体，企业在慈善活动中可投入的资源量远非普通公民个体可比。无论是捐款还是组织公益活动，企业都能依靠其充沛的资金储备、合作紧密的上下游网络以及强大的员工队伍，为慈善事业提供财力、物力、人力以及相应渠道，确保慈善活动的成功开展。改革开放后特别是21世纪以来，各类企业在积极参与市场竞争、做大做强主业的同时，积极履行社会责任，通过多种方式参与慈善事业，为扶贫济困、改善民生作出了重要贡献。

宝安企业在本区域慈善活动中实现多重资源投入，在资金捐赠之外为慈善事业注入更多能量，宝安区企业通过设立冠名基金和进行项目对接的方式办慈善。在冠名基金方面，截至2021年12月，区慈善会共成立冠名

基金 26 家，募集资金 3653 万多元。冠名基金的成立，充分激发了企业家参与慈善的热情，让救助更加灵活多样和精准。项目对接方面，发动区内爱心企业定向捐赠金额 2000 万元，建成宝龙大桥项目，精准帮扶龙川，建成宝安慈善楼等。各街道发动辖区企业，定向捐款 1000 万多元，用于广西大化、都安县集中供水工程（俗称水柜）项目。项目对接让慈善帮扶项目化、精准化，同时也为企业家搭建了投身公益慈善的平台。而在资金捐赠之外，宝安区企业结合自身专长，组织员工开展具有自身特色的志愿服务；一些企业采用新型投资经营方式，吸纳残疾人和贫困家庭劳动力就业、提供技术或平台支持等新型方式行善扬善。

三、二元释能：社会慈善带来磅礴动力

在三圈合作互动格局中，以社会组织为代表的社会力量是合力慈善的动力源泉。宝安义工联、街道商会、新闻媒体、社会公众等不同主体构成的社会力量对宝安合力慈善的发展产生了重要的影响。社会组织的非政府性、非营利性、公益性和独立性的特点决定了社会组织必然在社会治理体系中占据重要地位。社会组织具有提供公共服务、化解社会矛盾、保障社会稳定、扩大社会参与、完善社会主义民主政治的作用，宝安区社会组织提供社会服务的领域包括教育文化、医疗卫生、就业服务、惩教服务、移民服务等，还包括生活照料、家庭帮助、社会关怀、福利服务等。

社会慈善产生的动力激活效应还体现在宝安广泛的公众慈善参与层面。随着宝安区慈善事业的发展，合力慈善呈现平民慈善、大众慈善的发展趋势。在大众参与慈善的过程中，出现了参与方式多样化的特征，可以通过个人参与、家庭参与、朋友组团参与等不同方式加入慈善队伍，募捐、配捐、义卖、行为公益、购物公益、游戏公益等都是宝安区大众参与慈善的方式。宝安区有近 56 万名的志愿者，占深圳志愿者总数的 1/4，宝安义工联 1995 年刚成立时，志愿者仅为 18 人。宝安义工以服务基层治理、凝聚社会共识、引领文明风尚为目标，在深圳建设先行示范区的大背景下，朝着专业化、法治化、国际化的目标大步迈进。

四、平台链接：宝安区慈善会搭建多元汇聚桥梁

作为宝安合力慈善的实际践行者，宝安区慈善会发挥着重要的平台角色。宝安区慈善会是当地基层慈善体系的中枢神经，不仅将章程所规定的吸收捐赠财产和提供服务职能发挥得淋漓尽致，还在推动跨界合作、吸纳和促进多元主体紧密参与慈善事业方面发挥了无可替代的作用。

宝安区慈善会对于多元主体的吸纳是全方位的，既包括在决策与项目设计上与政府充分沟通，与主管单位保持一致，也将网络拓展到了社会领域的几乎所有主体，包括但不限于企业（家）、社区居委会、商会、社区基金会、学校，以及作为直接参与者的志愿者个体和作为间接参与者的公众个人。且在吸纳过程中，宝安区非常重视市场化机制的应用，通过冠名基金、义拍义卖、专项资助等形式，以客户思维服务于各类合作对象，尤其是通过微跑、项目大赛等品牌活动，提升被吸纳方的附着程度，逐步实现基层慈善共同体的打造。

宝安区慈善会通过征集慈善标语的方式进一步激发全社会对慈善事业的关注。在口号征集过程中，《宝安日报》和宝安广电作为联合发起方，与宝安区慈善会共同举办“慈善之语”全国征集评选活动，吸引了来自全国10多个省份热心人士的广泛参与，共收到来自全国各地的慈善之语1400多条，在广泛征集的基础上通过专家评选最终产生了“十大宝安慈善之语”（见表5.2）。

表5.2　十大“宝安慈善之语”

美丽中国梦，慈善宝安行
慈善为源，爱满天下
慈善多一分，宝安美十分
慈以为宝，善化为安
“慈”之以恒，天天向“善”
慈心能致远，善举品更高
有爱的人生更温暖，有爱的宝安更美好
人人做慈善，天天做慈善
爱无疆界，善可积德
慈善温度，直抵人心

宝安区慈善会对于多元合作的促进既体现在制度层面，也体现在行动层面。在制度层面，宝安区慈善会以不同类型的战略协议为抓手，明确参与主体的具体义务和责任，使得后续合作有了可以依凭的具体准则，以及在合作过程中随时检查监督的正当性。在行动层面，宝安区慈善会在脱贫攻坚、疫情防控等事务中都能开展先导性的活动，通过自身作为来对其他参与主体形成示范作用，提升整个合力慈善体系的积极性和效率。

第四节　合力慈善的重要经验：政府搭台、赋能民间

大力发展慈善事业，对于落实共享发展理念、促进社会进步具有重要意义。新形势下，促进慈善事业持续健康发展，需要凝聚多方力量，创造良好环境，培育慈善文化，引导更多人参与慈善事业。宝安合力慈善的重要经验体现在政府指导慈善事业进程，为慈善组织提供政策支持和资金支持，并且鼓励社会组织多元化发展；企业通过履行社会责任赋能慈善事业，承担所在区域经济发展、社会治理等社会责任，通过建立企业冠名基金等形式常态化供给慈善资源；社会组织自身健康有序发展，重视人才队伍建设和服务功能拓展，尤其在突发事件中发挥积极作用。

一、明确政府对慈善事业的指导作用

“人民为本位”成为社会治理工作的行动主旨。在建设“人民满意”服务型政府背景下，强调多元主体参与社会治理的重要性，“善治”是社会治理现代化的理想目标①。在全面深化改革的今天，不断创新政府针对慈善组织的政策措施和资金支持，加大政府对慈善组织发展的支持力度，对于形成中国特色的慈善文化具有重要的现实意义。

---

①　王千：《习近平关于社会治理的重要论述与中国特色社会治理格局构建》，载《河南社会科学》2018年第26期，第21—26页。

（一）为慈善组织提供政策支持

在全面深化改革的今天，宝安区政府不断创新对慈善组织的政策措施，加大政府对宝安慈善组织发展的支持力度，对于建设具有中国特色的慈善文化，推动我国慈善事业的发展，实现宝安区政府“真心慈善、创新慈善、文化慈善、合力慈善”的工作目标具有重要的现实意义。慈善组织种类多且层次多，在社会治理中发挥着不同而又必不可少的功能，明确扶持政策目标，制定适应不同类型不同层次、发挥不同功能的慈善组织发展政策①。为慈善组织提供的政策支持成为促进慈善组织规范内部治理、有序参与慈善事业的重要动力。

广东省人民政府、深圳市人民政府以及宝安区人民政府出台各项相关规范性文件、发展规划及年度工作计划等，重视发展社会组织、培育慈善公益主体工作。广东省民政厅印发《广东省推动慈善事业高质量发展若干措施》，促进慈善事业高质量发展，发挥慈善事业助力基本民生保障、基层社会治理和基本社会服务的作用。深圳市民政局印发《深圳市推动慈善事业高质量发展行动方案（2020—2025年）》，为深圳市慈善事业未来发展提供指引和行动指南。《宝安区国民经济和社会发展第十三个五年规划纲要》提出打造“慈善之区”的目标，为宝安区慈善会在新时期进一步创新发展明确思路和发展方向。宝安区慈善会在上级党委政府、宝安区委区政府的指引和带动下，制定《深圳市宝安区慈善会发展规划（2013—2017）》《深圳市宝安区慈善会发展规划（2018—2022）》，发展规划为宝安区慈善会提供发展蓝图，也对宝安区慈善会的未来发展有重要意义。宝安区政府着力推动合力慈善建设，促进宝安区慈善事业全面发展。

（二）为慈善组织提供资金支持

慈善组织要想生存和发展，资金的投入和支持尤为重要。我国多数地方政府为社会组织提供了有限的资金扶持，民办非企业单位和基金会享有公益领域的免税政策。政府放宽社会组织在社会公共事务中的自主权，落

① 李志华、涂斌、贾晶晶：《完善财税扶持政策，进一步培育和促进社会组织健康发展》，载《中国社会组织》2018年第6期，第20—21页。

实政府购买服务资金免税政策，最大限度发挥公益类社会组织服务社会、维护社会稳定的功能。

宝安区政府实行《宝安区社会组织扶持资金管理暂行办法》，为宝安区内社会组织提供资金支持。宝安区政府扶持社区服务类、公益服务类、文体教育类以及经济科研类四类项目，采取慈善组织项目计划制，委托第三方机构开展慈善组织项目扶持的申报、初审、路演、评审工作，确定56个项目总计500万元的扶持资金，经评审确定给予资助的，根据项目扶持资金拨款并做到专款专用。

（三）鼓励社会组织参与合力慈善

宝安区政府尤其注重发挥广大社会组织在慈善领域的作用。以公益慈善项目大赛为例，参赛项目的申报主体并不仅限于慈善组织，而是包括所有活动领域中包含公益慈善的社会组织，只要是在深圳登记，并且在宝安区设立分支机构或组建专门团队，都有参赛并获得支持的机会。甚至是社会福利机构和公益性事业单位都可参与，这一扶持思路体现了宝安区将广义社会组织纳入慈善事业所涉范畴的良苦用心。

依托公益慈善项目大赛，宝安区引入了一大批具有较强专业素质和丰富服务经验的社会组织，并遴选出这些组织在地化的优质公益项目，尤其在老人服务和儿童关爱两个领域挖掘出能够满足宝安社会真实需求的项目。以第五届项目大赛为例，最终获得资助的11个项目中，有6个是妇女儿童类项目，2个是老年类项目，占整体的绝大多数，与区党代会和区两会提出的加快社会保障体系建设，“让宝安充满关怀和温暖”精神要求相契合。

二、企业社会责任赋能慈善事业

卡罗尔认为社会责任有四个方面，即经济责任、法律责任、伦理责任和慈善责任。企业的慈善行为是企业向社会表明它们是优秀企业公民的一种方式[①]。宝安区企业的经验是着力打造企业公益慈善的长效机制，为社会正能量的传播创造环境。宝安企业赋能慈善事业主要表现在积极承担社会责任、开展精准扶贫和建立企业冠名基金，为慈善事业发展作出贡献。

（一）积极承担社会责任

企业积极参与和自觉主动履行社会责任，创造适合企业自身的企业社会责任价值创造方式，尤其将现实社会问题与自身核心战略结合，这是企业社会责任活动能够可持续发展的源泉与动力。

宝安积极推进企业自觉参与行业治理，有的放矢地引领企业在经济、社会、环境等多方面主动作为，引导企业积极承担社会责任，取得了初步成效，提升了宝安经济社会的发展质量，也促进了社会治理体系和治理能力的现代化。为积极助力宝安建设垃圾分类示范先行区，进一步提高居民垃圾分类意识，宝安本土的爱心企业深圳市斯普特实业发展有限公司（母婴）特向雄鹰清洁环保公益学院、深圳红马甲公益达人支持认捐了百场“垃圾分类”公益宣教项目，接下来将联合相关单位走进宝安各大社区、商场、学校等地点，通过形式多样的宣教方式培养市民垃圾分类的好习惯。宝安区企业依托社会建设创新专项资金积极参与社会治理。2016 年至 2018 年，宝安区内企业参与心理健康、矫治安帮、法律援助、纠纷调处等社会治理重点领域，扶持社会建设创新项目 206 个，包括“打造精品歌剧《电梯风波》”“中熙律师事务所：模拟法庭进校园——青少年法治教育创新项目”等一批优秀企业社会建设创新项目，企业在社会中扮演积极角色，促进企业和社会共同发展。

（二）坚持开展精准扶贫

精准扶贫是粗放扶贫的对称，是指针对不同贫困区域环境、不同贫困农户状况，运用科学有效程序对扶贫对象实施精确识别、精确帮扶、精确管理的治贫方式。《2020 中国企业社会责任白皮书》报告指出，越来越多的企业积极投身“精准扶贫”攻坚战，民营企业已成为精准扶贫的重要力

---

① A. B. Carroll, “A Three-dimensional Conceptual Model of Corporate Performance”, *Academy of Management Review*, 4 (1979), pp. 497-505.

量，龙头企业在精准扶贫过程中呈现出多样化和精准化特征①。企业逐渐成为建设中国特色社会主义事业的重要力量，在广泛开展救孤济困、救助灾害、扶老助残等方面，作出突出贡献。企业不断加强技术和经营创新，提高企业核心竞争力，积极探索联结农户经营新模式，以广大农户为依托，实行利益共享。企业参加各项经贸洽谈和参观活动，引导农业龙头企业搞展销、创名牌、学经验，积极开拓产品市场，提升经营管理水平，提高企业经济效益②。企业参与扶贫工作提供了大量的资源，成为提高扶贫工作绩效的重要方式。

宝安区高度重视扶贫工作，始终坚持把脱贫攻坚当成头等大事和第一民生工程。2018 年宝安区帮扶龙川县 776 名贫困户退出贫困序列，协助都安县完成脱贫人口 2.6 万、大化县完成脱贫人口 1.57 万。为完成龙川、都安、大化三县的脱贫任务，宝安区不仅积极发动各级机关党委、区直部门的力量，还通过充分利用“广东扶贫济困日”平台、开展“一对一”“点对点”帮扶活动，广泛发动全区爱心企业参与，取得了良好的帮扶成效。其间涌现出了大族激光、怀德社区股份有限公司、凤凰股份合作公司等爱心典型企业。据统计，宝安区 191 家爱心企业和社会组织与龙川、都安、大化三县的 191 个贫困户形成结对帮扶。

（三）建立企业冠名慈善基金

慈善事业是我国社会保障体系的重要组成部分，而企业作为慈善事业的主力军，既是履行自身社会责任的表现，也是促进我国慈善持续发展的重要保证。冠名基金指自然人、法人或者其他组织等捐赠人，在深圳市宝安区慈善会的基本账户下，设立专项冠名基金科目，按照捐赠人的意愿，专款专用，用于社会创新、社区共建共享的倡导或实践、教育创新以及安老扶孤、助学助医、扶贫赈灾、助残济困、文体艺术、科研环保、社会工

① 胡润研究院：民营企业已成“精准扶贫”的重要力量，https：//www.sohu.com/a/396788665_ 123753。最后访问时间：2021 年 12 月 30 日。

② 吕拔生：《发挥民营企业作用 推进精准扶贫》，载《江苏政协》2020 年第 4 期，第 19 页。

作等慈善公益领域，并接受深圳市宝安区慈善会监督和管理的专项资金[①]。慈善冠名基金是为了广泛动员社会范围内的慈善资源，并推动社会价值在慈善领域范围内的投资，推动慈善事业发展而设立的基金。发展冠名慈善基金是建立慈善资金稳定增长和企业参与慈善长效机制的重要途径，是企业社会责任与慈善的“双赢”善举。它既是宝安区动员爱心企业参与慈善公益的有效形式，也是企业提升知名度、诚信度和美誉度的重要窗口。按照捐赠形式的不同，慈善冠名基金分为三种：捐赠人直接捐赠、留本捐息和资产捐赠[②]。冠名基金是建立慈善资金稳定增长和长效机制的重要途径，企业在承担社会责任中发展，在发展中能更好地履行社会责任，慈善组织有义务引导企业在慈善事业中发挥作用。拓展企业冠名基金，加强舆论宣传，提升慈善理念；完善制度建设，增强社会监督；创新工作方法，建立激励机制[③]。冠名基金进一步挖掘了宝安的慈善力量，调动更多的社会主体参与合力慈善，成为促进慈善事业发展的重要动力。

宝安区大力弘扬“与爱同行、爱满宝安，大爱无疆、爱满天下”慈善理念，以打造“全民慈善”为切入口，大力发展冠名慈善基金工作。为更好地发挥冠名慈善基金的救助能力，推动宝安区慈善事业健康发展，深圳市宝安区民政局发布《深圳市宝安区冠名慈善基金使用操作指引》。操作指引明确申请人申请救助流程、建立宝安区冠名慈善基金公示制度和冠名慈善基金推出制度，保障宝安区慈善冠名基金良好运作。宝安区慈善冠名基金会已有 23 个（注销 3 个），服务领域由帮助困难群众解决基本生活需求延伸到助孤、助学、助困、赈灾以及对口帮扶等方面，逐渐形成多方面、宽领域、广覆盖和开放式的服务模式。如广兴源慈善关爱基金由广兴源投资发展有限公司捐赠 250 万元设立，善款用于定向捐赠；福海信息港慈善基金关注辖区困难劳务工和青年资助项目。

---

① https：//www.szcharity.org/Fund/List/Index？type=2。最后访问时间：2021 年 12 月30 日。

② 马萍：《慈善冠名基金管理问题研究》，载《财会学习》2017 年第 4 期，第 194 页。

③ 杨晓菁：《建立企业慈善冠名基金意义探析——以青岛市黄岛区慈善总会为例》，载《现代商贸工业》2012 年第 24 期，第 95—96 页。

三、社会组织充分发挥治理主体职能

慈善组织是社会治理多元主体之一，也是推进国家治理现代化的重要参与者和实践者。1978 年 12 月中央实行改革开放政策以来，我国慈善组织发展较快，但也面临慈善组织自身建设不足等问题。进一步推动慈善组织健康发展，宝安区坚持党的领导与社会组织依法自治相统一，充分激发慈善组织活力，实现政府治理与社会自治良性互动。慈善组织自身有序发展的经验体现在加强慈善组织人才建设、拓宽慈善组织功能以及有序参与抗疫情，为我国其他慈善组织良好发展提供经验借鉴。

（一）强化社会组织人才建设

随着我国社会组织规模达到一定体量，高质量发展成为当前阶段的主要任务，因此需要不断提升社会组织自身能力，以符合高质量发展的目标要求，提供更能满足人民群众需求的优质社会服务。这一切的前提条件则是优秀人才队伍建设，以及创造良好的人才发展环境，完善教育培训体系，进一步对社会组织专业技术人员的知识和技能进行更新和提高，不断完善知识结构，提高社会组织工作人员专业化水平①。只有高素质人才全身心投入慈善事业，才能在社会服务的不同领域持续贡献心力。社会组织要加强对人才的重视，保障人才明确自身工作并且学习专业知识，通过多方面、多层次的培训，打造出一批拥有较高的专业技术、敢承担责任的高素质人才，逐步提升社会组织的服务供给和项目运作能力。

宝安区加强社会组织人才队伍建设，全方位提高社会组织能力。一是开展各种形式的培训。如组织宝安区各街道社会事务科、各社区工作站的工作人员开展慈善救助业务专题培训。业务专题培训人员学习宝安慈善文化，冠名慈善基金、专项资金和项目大赛等，加强对慈善理念和做法的认识，提高慈善人的业务能力，以更好地规范慈善操作流程，厘清工作思路，解决实际存在的问题。二是建立高素质的志愿者队伍。《宝安区慈善

① 黄松源：《社会组织人才队伍建设探索——以福建省为例》，载《中国集体经济》2020 年第 34 期，第 138—139 页。

会志工管理办法》第四条规定，宝安区慈善会委托宝安区义工联负责组织、协调本区的慈善志工服务活动。宝安区的志愿服务工作交由宝安区义工联统筹负责，志愿服务的设计、开展、协调等工作职能交由义工联统一行使，宝安区慈善会则主要发挥引导、指导和监督等方面的职能。宝安区慈善会和宝安区义工联着重发挥志愿者身上的特长和能力，竭力满足志愿者的个人需求和职业发展，重视对志愿者的培训工作，以强烈的社会责任感和道德约束力来提高志愿者自身能力，并以制度为抓手，明确志愿者在志愿服务过程中的权利与职责。

（二）拓展社会组织服务功能

当代中国社会组织在推进国家治理体系和治理能力现代化进程中扮演着越来越重要的角色。任何一家社会组织都有其特定的目的、价值和功能，不仅是社会服务的提供者和公共政策的倡导者，更是社会价值的捍卫者和社会资本的建设者①。社会组织是公共服务的提供者，通过自上而下的体制通道与政府联合或者通过市场化运行渠道提供多元化需求的公共服务；同时社会组织也是公共政策的倡导者，不仅能通过与政府部门的交往与互动对政府政策的方向和内容进行干预和影响，从而提高政策科学化和民主化水平，而且对企业、媒体、公众以及其他各类利益主体进行宣传引导，推动党和政府关于慈善事业的政策文件真正下沉到基层；社会组织是社会价值的捍卫者，具有扎根社区、贴近群众的优势，广泛动员居民参与公共事务和公益事业，引导居民积极参与社会融入工作，营造“亲情一家”的良好社会氛围，积极发挥社会组织在源头治理方面的作用，为全面推动建立共建共治共享的社会治理格局②。社会组织的功能和角色日益受到全社会的关注，社会组织已经成为国家治理和基层治理的重要主体。

作为公共服务的提供者，宝安区社会组织发展的基础良好，社区慈善

① 文军：《中国社会组织发展的角色困境及其出路》，载《江苏行政学院学报》2012 年第 1 期，第 57—61 页。

② 于健慧：《社会组织参与乡村治理：功能、挑战、路径》，载《上海师范大学学报（哲学社会科学版）》2020 年第 49 期，第 18—24 页。

帮扶协会、社区基金会等基层慈善组织极具活力，在促进慈善资源和慈善服务下沉基层社区，在保障和改善基本民生中具有突出作用。作为公共政策的倡导者，宝安区社会组织贯彻落实《广东省推动慈善事业高质量发展若干措施》《深圳市民政事业发展第十三个五年规划》《宝安区国民经济和社会发展第十三个五年规划纲要》要求，在提供社会服务、布局慈善网点、发展志愿服务、搭建交流平台等方面发挥作用。宝安区还构建了以社区党委为核心、街道社区同向发力、社会多元共治的基层治理体系。作为社会价值的倡导者，宝安区慈善会以及宝安区其他社会组织倡导通过慈善人的共同努力，募捐到更多的善款，帮助到更多需要帮助的人，通过不断努力和宣传，发挥慈善的魅力，吸引更多的人参与慈善事业，从而帮助更多有需要的人。

（三）动员社会组织有效参与抗疫

自 2019 年底，新冠肺炎疫情暴发以来，社会组织积极响应上级部门的工作部署，号召党员亮出身份，带动身边群众团结一心，打好疫情防控阻击战，体现新时代慈善组织的使命和担当。社会组织具有公益性、专业性和志愿性的特点，在参与公共危机过程中具有自身优势，能够协助政府提供社会公共服务，及时补位，在重大突发事件中发挥重要作用。社会组织在打赢疫情防控总体战中主要作了以下贡献：募集款物，充分释放社会善意；提供专业服务，及时回应社会需求；组织志愿者，充分动员社会力量；促进社会合作，降低交流成本；助力复工复产，恢复生产生活秩序①。社会组织参与抗疫是保障疫情防控目标得以实现的重要经验。

宝安区各类慈善组织面对疫情冲锋在前，从应急响应到恢复重建的各阶段都可见其身影。宝安区慈善会第一时间向社会发出支援抗疫的募捐倡议，宝安的爱心企业家和爱心人士迅速行动，第一时间向湖北、武汉捐款，积极通过各方渠道筹集一线急需抗疫物资，直接发往湖北、武汉一线医院，为抗疫一线的防控治疗起到积极作用。宝安区工商联（总商会）在

---

① 徐家良：《疫情防控中社会组织的优势与作用——以北京市社会组织为例》，载《人民论坛》2020 年第 23 期，第 28—31 页。

宝安区委区政府的领导下，在区分管领导的直接带领下，引导各街道工商联（商会）带领会员企业参与疫情防控工作。沙井商会公益慈善冠名基金为抗击疫情捐款，此外，为防范疫情回潮，建立完善的疫情防控救治工作，沙井商会公益慈善基金及5家爱心会员企业出资271万元捐建深圳市中西医结合医院感染性疾病科。宝安区企业服务行业协会通过“战役先锋”小程序，以就近服务为原则，为附近街道小区居民进行体温测量、出入登记等服务，并宣传抗疫知识。

本章小结

宝安区合力慈善呈现出三圈合作互动的总体模式，有效实现政府、企业和社会的多方合作。宝安区慈善会作为合力慈善的枢纽型组织，成为链接政府、企业、社会组织、新闻媒体、公众等不同组织和主体的平台，共同促进全区慈善事业的发展。合力慈善有效地推动政府与企业、政府与社会以及政府、企业和社会三主体之间的互动，在扶贫济困、慈善文化、慈善项目、疫情防控等方面形成总体合力，推动了慈善事业的繁荣发展。合力慈善具有一核二元、平台链接的主要特征，为政府、企业、社会形成慈善的行动网络提供基础保障，形成了明确政府对慈善事业的指导作用、企业社会责任赋能慈善事业、社会组织充分发挥治理主体职能三个方面的经验。

第六章　合力慈善的实践经验与未来展望

合力慈善的实践为基层慈善事业带来了大量的本土经验，同时也产生了合力慈善发展面临的共性挑战以及宝安慈善事业发展所面临的个性问题。在对国内现状进行阐释分析的基础上，分别对美国、英国和澳大利亚的政府、企业和社会层面主导的慈善事业发展促进措施进行介绍。结合已有的经验和实践中面临的问题，提出宝安区合力慈善发展的未来展望。总结慈善事业历史悠久、慈善文化积淀深厚的美英等国政府、企业与社会慈善的发展经验，可为国内慈善事业发展提供参考借鉴，也有利于在对比之下发现自身存在的问题，并提出具有针对性和建设性的促进措施。

第一节　合力慈善的现实挑战

宝安区致力于发展合力慈善，至今已取得显著成效，通过宝安区慈善会与街道商会、义工联、社工协会等社会组织、各类企业以及区内媒体的联合协作，初步形成政府、企业和社会三方协同的合力慈善局面，多领域推进慈善事业建设。然而，合力慈善的未来发展面临着来自政府、企业、社会、合力慈善本身等多个层面的诸多挑战。

一、政府层面

政府是推进合力慈善实践的重要行动主体，但在具体实践的过程中面临着《中华人民共和国慈善法》落实不到位、慈善事业监管不健全、重大突发事件应对机制亟须建立三个方面的问题。

（一）《中华人民共和国慈善法》落实不到位

《中华人民共和国慈善法》落实不到位具体表现为《中华人民共和国慈善法》有关原则规制缺乏有效政策配套和慈善促进政策力度不够大两个方面的内容。

1.《中华人民共和国慈善法》有关原则规制缺乏有效政策配套

作为对慈善事业领域提供基础性规范支撑的一部综合性法律，《中华人民共和国慈善法》的落实及其功能的有效发挥需要细致而明确的配套文件支撑。例如，该法第一条即明确保护慈善组织等慈善活动参与者的合法权益，但缺乏如何保护这种权益的政策规范，当慈善组织的权益受到监管机构、其他组织或网络等媒体损害时，缺乏维护自身权益的依据。该法第八条规定慈善组织可以采取基金会、社会团体、社会服务机构等组织形式，但民政部门还缺乏对这类组织自动转化或新增慈善组织的政策细化与指引[①]。第七十二条规定：“慈善组织应当每年向社会公开其年度工作报告和财务会计报告。具有公开募捐资格的慈善组织的财务会计报告须经审计。”然而并未明确审计的执行方应为政府或是社会审计机构，为执法者留下了过宽的自由解释权。

截至目前，《社会组织登记管理条例》尚未出台，慈善组织的登记认定、内部治理、财产管理与使用、监督管理等方面存在着法律法规冲突、缺乏操作细则等问题，这阻碍了部分社会组织顺利完成慈善属性的认定。例如，有的环保类或就业促进类组织对于其活动领域是否属于“慈善”并不明确，地方登记管理机关也对于是否完成此类组织认定存有疑虑[②]。

2. 慈善促进政策力度还不够大

税收优惠政策落实推进存在一定障碍，慈善事业的税收优惠力度较低。《中华人民共和国慈善法》规定了慈善组织、捐赠人和受益人享有税

---

① 郑善文、高祖林：《我国慈善组织内部治理能力建设研究》，载《学海》2020 年第 6 期，第 131—134 页。

② 杨思斌：《慈善法治建设：基础、成效与完善建议》，载《社会科学战线》2019 年第 10 期，第 190—198 页。

收优惠，但是由于其与税法的对接仍存在认知及具体政策方面的障碍，登记认定为慈善组织本身并不能自动享受免税或减税待遇，慈善组织的免税资格适用非营利组织相关规定，需要财政、税务部门按照管理权限联合进行审核确认。根据2020年《关于检查〈中华人民共和国慈善法〉实施情况的报告》，民政、财政、税务等部门已经出台一系列激励优惠政策，对于公益性捐赠税前扣除资格有效期限的延长进行了规定，完善了慈善机构取得公益性捐赠税前扣除资格的规定门槛和运作程序。在个人所得税层面落实了对于个人捐赠的鼓励措施，并降低了对于公益性捐赠税前扣除的资格要求。然而，由于这部分政策近期才出台并实施，许多慈善组织乃至于基层主管部门对其掌握和了解程度不足，在应用推进方面还存在一定问题。

其他促进政策也存在操作上的问题。为鼓励作为慈善事业发展的新载体的慈善信托的发展，《中华人民共和国慈善法》对慈善信托进行了明确和规范，然而对于慈善信托税收优惠缺乏具体政策落实，难以为慈善信托发展提供足够激励。慈善信托受托人出具捐赠票据困难，相关税收优惠制度难以落实。《中华人民共和国慈善法》第八十四条规定的“对扶贫济困的特殊的优惠政策”，在税收优惠方面采用什么样的具体政策也需要进一步明晰。《中华人民共和国慈善法》规定的金融、土地等方面的优惠政策迄今尚未明确。例如，慈善组织接受房产捐赠仍然需要缴纳契税等税费，实质上减损了《中华人民共和国慈善法》中鼓励不动产捐赠并用于慈善事业发展的立法效能。到目前为止，还没有具体的政策出台鼓励企业、事业单位和其他组织为慈善活动提供场所等优惠便利条件和资源①。政府通过购买服务支持慈善事业的机制尚需进一步构建完善。当前，慈善组织仍然较为缺乏获得政府购买服务项目的机会，并且也未享有税收方面的优惠激励措施。

---

①　郑功成：《中国慈善事业发展：成效、问题与制度完善》，载《中共中央党校（国家行政学院）学报》2020年第6期，第52—61页。

（二）慈善事业监管不健全

慈善事业监管不健全这一挑战具体表现为行政监管不完善和社会监督有待进一步发展两个方面的内容。

1. 行政监管不完善

法律法规的矛盾缺漏之处导致对慈善事业的全过程监管体系尚未形成。《中华人民共和国红十字会法》《中华人民共和国公益事业捐赠法》《中华人民共和国慈善法》等对慈善事业进行规范的法律文件存在部分规定杂乱、彼此矛盾之处，实施细则也未完全到位，并且没能有效提供过程监管的法律依据。当前，对于慈善组织的监管仍集中于事前，事中、事后监管缺乏，因此无法形成完整系统的监管体系。

部门间有效协调机制缺乏，同时存在监管不足与监管过度现象。一方面，《中华人民共和国慈善法》指定民政部作为慈善工作的主管单位，然而民政部工作的开展需要财政、税务、银保监、海关、网信以及教育和宣传等各部门提供相应政策支持，各部门积极有效配合是《中华人民共和国慈善法》有效实施的关键。另一方面，慈善事业监管还存在监管过度与监管不足。其中，监管过度是指监管部门对于慈善组织的内部治理干预过多，对其章程内容细则内容提出机械要求，如规定慈善组织负责人任期不能超过两届、年龄不得高于 70 岁。类似行为侵犯了慈善组织的自治权。监管不足则是由主管部门资源配置有限导致。民政部门编制的限制导致其缺乏足够人手来完成所承担的慈善组织登记注册、业务监管以及相应的执法检查等工作。

在监管力量层面，伴随着民政部慈善事业促进和社会工作司的设立，各地各级民政部门参照设立管理慈善事业相关事务的专职机构，为慈善事业监管的推进奠定了组织基础，但依然存在编制和人手配备跟不上的问题。《中华人民共和国慈善法》第九十四条规定，县级以上人民政府民政部门对慈善组织、有关单位和个人进行检查或者调查时，检查人员或者调查人员不得少于 2 人，并应当出示合法证件和检查、调查通知书。但在实践中，省级慈善监管与执法工作机关人员配备平均不足 4 人，部分市、县未配备专职负责人员，无法达到法定要求。

在监管力度层面，《中华人民共和国慈善法》第三十三条规定，禁止任何组织或者个人假借慈善名义或者假冒慈善组织开展募捐活动，骗取财产。当前，部分慈善组织出现慈善活动操作不规范，甚至侵占慈善资金的问题。然而《中华人民共和国慈善法》实施5年多以来，全国各地少有依据《中华人民共和国慈善法》实行的行政处罚。根据《中华人民共和国慈善法》执法检查，大部分设区市始终处于“零处罚”状态，部分地区的基层主管部门存在明显的行政监督不到位的问题。

2. 社会监督待发展

慈善组织信息披露不充分使得社会监督的有效实施难以推进。慈善组织信息公开制度的规则相当复杂，内容的公开标准和完善程度不达标。此外，当前各项慈善活动数据确实存在不透明问题。互联网公益的发展带动了中国慈善捐赠规模的迅速提升和公众慈善参与的有效扩大。然而20家互联网募捐平台中对于募捐金额、捐赠人次、捐赠比数工作报告等各项信息公开工作的及时性、全面性和准确性良莠不齐，区块链技术在慈善项目运行全过程披露中的应用也刚刚起步，仅在个别平台上进行了探索。慈善中国平台的数据更新存在不及时的情况。这些因素都阻碍了社会公众有效行使慈善监督权。

公民对于慈善事业的监督意识缺乏也构成了社会监督发展的一项阻碍。学者指出，受经济文化发展限制和公众民主意识不高的影响，公众对社会管理的参与意识和责任意识还比较低①。受“不在其位不谋其政”思想的影响，我国民众尚缺乏社会监督的主动性②，尤其对于本人没有亲身参与的慈善项目，一般民众的监督意愿很难得到激发。

（三）重大突发事件应对机制亟须建立

重大突发事件应对机制亟须建立，具体表现为慈善组织突发事件应对

---

① 高景芳：《论社会管理创新中的公众参与》，载《行政论坛》2013年第4期，第58—61页。

② 王俊秋：《论构建和谐社会中的慈善事业监督体系》，载《社会科学家》2008年第5期，第104—106页。

缺乏制度保障和慈善组织合力协作缺失两方面的挑战。

1. 慈善组织突发事件应对缺乏制度保障

《中华人民共和国突发事件应对法》等法律不完善使得慈善组织参与应对突发事件时缺乏规范引导，造成诸多问题。目前，慈善组织参与应对重大公共事件的法律地位不明确，现行的《中华人民共和国突发事件应对法》未将社会组织纳入国家突发事件应对体系，更没有明确慈善组织参与突发事件应对的机制，对主动参与的慈善组织和志愿者缺乏必要的保障和激励措施①。一方面导致一些社会组织没有认识到自身所应承担的危机应急责任，另一方面也造成社会组织缺乏有序参与突发事件应对的渠道。社会组织在应急工作中暴露出的能力问题显示社会组织的培育监管制度仍需进一步完善。

2. 慈善组织合力协作缺失

社会组织间缺乏协调合作，整体行动能力较弱是其面临的一大重要问题。应对重大公共卫生事件，慈善组织在各自开展应急救援、款物捐赠等活动的同时，需要建立信息沟通机制，互通有无，促进慈善资源的合理配置②。然而多次慈善组织参与的实践则显示国内慈善组织尚缺乏较强的建立联动机制的能力。

二、企业层面

企业层面面临的挑战主要包括企业慈善责任意识需要进一步提升和慈善参与类型需要进一步丰富两方面的问题。

（一）企业慈善责任意识需要进一步提升

根据《企业社会责任蓝皮书（2020）》的数据显示，国有企业在社会责任方面表现相对突出，国有企业 100 强社会责任发展指数连续 12 年保持

---

① 宫蒲光：《社会治理现代化大格局下推进慈善事业高质量发展》，载《中国行政管理》2021 年第 2 期，第 6—13 页。

② 金锦萍：《疫情应对中慈善组织的特殊规范和行动特点》，载《学海》2020 年第 2 期，第 26—31 页。

领先。在精准扶贫和抗击新冠肺炎疫情两方面，国企都有亮眼的表现。相对而言，民营企业在企业社会责任方面的发展呈逐渐优化增长态势，但依然与国有企业有较大差距。根据《企业社会责任蓝皮书（2020）》计算的历年各类企业社会责任发展指数，2020年国有企业100强的企业社会责任发展指数为58.5，相较上年增长4个百分点；而民营企业100强的该指数则为29.3，相较国有企业明显偏低。并且，约四成的中国企业社会责任发展指数低于20分。报告认为，这部分企业仍未实现积极主动地承担社会责任。可见，尽管国有企业的社会责任意识总体上呈现提升态势，但不同类型企业的表现存在较大差距。除去部分积极履行企业慈善责任的国有企业，相当部分的民企仍然存在主动履责意识不足的问题①。这部分企业往往缺乏对社会问题的关注，认为履行社会责任是属于政府以及大型企业的任务，尚未形成对于企业社会责任的恰当认知。

（二）慈善参与类型需要进一步丰富

企业慈善参与的主要类型包括支持社会福利事业，资助科技和教育事业，提供社区服务、完善社区基础设施，促进环保公益事业，协助发展体育事业，资助医疗、保健事业，扶持文化艺术事业，赞助学术研究与科研事业，以及参与市政建设等。无论企业类型如何，都可选择合适的方式和领域投身慈善活动。

当前国内许多企业的慈善公益活动类型较为单一。多数企业参与慈善的活动形式固定，并且主要限制于捐赠行为。企业参与慈善公益的领域集中于救灾、扶贫、济困、助学等方面，主要采取资金或物资捐赠形式。当前存在的问题反映了企业对于类型多样的慈善项目、社会慈善需求缺乏充分的信息获取渠道。另外，企业员工在社区志愿服务方面的有限参与也说明了企业的重视不足以及配套服务和管理制度的缺位等问题。

---

①《企业社会责任蓝皮书（2020）》发布！https：//baijiahao.baidu.com/s？id=1683309334355129296&wfr=spider&for=pc. 最后访问时间：2021年12月30日。

三、社会层面

社会层面面临着慈善组织专业性迫切需要强化、慈善组织内部治理能力存在缺陷、慈善组织信息披露亟待加强、慈善组织服务模式单一化、公众慈善事业参与未能充分激活、慈善供给与需求矛盾6个方面的挑战。

（一）慈善组织专业性迫切需要强化

慈善组织专业性迫切需要强化主要包括从业人员专业素质有待提升、慈善组织人员流动性高两个方面的主要问题。

1. 从业人员专业素质有待提升

慈善组织的非营利性使其无法基于市场机制为雇员提供有竞争力的薪资，在就业市场中相较于营利性组织不具备竞争力，因而难以吸引高素质、专业性人才。目前，我国慈善组织的工作人员多数为兼职人员或志愿者，慈善组织专职人员较少，且相当一部分工作人员不具备专业的服务能力。由政府推动成立的慈善组织中还存在的一大阻碍是社会组织无法自主选择其主要负责人，许多主要职位由刚从体制内领导岗位退休的前官员担任，其专业对口程度难以得到保证①。

2. 慈善组织人员流动性高

我国大部分慈善机构缺乏完整合理的晋升机制，员工职业发展受限。与此同时，受中国传统政治文化的影响，人们对政府的依赖和信任远胜过对“私人”创办的社会组织的信赖。因此，较低的社会公信力也限制了慈善组织专业人才的开发空间②。上述现象直接导致慈善组织从业人员出现较高流动性的现象。

作为慈善公益与社会服务的专业领域，我国的社会工作长期面临着人

① 杨燕英、杨琼、刘腾飞：《提升社会组织承接政府购买公共服务能力研究》，载《中国民政》2017年第9期，第35—37页。

② 陈成文、王雅妮、何培：《发展慈善事业与实现新时代的“弱有所扶”》，载《中州学刊》2020年第10期，第83—89页。

才流失的困境[①]。2010 年《中国公益人才发展现状及需求调研报告》显示，56. 5%的慈善公益组织遭遇了人才流失，而其中社团和草根组织等小规模组织的流失率远高于基金会，80%的流失人才流向非慈善公益领域。较高的流动性、频繁的人员变更可能导致慈善组织服务质量参差不齐，不利于慈善组织实践经验的积累沉淀和在此基础上的发展提升。

（二）慈善组织内部治理能力存在缺陷

慈善组织内部治理存在缺陷主要表现为内部治理结构设置不合理和内部管理效率较低两个方面。

1. 内部治理结构设置不合理

首先，有些慈善组织的理事会成员来自同一单位，或是大部分成员彼此沾亲带故，这种理事会结构的不合理性导致慈善组织理事会在对一些重大事项表决时无法做到公正公平。其次，有些慈善组织中作为决策者的理事长和作为执行者的秘书长均由同一人担任，决策和执行无法约束制衡。最后，一些慈善组织的监事会形同虚设，部分慈善组织甚至没有设立监事会，无法形成有效的监督制约机制。这些内部管理结构中存在的缺陷很大程度上影响了慈善组织管理的公正性和决策的公平性[②]。内部治理结构是慈善组织发挥功能和作用的结构性前提，对慈善组织促进慈善事业发展的效果起到决定性作用。

2. 内部管理效率较低

第一，组织发展和运行的重要部门虚置、空转的问题仍然突出。慈善筹资是慈善组织运行的重要职能，但是研究者在调查中发现，许多慈善组织的慈善工作组织化程度不高，内部其他部门对此项工作的支持和保障不力，造成慈善筹资绩效产出不高。第二，慈善公关传播和捐赠人关系维护等工作的组织设置和保障也较为薄弱。这些都对治理能力的提升形成了障

① 周秋光、彭顺勇：《慈善公益组织治理能力现代化的思考：公信力建设的视角》，载《湖南大学学报》（社会科学版）2014 年第 6 期，第 54—59 页。

② 陈成文、王雅妮、何培：《发展慈善事业与实现新时代的“弱有所扶”》，载《中州学刊》2020 年第 10 期，第 83—89 页。

碍和制约①。内部管理效率较低限制合力慈善的发展，阻碍基层慈善事业的飞速成长。

（三）慈善组织信息披露亟待加强

当前我国慈善领域仍存在信息披露平台建设不完善、信息公开渠道不畅、慈善组织信息披露水平低等问题，信息披露的缺失是造成我国慈善组织公信力较低的原因之一。中民慈善捐助信息中心根据中国公益慈善行业发展状况设计“中国公益慈善组织透明度评估体系”，并依据此体系自2009年起连续6年发布《中国慈善透明年度报告》。根据2014年度《中国慈善透明报告》，2014年度我国慈善透明指数为44.10分（总分100分），仅有28%的公众对我国公益慈善组织当年的信息披露工作感到比较满意②。慈善组织信息披露水平低的现状成为阻碍慈善事业和行业发展的重要因素。

（四）慈善组织服务模式单一化

慈善组织常常选择捐资捐物等直接的物质资源支持方式来完成困难群体帮扶任务。这种帮扶模式可以解决困难群体最迫切的生活需求，短期内快速显著提升服务对象的生活水平，然而单一的物资捐赠方式不能全面、可持续地促进受助对象的个人发展，还可能导致一些不良后果。一方面，部分受助对象可能会产生依赖心理，完全依赖社会帮扶度日而不自寻谋生出路，形成游手好闲、不思进取的习惯；另一方面，得到资金和物资捐赠的困难群体可能因缺乏理财投资的意识与方法，具有“短视”特点，无法将经济资源转化为可供谋生的经营资产，用尽捐赠所得后又重新回到基本生活无法保障的状态。

多数受助对象往往需要包括但不限于物质的多方面扶持，慈善公益救助应从传统的物质慈善向包括物质和心理慈善在内的现代慈善发展转变。

① 郑善文、高祖林：《我国慈善组织内部治理能力建设研究》，载《学海》2020年第6期，第131—134页。

② 2014年度我国慈善透明指数比2013年提高2.3%，http：//www.gov.cn/xinwen/2014-09/19/content_2753128.htm. 最后访问日期：2021年12月30日。

当前许多慈善组织的帮扶行为重点关注物质扶持，体现在救灾、送医、助残、扶贫等诸多领域，这样的支持行为是重要但效果有限的。如果慈善组织能够在给予物质帮扶之余，为受助对象提供谋生技能培训和心理辅导，帮助人们从心灵深处找回自己的力量，将比单纯为受助对象提供物质帮助产生更深远的影响。

（五）公众慈善事业参与未能充分激活

广泛的公众参与在慈善事业发展建设中发挥着重要作用，慈善事业的发展和壮大有赖于每一位公民的参与。公众在慈善事业尤其是慈善捐赠中的自主贡献是第三次分配的重要组成部分，有助于促进对社会资源和财富的合理分配。然而我国个人慈善捐赠还有较大发展空间。根据美国施惠基金会《捐赠美国 2019》报告，2018 年全年美国个人捐赠占捐赠总额的 68%。《2019 年度中国慈善捐助报告》数据显示，2019 年全国接受境内外捐赠 1701. 44 亿元，个人捐赠总额达 398. 45 亿元，占捐赠总额的 26%。相较慈善事业较为发达的美国，我国个人捐赠所占的慈善捐赠总额比例依然较小。个人捐赠规模不足将对社会组织尤其是小微组织的生存和发展带来较大挑战，不利于此类组织获取足够的运作资金，在慈善事业中发挥功能。

（六）慈善供给与需求矛盾

慈善供给与需求矛盾是宝安区慈善事业当前面临的一项较为突出的个性问题。

第一，宝安区慈善救助对象主要面向户籍居民和长期居留人口，与区内流动人口较多的现状之间存在一定矛盾。如前所述，宝安区常住人口 334. 25 万，其中户籍人口 65. 1 万，仅占常住人口比重 19. 5%；而常住非户籍人口 269. 16 万，占常住人口比重 80. 5%[①]。可见，宝安区的非户籍人口在区内常住人口中占据绝大多数，且高于深圳市的总体水平（约 63. 2% 非户籍常住人口）。

---

① 深圳市 2019 年国民经济和社会发展统计公报，http：//tjj. sz. gov. cn/zwgk/zfxxgkml/tjsj/tjgb/content/post_ 7294577. html. 最后访问日期：2021 年 12 月 30 日。

与此同时，宝安区的慈善救助主要面向户籍居民而不是占据人口绝大部分的非户籍居民。根据宝安区慈善会2019年度慈善金财务工作报告，2019年慈善会支出非定向捐款4156170.81元，其中，1605200元用于户籍困难群众救助，占非定向捐款的38.6%。根据《宝安区慈善会关于资助劳务工重大疾病医疗暂行办法》，支出非定向捐款942400元用于困难劳务工救助，占非定向捐款比例22.7%。尽管《宝安区慈善会关于资助劳务工重大疾病医疗暂行办法》面向非深圳户籍资助对象，但同时要求资助对象需要在深圳市宝安辖区的企业、中介机构、个体经济组织、民办非企业单位、社会团体、机关事业单位工作一年以上。因此，在宝安区短期停留的流动务工人员则难以获得资助机会。如何调整慈善会工作方向，弥合慈善服务提供与潜在救助对象需求之间的差异是宝安区慈善会面临的一项挑战。

第二，多样化、高水平的慈善供给需求对慈善会的服务水平带来压力。伴随着经济社会的快速发展，宝安区的产业结构、区域布局、人口结构、社区形态发生了深刻变化，人民群众追求和向往更可靠的社会福利保障、更宜居的社区环境、更加美好的生活，社会管理、社会融合和社会再组织化的难度大为增加。社会环境的变化要求更多元化和高质量的慈善供给，这对宝安区慈善事业的发展将产生显著影响。目前，慈善会内部治理结构还不够顺畅，专业化程度不高，特别是慈善专业人才匮乏的困境比较突出。由于我国慈善制度环境还有待深入优化，有关慈善人才薪酬等方面的配套措施在实际实施过程中存在不少现实障碍，不利于吸引、留住专业人才，也必将带来诸多方面的压力。作为开放的国际化城市，深圳也正在以国际化标准衡量公益慈善事业的发展，宝安区慈善会作为深圳发展势头最好的慈善会，面临着向国际水平看齐、以国际化标准要求自己的发展挑战。

四、合力慈善层面

合力慈善层面面临着宝安区慈善会身份定位有待厘清和企业与慈善组

织合作机制有待完善两个方面的挑战。

（一）宝安区慈善会身份定位有待厘清

深圳市宝安区慈善会于2007年1月注册为社会团体，由深圳市宝安区民政局作为业务主管单位和登记管理机关，2018年5月，宝安区慈善会被认定为慈善组织。宝安区慈善会负责协助宝安区政府发展各项慈善事业，在宝安区慈善事业推动中发挥核心主导作用。同时，宝安区慈善会探索社会化运行方式，运作过程和内部治理具有自主性。宝安区慈善会作为政府与企业和慈善组织等慈善事业参与主体沟通的桥梁和合作的平台，在宝安区合力慈善建设发展中发挥着重要的枢纽性作用，是合力慈善事业不可获取的核心组成部分。然而，作为具有政府背景，同时在地区慈善事业中具有特殊地位的慈善组织，宝安区慈善会的双重身份所产生的张力为其自身定位问题带来一定的困惑。

一方面，宝安区慈善会具有政府背景。慈善会拥有两个政府人事编制，组织住所位于区政府。慈善会代表政府推动开展各项慈善事业推进工作，分别与深圳市宝安区五类百强企业联合会签订战略合作协议，与宝安区各街道商会、宝安区义工联、宝安日报社、宝安区融媒体中心签订推进公益慈善事业发展合作框架协议；制定《关于进一步推进宝安合力公益慈善事业发展的工作措施》，联合社会各方力量合力提升宝安慈善事业的广度与深度；发展冠名基金、强化慈善宣传，着重推动“慈善文化进校园”工程的相关工作，落实深圳市民政局和深圳市宝安区政府签订的《推进慈善事业创新发展合作框架协议》的各项工作计划。慈善会各项举措体现了区政府推进慈善事业的方向和安排。

另一方面，宝安区慈善会采取社会化运作方式。慈善会作为社会团体和慈善组织，依照章程自主运作，不受政府行政指令干预，具有一定的自主性和独立性。慈善会发挥引导和中枢作用，通过签订协议联系区内街道商会、五类百强企业、义工联和媒体等各类慈善事业社会参与主体，在慈善募捐和捐赠、慈善项目开展、慈善文化宣传等方面共同推进工作。慈善会号召企业和个人等社会力量通过设置冠名基金和专项资金以及其他定向和非定向捐款方式进行慈善捐赠，吸引社会资金，从而开展区内各项针对受助对象的资助扶持工作。由此，宝安区慈善会面临行政化与社会化双重身份定位问题，身份定位的厘清关乎职能的明确和工作部署，影响到慈善会战略规划的制订，是慈善会明确未来发展方向时需要解决的关键问题之一。

（二）企业与慈善组织合作机制有待完善

宝安区企业与区内慈善组织通过多个层面的合作以深入参与慈善事业，这一合作机制也提升了宝安区慈善组织的资源动员能力。其中，宝安区慈善会冠名基金是两者合作关系的重要载体之一。宝安区爱心企业在宝安区慈善会名下设立了多项冠名基金。截至 2019 年，宝安区慈善会冠名基金总数达 108 家，累计金额 3909 万元。宝安区企业在设置冠名基金以对宝安区慈善事业贡献力量方面具有较大积极性，然而在后续冠名基金的使用规划上缺乏充分参与。根据宝安区慈善会出具的《深圳市宝安区慈善会冠名基金管理暂行办法》，冠名基金的使用意向和监督管理等方面内容由捐赠方和宝安区慈善会共同以协议形式确定，且冠名基金的使用需由捐赠方审批。理论上，企业作为冠名基金的出资者，在冠名基金使用中具有充分的话语权。然而在实践中，许多企业在进行冠名基金设置后未能及时、主动地推进冠名基金的实际效用发挥，在资金使用决策等方面具有较强的被动性。冠名基金的使用主要由宝安区慈善会推动，负责主动与企业联系与沟通，敦促企业尽快制订冠名基金的使用规划。这一现象的背后是宝安区企业在履行慈善参与责任过程主观能动性的缺乏。主观能动性的缺失使得部分企业仅将捐赠视作一种任务和指标，甚至捐赠行为本身可能也并非出自企业本意，而是在外部压力之下作出，具有非自愿性特征。因此，完成“任务式”捐赠的企业对于资金的进一步使用情况不再关心，更缺乏动力再投入时间精力进行监督。

第二节　域外合力慈善发展经验

本节选取美国、英国和澳大利亚三国，对其政府、企业和社会领域慈善活动分别展开介绍，作为国内合力慈善建设的参考。其中，政府规制部分依照第二章提出的大政府概念所涉及的政府职能范围，将分别介绍立法、行政和司法三方面的举措。美国慈善事业规模庞大，慈善组织数量众多，涉及宗教、教育、卫生、福利服务、文化艺术、环境和动物保护等多个领域①。美国的政府与慈善组织在公共服务提供中成为默契的合作伙伴，这种关系模式自20世纪60年代起迅速发展，被称为“非营利联邦主义”②。英国则拥有非常悠久的慈善历史与慈善文化，且英国民众慈善捐款与志愿活动的民间氛围较为浓厚，同时具有较为完备的政策法规体系和监管体系。澳大利亚慈善事业近年来具有较好的发展，捐赠规模扩大，企业慈善意识增强，政府对于慈善事业的规范监管体制迎来改革转变。综合而言，三国的慈善事业发展水平较高，积累了丰富的建设经验，适合引以参考借鉴。

一、美国合力慈善发展经验

美国合力慈善的发展经验包括政府规制、企业慈善和社会慈善三个方面的内容。

（一）政府规制

美国政府和慈善组织建立了密切的合作伙伴关系，尤其是在20世纪60年代之后，这种关系得到了快速发展。联邦政府出资，委托非营利组织

① 张奇林、张东旺：《美国慈善事业及其启示》，载《甘肃社会科学》2015年第1期，第16—19页。

② 莱斯特·M. 萨拉蒙：《公共服务中的伙伴：现代福利国家中政府与非营利组织的关系》（田凯译），北京·商务印书馆，2008年版，第43—45页。

提供社会服务，这也构成了美国公共管理方式改革的重要部分，学者称之为“非营利联邦主义”。可见，慈善事业在美国社会治理和服务提供方面发挥着重要作用，同时，美国政府对于慈善事业也建立了全面的监管体系。

美国1986年国内税收法典（Internal Revenue Code，IRC）是美国税法的主要文件，其中501c（3）项定义了慈善组织的认定原则，符合501c（3）定义的慈善组织可以获得免税资格。除此之外，州政府层级上，美国39个州和哥伦比亚特区都有关于募捐的立法明确规定。美国各州尚无针对网络募捐的明确法律规定。2000年，由美国全国首席检察官联合会（National Association of Attorney General，NAAG）和全国州级政府慈善监管协会（National Association of State Charity Officials，NASCO）主办的2000年度的圣地亚哥年会上，与会者针对网络募捐展开讨论并形成指引意见，由全国州级政府慈善监管协会于2001年3月发布，即为“查尔斯顿原则”(Charleston Principal)。根据“查尔斯顿原则”，非营利组织在住所地之外的其他州通过交互式网页，对于该州的特定目标人群进行募捐或者重复持续地从该州获得捐赠的，则需要在该州进行募捐登记；非营利组织通过非交互式网页募捐的，只要他们邀请目标人群进行线下活动进行募捐或者通过其他方式与该州发生联系，如发送电子邮件或其他方式的交流以推广网站的，对于该州的特定目标人群进行募捐或者重复持续地从该州获得捐赠的，也需要在该州履行登记义务①。

美国政府对于慈善事业的监管分别在三个层次上实施，分别为联邦政府层级、州政府层级和地方政府层级。其中，联邦和州政府层级在慈善事业监管中起到主要作用。另外，非营利监督机构以及部分慈善组织在监管中也发挥了部分作用，这几类主体与各层级政府共同构成了慈善募捐的包括官方、半官方及私人监管在内的规制体系。联邦政府层级对于慈善事业的监管主要由联邦税务局进行，体现为以下几个方面。第一，免税资格审

① 金锦萍：《〈慈善法〉实施后网络募捐的法律规制》，载《复旦学报（社会科学版）》2017年第4期，第162—172页。

批。慈善组织依照《国内税收法典》所规定的免税资格条件，向联邦税务局申请获得免税资格。第二，年度报表和信息公开。各类慈善组织需按照要求提供特定类型的年度报表，即 990 表格，联邦税务局通过表格掌握慈善组织的运行状况。第三，联邦税务局的审计。根据法律授权，美国联邦税务局具有对慈善组织的账簿和记录进行审计的权利和义务，其重点监管组织包括接受联邦政府资助或者与政府签订服务合同的组织以及资产额超过 1000 万美元的特大型组织两类。除联邦税务局之外，美国的卫生与公共服务部、联邦贸易委员会的消费者保护局以及美国邮政管理局等职能部门相关领域慈善组织担负有监管职责。

美国各州都专门设置负责监察非营利和慈善组织事务的副检察官，各州副检察官办公室负责监督违法行为，调查可疑行为。若违法行为证据明确，则副检察官办公室有权向非营利组织提起诉讼，法院将对此进行裁决。每个州还有一个专门的慈善组织管理部门，如加利福尼亚州有一个慈善信托登记处和慈善信托法审计部。慈善信托登记处的职责是收集并处理州内慈善受托人及慈善组织所呈交的财务报告等相关文件，同时负责接待要求查阅这些文件的社会公众。慈善信托的法律和审计部的职责主要为调查与审计慈善组织存在的资产滥用、浪费和欺诈行为，最终调查结果将向法院提交，从而避免慈善资产被不当使用。美国地方政府主要包括县政府、市政府、镇政府、学区政府等几个层级。地方政府对于慈善组织的监管相较联邦政府和州政府较为有限，主要包括对于本地慈善组织的慈善募捐管理、活动管理以及某些税、费的豁免等①。

司法领域，美国的环境公益诉讼取得了较为突出的成绩。美国环境公益诉讼起步较早，具有较为完备的法律体系。美国的环境公益诉讼称为“公民诉讼”，始于 20 世纪 70 年代，英国、加拿大、德国和澳大利亚等都借鉴了美国的环境公民诉讼制度。美国的一批活跃在环境领域的非营利组织在环境公益诉讼中发挥着重要作用。地球正义（Earth Justice）是一个较

① 陈为雷、毕宪顺：《美国慈善事业监管体制及其对中国的启示》，载《东岳论丛》2015 年第 7 期，第 29—33 页。

有代表性的非营利公益法律事务所，专门从事环境公益诉讼。地球正义致力于社区健康、野外生态环境保护、发展清洁能源应对气候变化等方面的事务，组织在全美设有14个办事处，拥有150多名全职律师。在地球正义的努力下，美国联邦法院自2000年起限制工业污染中的汞排放，2011年第一部限制发电厂排放汞与其他有毒空气污染物的联邦法规——《汞和有毒空气污染物标准》制定出台。标准生效以来被业界广泛采用，自此发电厂的汞排放量下降了80%。研究发现，此前一直在增加的鱼类中的汞含量已经下降①。

（二）企业慈善

美国企业慈善当前主要受到“战略慈善”思想指导。卡罗尔的社会责任理论指出企业主要受到两个方面的压力和趋势：第一，来自社会大众的舆论监督压力要求企业承担一定的社会责任；第二，企业股东对于企业具有提供更高利润的要求。来自两类关键利益相关者的要求之间的张力促使企业探索保证高利润回报率基础上开展企业社会责任活动的可能方案②。波特于1999年提出的“战略慈善”理论在这方面为企业慈善提供了创新的可能性③。“战略慈善”指的是企业利用慈善行为以积极改善其所处的外部竞争环境，从而同时获得经济与社会效益的过程。战略慈善并非仅受利他主义的道德动机驱使的慈善行为，而是强调企业需进行与公司经营使命目标相符合的慈善行为，因为与企业经营不相关的慈善活动仅能创造社会价值而对企业发展帮助不大，容易引起股东反对。战略慈善也不只局限于善因营销，即通过慈善活动进行特定产品宣传以提升知名度，其目的在于经济效益的获得。战略慈善理论所着眼的是对整个企业外界环境的有利改善，不仅仅是针对某个产品或者某一阶段企业的经济收益，而是更加前瞻

① 地球正义组织官网，https：//earthjustice. org/our_ work/victories. 最后访问时间：2021年12月30日。

② Carroll A B，“A three-dimensional conceptual model of corporate performance，” *Academy of management review*，4（1979），pp. 497-505.

③ Porter M E，Kramer M R，“Philanthropy' s new agenda：Creating value”，*Harvard business review*，77（1999），pp. 121-131.

性地站在竞争环境的角度，获得长远的经济效益和社会效益①。

美国企业慈善的实践经验主要在于以下三个方面。第一，具备理性的企业经营理念。企业是社会成员，具有其社会身份，因此也相应地具有承担社会责任的义务。企业慈善是企业社会责任承担的一项主要路径。美国企业慈善保持着持久的创新发展活力的核心正是在于其企业具备理性且成熟的经营理念和慈善观念。美国企业擅长以企业战略为发展核心，借助慈善公益活动达到企业经济效益与社会效益的双赢。慈善公益在此不仅仅是单纯出于道德的善行，更是商业理性经营的一种战略智慧。第二，成熟实施企业慈善战略规划。企业战略规划的完善实施构成了美国企业竞争力的核心之一。企业慈善战略规划的实施主要包括以下几个环节的工作：一是调查计划环节。即在调查明确社会公众最关切的领域和议题基础上，评估企业战略目标的匹配性、分析内外部可获取的优势资源，从而进入设置目标、制订计划，并集中资源力量展开工作。二是整合实施环节。意指激活企业全体员工参与，广泛调动来自政府、社会组织、媒体宣传等多方面的资源加以协助，灵活运用多种活动形式，包括志愿者服务、公益营销等。活动开展过程尽量既保证企业真诚的动机得以体现，又不偏失既定的战略目标，并根据实施情况时刻保持调整完善。三是效果评估环节。由于企业慈善被列为企业经营规划的组成部分，因此企业慈善的投入与产出、成本与效益都需要进行科学的评估，企业慈善的实施需要以效果为导向，从而使得企业慈善目标得到落实，企业发展获得实际增益。第三，善于建立良好合作关系。受到资源和能力的限制，单凭企业或非营利组织一己之力所能实现的目标远景也是受限的，成熟的企业慈善协调多方力量，通过各方通力合作以达到互补，共同达到效益提升目标。建立组织间合作关系过程中，企业可通过与具有较高社会影响力和公信力的非营利组织开展合作，帮助非营利组织提升治理能力和管理效能，愿意建立长期合作伙伴关系，

① 万君宝、秦施洁：《美国企业慈善的历史演进与长效机制研究》，载《经济管理》2015 年第 1 期，第 158—167 页。

从而使得帮助企业自身更加顺利地开展企业慈善活动[1]。

（三）社会慈善

美国非营利部门规模庞大，注册非营利组织和慈善组织数量丰富，慈善捐赠数量可观，公民的慈善参与意识较强，具有深厚的社会慈善文化传统。美国施惠基金会发布的《捐赠美国 2019》报告显示，2018 年全年，美国捐赠总额达到 4277.1 亿美元。报告将捐赠来源分为基金会、遗赠、企业和个人四部分，其中个人捐赠占比最大，达到 68%，金额为 2920.9 亿美元，基金会捐赠、遗赠和企业捐赠分别占比 18%、9% 和 5%[2]。可见，个人是美国慈善捐赠的主体。美国公众较强的慈善参与意识与宗教文化密切相关。美国成立前，大量来自英国的清教徒移民将慈善文化带上新大陆，美国最早的慈善活动便是由普利茅斯、马萨诸塞等地的清教徒发起，并在其后的宗教复兴运动中逐渐形成美国新教慈善传统[3]。

慈善组织在美国慈善事业运行中起到主要作用。美国慈善组织包括由联邦税法确立的公共慈善机构和私人基金会两类组织形态。只要符合美国国内税法规定并通过 509 条款检验，任何形式的组织机构，包括学校、教会、医院以及由公众资助的任意机构都可以注册获得公共慈善机构身份，公共慈善机构在教育、医疗卫生、妇女儿童权利保护、老年人服务、消除贫困、移民就业、环境保护、预防犯罪、社区改造等领域发挥着重要作用[4]。美国私人基金会分为独立基金会、项目运作基金会、公司基金会和社区基金会四大类，在公民的社会参与中占有重要地位。

此外，美国部分非营利组织发挥着行业监督以及作为行业基础设施为慈善组织发展提供支持引导的作用。如，BBB 明智捐赠联盟（the Better

---

① 章空尽：《美国企业慈善：从“传统”到“策略”之路》，载《社会保障研究》2008 年第 2 期，第 195—207 页。

② Indiana University Lilly Family School of Philanthropy. *Giving USA* 2019：*The Annual Report on Philanthropy for the Year* 2018（Chicago：Giving USA Foundation，2019）.

③ 陆镜生：《慈善面面观》，北京·中国社会出版社，2007 年版，第 176 页。

④ 饶锦兴：《美国慈善事业发展印象》，载《社团管理研究》2011 年第 1 期，第 25—28 页。

Business Bureau Wise Giving Alliance）是美国国内较为知名的非营利第三方监督机构，该组织于 2003 年研究制定了 BBB 慈善责任标准（BBB Standards for Charity Accountability）。BBB 明智捐赠联盟将该标准用于全国性和地区性的众多慈善组织的评估，并定期向公众披露评估结果以协助公众作出合理的捐赠决策。BBB 慈善责任标准包括慈善组织的治理与监督、评估效率、财务以及征募与信息材料 4 个方面共 20 条标准。慈善导航（Charity Navigator）网站是美国专业非营利慈善评估机构。成立于2001 年，慈善导航网现为美国最知名的慈善机构评估方，其定期对全国符合条件的非营利组织进行财务状况以及问责和透明两方面的评估，评估结果构成了美国捐赠者作出捐赠决策的重要参考①。

美国一些以慈善新闻报道为主的新闻网站发挥着传播慈善信息、普及慈善文化的作用。"慈善新闻文摘"（Philanthropy News Digest，PND）基金会中心的每日新闻服务，以文摘形式汇集了全国印刷媒体和数字媒体上与慈善事业有关的文章和特写。每日发布的 PND 新闻项目总结了原始文章、新闻或新闻稿件的内容，以及/或捐赠者通信。《慈善纪事》（*The Chronicle of Philanthropy*）创建于 1988 年，从深入报道塑造慈善机构和基金会工作的重大理念的故事到其在线资源中心的实践指导，《慈善纪事》提供帮助改变世界所需的信息和实用建议。网站的新闻和意见页面有助于推动全国范围内关于非营利组织在社会中所扮演角色的讨论。《慈善日报》（*Philanthropy Daily*）是一个提供关于慈善界最重要的问题、个人和思想的真实多样性观点的在线出版物，由美国慈善出版社（American Philanthropic）出版，这是一家为非营利组织和慈善基金会提供服务的综合管理、发展和传播咨询公司。美国慈善出版社的使命是发展公民社会——那些对我们民主的健康至关重要的非政府、非市场的协会和组织。《非营利季刊》（*Nonprofit Quarterly*，*NPQ*）为非营利组织提供基于研究的关于非营利组织的新闻。《非营利季刊》使用一系列媒体渠道帮助推进了可以完善非营利

---

① 慈善导航官网，https：//www.charitynavigator.org/index.cfm? bay = content.view&cpid = 5593. 最后访问日期：2021 年 12 月 30 日。

和社会运动政策和实践的关键对话。2006年起，《非营利季刊》添加了可供快速浏览的每日电子通讯栏目。最近，《非营利季刊》通过举办网络研讨会和播客扩大了受众范围。《非营利季刊》旨在通过多样化的媒体渠道持续不断地提供经过充分分析、具有时效性和情境化的信息，以帮助从业者应对充满前所未有机遇和挑战的瞬息万变的环境①。

二、英国合力慈善发展经验

英国合力慈善经验分为政府规制、企业慈善、社会慈善三个方面的内容。

（一）政府规制

英国最早于1601年出台《慈善用益法》（又称伊丽莎白法案），厘定了该国慈善事业的主要范围并勾勒出慈善活动的整体框架，成为英国近现代慈善法体系中关于慈善事业法律解释的历史起点。《慈善用益法》也是世界上第一部慈善事业领域的法律。此后，该法几经修改完善。2006年，英国出台最新《慈善法》，进行了许多改革创新。其中，慈善事业监管得到了细致规范，慈善委员会被确立为主管民间公益性事业的政府机构。慈善委员会的监管主要涉及慈善组织的注册管理和慈善组织的运作管理。2006年《慈善法》还更新了针对民间慈善组织募捐活动的监管措施，即统一募捐执照的审核和发放权归慈善委员会所有，而地方政府权限则变更为已经获得公共场所募捐执照的慈善组织签发地方募捐许可，该许可旨在调剂当地不同慈善组织募捐活动的时间和场地，避免募捐活动过于集中。值得注意的是，2006年《慈善法》对于慈善事业的范围进行了重新明确定义，根据该法，只有那些为公众利益服务的具备慈善目的的事业才能被认可为民间公益性事业，“具备慈善目的的事业”则被具体定义为包括扶贫与防止贫困发生的事业、发展教育的事业等13项。

英国志愿部门发展程度较高，政府与志愿部门达成了良好的合作伙伴

---

① 非营利季刊官网，https://mediablog.prnewswire.com/2019/12/05/top-philanthropy-news-sites/. 最后访问日期：2021年12月30日。

关系，政府通过与志愿部门开展合作从而更好地提升社会治理、优化社会服务。1998年，英国政府和志愿组织签订《英国政府和志愿及社会部门关系的协议》（简称COMPACT），该协议建立了政府和志愿部门之间的合作伙伴关系，为在各级地区层面上二者之间的合作创造了良好的环境。《英国政府和志愿及社会部门关系的协议》并没有法律效力，更像是政府和志愿部门之间相互的承诺，但有部分条款受到法律的保护。COMPACT赋予了志愿组织开展倡导活动的权利。COMPACT的原则集中在三个方面：一是鼓励志愿组织参与政策制定，更有效地配置资源和提高平等性；二是在国家层面上，英国志愿组织国家委员会（NCNO）代表志愿组织与中央政府签订相关协议；三是在地方层面上，由各地政府与志愿组织代表签订相关协议。政府购买志愿服务的服务，为志愿组织提供资金支持。英国政府与非营利组织通过关系签订协议明确各自的权利和义务。英国政府购买公共服务包括政府将现有部分公共服务职能转交给社会和从非营利组织购买目前政府尚未提供的公共服务。在英国，每年政府提供给非营利组织的财政资金约33亿英镑，资金约一半来自英国政府的博彩收益，文化部将每年博彩收益的28%通过其下设的新机会基金和社区基金以公开招标的形式分配给全国各级各类非营利组织。英国政府通过合同外包的方式将公共服务推向市场，政府仍然保留着干预的权力。英国政府通过组织的登记、运作、资金运作、绩效评估等完善的法律制度对非营利组织进行监管①。

英国慈善监督主要通过英国慈善委员会、英国志愿组织国家委员会（NCVO）和社会监督来实现：英国注册监管慈善组织的机构称为“慈善委员会”，它不是政府的一个部门，而是依据慈善法设立的，专事履行登记注册、慈善支持、监管慈善组织、对慈善组织的违规和不法行为展开调查等四项职能，英国慈善委员会通过法律设立，由财政拨款，负责人由政府任命，但不向首相而是直接向议会或法院负责，独立于政府运作，履行法律赋予的特定职能；英国志愿组织国家委员会（NCVO）是英国一家大型

① 胡琳琳、郝福庆：《英国公共服务类非营利组织发展的经验及其对我国的启示》，载《四川行政学院学报》2011年第5期，第14—15页。

联盟型慈善组织，也是英国最大的“伞状组织”，覆盖英格兰志愿部门约1/3的范围。其负责协助慈善委员会对慈善组织进行监管，尤其在对未在慈善委员会注册的慈善机构的监管上发挥重要作用①。

2020年8月，英国最高法院的一项裁决表明慈善公司的成员同样具有受托义务，并且法院有权指示慈善公司的成员如何行使其权力。该案件被认为是英国近年来最重要的慈善法律案件，对于慈善事业具有重要意义。此案件围绕法院对于一家慈善担保有限公司的一名成员是否应当对于该慈善公司的批准赠款决议行使自由裁量权的裁决展开。最高法院裁定，慈善公司的成员有义务为慈善机构的最大利益采取行动，尽管所承担义务的确切范围可以受到公司章程和相关法律的限制。该判决意味着，根据《2011年慈善法案》第220条，股份有限公司或担保有限公司的慈善公司成员可能与慈善法团组织的成员对其慈善机构承担同样的义务。

根据最高法院的裁决，显然慈善公司的成员与慈善受托人一样属于法院的管辖范围。在这种情况下，慈善机构的受托人寻求法院的指导，根据法律，交易需要获得慈善机构唯一没有利益冲突的成员的批准。如果受托人将其自由裁量权交给法院，而法院认为批准交易符合慈善公司的最大利益，那么成员未能行使其权力执行法院的裁决就是违反职责。因此，初审法院在其权力范围内指示该成员投票赞成交易。这项法律案例许多与慈善公司成员及其职责有关的问题，并解决了公司法中涉及慈善公司的摩擦。

（二）企业慈善

在英国企业的认知中，企业慈善不同于商业赞助，因为它（假设）涉及捐赠，而不期望直接的商业回报。英国企业捐赠总额的90%来自前300名企业捐赠者，头部捐赠者具有较强领先地位。在直接的慈善捐款之外，英国企业还常以“社区贡献”形式开展慈善活动，包括提供实物礼物、设备和/或员工贷款给组织、提供设施和专业建议、慈善杂志和小册子上的广告，以及提供商业赞助。平均而言，英国企业在社区贡献中提供的份额

① 王名、李勇、黄浩明：《英国非营利组织》，北京·社会科学文献出版社，2009年版，第8—15页。

是直接捐款的 1.85 倍。Norton（诺顿）从 100 家大型企业的样本中得出结论，捐款总额与直接慈善捐款的比例甚至可能高达 3∶1（在某些情况下高达 6∶1）①。Lee（李）的报告的证据表明，现金捐款占所提供援助总额的比例长期下降②。反映了英国企业以为社区作出直接和实际贡献取代慈善捐赠的发展趋势。

相较西欧其他一些国家如法国和德国，英国企业较少将企业慈善与营销计划相联系。英国企业较少注重对于捐赠的市场营销效果的评估，反映出了英国企业慈善的独特文化③。

（三）社会慈善

英国是世界早期慈善发源地之一，有着十分悠久的慈善历史和慈善文化，英国民众慈善捐款与志愿活动的民间氛围较为浓厚。在英国，慈善组织中的有酬员工只占组织成员的约 1/3，其他成员都是志愿者，平均每一个 16 岁以上的成年人每个月都会从事某种形式的志愿服务活动。

英国各种慈善组织的形式有基金会、慈善信托、社会组织机构、社会团体等。2017 年，英国排名前 300 名基金会的总捐赠额达到 29 亿英镑（约占捐赠总价值的 90%），总收入为 37 亿英镑，净资产为 670 亿英镑④。在实践中，英国慈善组织具有灵活的认定方式，一个组织可以注册为慈善组织，也可以同时注册为企业和慈善组织。只要其在运作环节中实现了慈善目的，并满足法律的规制。组织一旦获得慈善资质，就能获得包含所得税、增值税、房产交易税、遗产税等在内的各类税收优惠。英国各类慈善组织及慈善形式如基金会、社团、社会服务机构、慈善信托等与中国的运作方式大体相似，最为不同的类型是慈善公司，即同时注册为企业和慈善

① Norton M, *Raising Money from Industry* (London: Directory of Social Change, 1991).

② Lee S., *Philanthropy still has its place*, *Hollis Sponsorship and Donations Yearbook* (London: Hollis Directories Ltd, 1996), pp. 293-294.

③ Bennett R, "Corporate philanthropy in France, Germany and the UK: International comparisons of commercial orientation towards company giving in European nations", *International Marketing Review*, 6 (1998), pp. 458-475.

④ Association of Charitable Foundations. *Foundation Giving Trends* 2019 (London: Association of Charitable Foundations, 2019), p. 2.

组织的机构，在英国这一类组织还会进一步细分，不同细分类型对应特定的运营要求。这类组织可以通过日常商业营运、投资、会费、捐助、股票收益、贷款等诸多方式维持组织运营和慈善参与。慈善商店是慈善在英国民间落地的一种重要模式，英国的街头慈善商店较为常见，所售卖的物品涉及衣物、文具、电器、家具等，这些慈善商店的所有者为英国大型慈善组织，如英国心脏基金会（British Heart Foundation）、救助儿童会（Save the Children）、乐施会（Oxfam）等。据统计，英国有1万多家慈善商店，一年可以募集3亿英镑左右的资金用于医学研究、海外救援、环境保护、儿童救助和贫困救助等方面①。

近年来，着眼于本地以及公共利益的新闻媒体所面临的资金挑战使得针对新闻业的慈善支持受到更多关注。这类新闻媒体难以产生商业价值，而来自慈善组织的捐款可以使其摆脱商业束缚。2020年全年，英国《卫报》获得了900万美元的捐赠，尽管捐赠者不会影响编辑的独立性，但是慈善市场依旧会影响到报道的主题领域②。“对话英国”（The Conversation UK）是一个由学术专家与记者合作撰写的评论和分析网站，旨在向更广泛的公众传播学术研究和思想。作为一个慈善性质的非营利组织，最初的资金来自12所创办大学，现在已经发展到70多个成员。包括费尔拜恩基金会、惠康信托基金会和劳埃德注册基金会在内的一些慈善组织对其进行了资助。“非洲对话”（The Conversation Africa）得到了盖茨基金会的资助，以支持他们基于传播更多非洲声音的共同利益所作的努力。然而，慈善事业在新闻界的发展还面临一些阻碍。根据英国《慈善法》，慈善组织必须满足监管机构的要求，并将其使命目标纳入法律认可的“公益慈善”目的中，以获得慈善地位以及享受慈善税收减免资格。调查性新闻本身不是公认的慈善目的，因此，获得慈善地位的资金机会和税收优势有限。并且，

---

① 英国慈善事业发展主要经验与我们的思考，http：//www. gongyishibao. com/html/zhuanlan/2020/0114/18087. html. 最后访问日期：2021年12月30日。

② New ways to fund journalism - philanthropy：Big in the US，worth 55m since 2019 in UK，https：//pressgazette. co. uk/philanthropy-funding-journalism/. 最后访问日期：2021年12月30日。

对于调查性新闻的慈善支持要求新闻内容符合英国《慈善法》要求，即非党派和非政治性等，这对于新闻业获取慈善资助又带来了一定的限制①。

三、澳大利亚合力慈善发展经验

澳大利亚合力慈善发展经验包括政府规制、企业慈善和社会慈善三个部分。

（一）政府规制

2012 年，《澳大利亚慈善机构和非营利委员会法案》通过，该法案设立了澳大利亚慈善机构和非营利组织委员会（非营利组织委员会）；要求非营利组织委员会负责非营利实体（最初是慈善组织）的登记注册和维持；规定非营利组织委员会委员在管理注册实体方面的权力；并规定注册实体的义务和责任。

澳大利亚会计准则委员会（AASB）为该国慈善组织提供了会计标准。1991 年 6 月，AASB 引入差异报告的概念，将实体分类为报告实体和非报告实体，并适用于不同的会计准则。报告实体中的二级实体具体包括非营利私营部门实体，如担保有限公司（非营利性公司，not-for-profit companies）、非上市公众公司、工会、俱乐部和专业协会。非报告实体可以选择编制特殊目的财务报表，根据 ACSC 在 2005 年 7 月发布的《ACSC 监管指南》对“非报告实体的报告要求”的相关规定，在编制特殊目的财务报表时，要求向澳大利亚证券投资委员会提交经审计账目的非报告实体只需适用那些被认为是呈现“真实和公平”观点所必需的 AASB 会计准则。这一要求反映在《澳大利亚慈善机构和非营利委员会法案（2012 年）》第 60.30 条中，该条例要求非报告实体至少遵守六（6）项 AASB 会计准则。

除此之外，澳大利亚昆士兰科技大学的澳大利亚慈善与非营利研究中心（ACPNC）2011 年制定的国家标准会计科目表（NSCOA）由澳大利亚政府委员会采纳，并将其移交给澳大利亚慈善和非营利组织委员会用以为

① 英国捐赠的慈善报道，https：//journalismfundersforum. com/uploads/downloads/jff_ london_report. pdf. 最后访问日期：2021 年 12 月 30 日。

非营利组织的财务报告提供工具。国家标准会计科目表（NSCOA）是慈善机构和其他非营利组织的免费数据输入工具和数据字典。澳大利亚的各级政府（包括联邦、州和地区政府）都接受非营利组织采用 NSCOA 申报信息。虽然 NSCOA 可应用于各种类型的组织，但其最常用于非营利和慈善部门①。

传统上，澳大利亚采取分散监管形式，没有针对非营利组织的中央监管机构。根据澳大利亚的自评税制度，非营利组织未被强制要求向澳大利亚税务局提交年度财务申报表，而且澳大利亚税务局也没有对免税的非营利组织进行全面登记。针对非营利组织的法律法规也十分繁复。2012 年以后，澳大利亚分散监管体制有所转变。根据 2012 年出台的《澳大利亚慈善机构和非营利委员会法案》，设立慈善与非营利委员会（ACNC）作为独立和统一的非营利组织监管机构以促进非营利部门的规范发展。ACNC 正式接管了之前由澳大利亚税务局和澳大利亚证券与投资委员会共同管理的慈善和非营利方面的事务，作为慈善领域的监管主体。它负责确保注册慈善机构遵守治理标准和“外部行为标准”，并将收到注册慈善机构的财务报表和其他报告。ACNC 将负责确定机构的慈善地位，并为所有联邦立法的目的对其进行登记。在 ACNC 注册是自愿的，但这是继续获得联邦慈善特许权的先决条件，包括税收优惠。ACNC 还将建立一个公开的注册慈善机构信息登记册。澳大利亚税务局（ATO）接受 ACNC 将某个组织确定为慈善机构（包括公益慈善机构）的决定，但仍将对慈善机构遵守税收优惠要求的所有其他方面负责。自此，ACNC 对澳大利亚所有慈善和非营利机构进行了登记②，明确了澳大利亚的企业或个人对何种组织进行捐赠可享受税务减免的优惠以及监督所有该类慈善或非营利机构的运营情况，使澳

① 国家标准会计科目表组织官网，https：//research. qut. edu. au/australian-centre-for-philanthropy-and-nonprofit-studies/research/the-national-standard-chart-of-accounts/. 最后访问日期：2021 年 12 月 30 日。

② The Australian Charities and Not-for-profits Commission Act 2012：A guide for charities，https：//www. claytonutz. com/knowledge/2012/november/the-australian-charities-and-not-for-profits-commission-act-2012-a-guide-for-charities. 最后访问时间：2021 年 12 月 30 日。

大利亚慈善事业发展更为有序①。

由于非营利组织的特殊性，许多非营利组织获得税费和其他保证金减免。非营利组织的特许经营政策也经常在必要时进行调整。而针对志愿者和企业案例的税收政策则较为复杂，且依赖于实际情况。在澳大利亚，享受免税政策的非营利组织种类繁多，包括宗教、科学、慈善、公立教育机构；公立非营利性医院；医疗救助组织；工会、用人单位协会；音乐、艺术、科学、体育、文学团体等。其中符合下列条件的，可以申请免税：社区服务组织；农业、牧场、园艺、制造业或工业发展协会；以志愿服务或信托形式通过公立大学或医院开展科学发展研究和建立公益慈善机构的基金会。也就是说，并非所有的非营利组织都享受免税政策，注册为公益慈善组织的非营利组织可以免税，但以游说、互利为目的的非营利组织不适用免税。而在享受免税优惠的非营利组织中，有的是慈善组织，有的则不是。

澳大利亚与慈善事业密切相关的税收有公益性捐赠的减税、所得税、商品和服务税、附带福利税。该国税收制度的一个显著特点是，每一项税收优惠政策都是针对某一领域的非营利组织制定的，因此在澳大利亚的税收制度中，非营利组织正确识别自己的身份是必要的，也是至关重要的。各组织只要找到合适的类别，就可以享受优惠政策，承担相应的责任。如果非营利组织未能做到这一点，联邦税务局可以提供相关帮助。

案例：澳大利亚税收法律对慈善捐赠的约束

2020 年，关于新南威尔士农村消防服务与消防队捐赠基金（RFS 基金）的法律案例有助于思考网络募捐所得资金的适用范围是否能超出受捐赠基金信托契约的规定。艺人塞莱斯特·巴伯于 2020 年 1 月初成功发起了一场针对 2019—2020 年春夏期间澳大利亚森林大火灾害救援的慈善众筹活

① 盘点各国鼓励企业慈善捐赠相关措施，https：//www. sohu. com/a/127760061_ 117822. 最后访问时间：2021 年 12 月 30 日。

动，募得5100万澳元。捐赠接受方为一个慈善信托——贝宝捐赠基金（PPGS），捐赠将根据巴伯的提名由PPGS转移给新南威尔士农村消防服务与消防队捐赠基金（RFS基金）接受。由于巴伯发起募捐前并未与RFS基金联系，而网络捐赠者在捐赠时提出的众多对善款使用方式的建议范围超出了RFS基金的信托契约所规定的范围——即仅限于支持消防队支付购买和维护消防设备和设施的费用，提供培训和资源和/或以其他方式支付与志愿消防和紧急服务活动有关的消防队管理费用，RFS基金就善款使用向法院提起诉讼。

最终，法院裁定所筹得的5100万澳元适用于RFS基金信托契约所规定的有限应用范围。然而，新一届南部议会目前通过一项法案作出回应，该法案将修订RFS基金的信托契约，允许去年的捐款在受森林火灾影响的社区和个人之间共享。巴伯女士提交的议案自然支持这一立场，这与她开始筹款的意图明显是一致的。RFS目前已将约2000万美元的募集资金用于获准活动，并表示此类立法将损害其信托契约的精神。

（资料来源：McGregor-Lowndes，Myles & Hannah，Frances（2020）ACPNS Quarterly Case Notes Summary - Second Quarter 2020. ［Working Paper］（Unpublished）；McGregor-Lowndes，Myles & Hannah，Frances（2020）ACPNS Legal Case Notes Series：2020-45 In the matter of the New South Wales Rural Fire Service & Brigades Donations Fund；Application of Macdonald & Or. ［Working Paper］（Unpublished））

（二）企业慈善

澳大利亚政府一直致力于鼓励企业参与慈善捐赠。在政策优惠方面，澳大利亚的企业和个人一样，如果向慈善组织捐赠现金超过2澳币以上，就可以享受税收减免，减税的幅度随捐赠的金额而增加。

特别是近年来，企业慈善的理念越来越受到社会公众的认可，而企业捐赠作为一种主要形式最能体现良好的企业公民意识。与一般意义上的公民身份类似，企业公民身份是一种将社会价值观与企业正常经营相结合的方式。一个公司成为慈善机构的方法是参与更广泛的社会问题，如贫困和救灾。澳大利亚税务局将“慈善目的”定义为减轻贫困、疾病、促进教育、宗教和其他有益于社会的目的等。这一企业公民意见认为，企业资源的大部分应用于解决人类最紧迫的问题：消除贫穷、保护清洁水、扫盲和其他基本人权。一些澳大利亚公司向当地社区团体捐款，产生了广泛的影响。这种捐赠被视为更具“慈善性”，因为它们的行为不仅仅与特定的公司目标有关，例如，与澳大利亚志愿服务组织合作，澳大利亚国家银行设计并实施了全国社区联系奖励计划。表彰为提高全社会生活水平作出突出贡献的社区组织。这项计划的制订是为了推进慈善事业，而不是为澳大利亚国家银行赚取利润，它可以被视为企业捐赠。

现有数据显示，企业支持力度强劲增长。然而，一项研究表明，最近有一个明显的转变，从现金捐赠到其他形式的商业支持。这也许可以解释1999—2000年至2006—2007年公司捐款增长率相对较低（名义增长率为35%）的原因。从2006—2007年到2012—2013年，ABS的数据显示，来自企业的捐款从6.35亿美元增长到8.63亿美元，实际增长了15.5%。2015—2016年，中小企业和大型企业的捐赠额达到175亿美元，为澳大利亚的非营利部门提供了重要投入。捐赠已经越来越深入大多数澳大利亚企业的经营方式中。与非营利组织（NPO）建立伙伴关系以产生积极的社会影响，成为最大企业在社区中给予的首选方式。中小型企业也开始对通过伙伴关系进行捐助感兴趣。自2005年以来，企业捐赠已逐渐融入澳大利亚最大企业的战略中，而且大多数规模的企业都在寻求从其捐赠中产生积极的社会影响。

（三）社会慈善

2020年2月发布的《澳大利亚捐赠趋势：澳大利亚社区2020报告》（*Giving Trends in Australia*：*Australian Communities* 2020 *Report*）数据显示，过去一年内澳大利亚慈善捐赠收入共计1640亿澳元。公民广泛参与慈善事业，其中82%的澳大利亚公民曾对慈善机构或其他非营利组织进行捐赠，24%的澳大利亚公民每月至少进行一次捐赠，且在过去12个月中，超过3/5的澳大利亚人（64%）向非营利组织捐赠了物品。截至2020年澳大利亚共有372万名志愿者，过去的12个月中，1/3的澳大利亚人参与了志愿服务，而超过1/5的人参与了为特定慈善机构筹款（23%）或为慈善组织进行宣传和倡导（21%）。值得注意的是，在2019年和2020年发生的夏季森林大火之后，超过一半的澳大利亚捐赠者（54%）非常愿意向与澳大利亚灾难响应相关的组织捐款或志愿服务。这使其成为澳大利亚人最热衷于捐赠的第一大领域，并在2019年排名第四①。可见，澳大利亚公民广泛参与慈善捐赠和志愿服务，慈善事业贡献成为许多公民的习惯。

截至2020年2月，澳大利亚共有44591家慈善组织②。澳大利亚慈善组织有社团法人（Incorporated associations）、慈善信托（Charitable trusts）、担保有限公司（Companies limited by guarantee）、合作社（Non-trading co-operatives）和本土企业（Indigenous corporations）。社团法人是在州或者地区法律基础下创建，是政府拨款最多的非营利组织，社团法人的形式有协会、俱乐部和公共机构等。社团法人的性质是非营利的，而且要在法律允许的范围内开展活动；慈善信托是在每个州或者地区普通法条件下成立，慈善信托是指将资产和财产用于贫困救济、宗教进步、教育促进及其他有利于社区发展和公共利益目的的信托，慈善信托的受托人必须只能在特殊信托的慈善目的范围内，从事商业交易。成立慈善信托法律要求严格，如果没有相关法律手续，慈善信托很难开展相关活动；担保有限公司设立依据是联邦2001年颁布的《澳大利亚公司法》，大部分担保有限公司类型为非营利公司。担保有限公司要在《澳大利亚公司法》规定的范围内开展活动，其业务和经济活动没有具体的规定和限制。

在澳大利亚，非营利组织的活动具有丰富的内涵，非营利组织具有沟通政府与基层服务组织之间关系的中介作用，同时也有众多组织通过网络

---

① Giving Trends In Australia：Australian Communities 2020 Report，https：//www.fpmagazine.com.au/giving-trends-in-australia-australian-communities-2020-report-373116/. 最后访问时间：2021年12月30日。

② Giving Trends In Australia：Australian Communities 2020 Report，https：//www.fpmagazine.com.au/giving-trends-in-australia-australian-communities-2020-report-373116/. 最后访问时间：2021年12月30日。

关系进行联合的作用。澳大利亚的非营利组织作为介于政府和企业之间的第三部门，存在的主要目的是弥补政府与企业失灵，政府无力负担的、企业不愿涉足的领域便成为非营利组织产生并不断发展的天然土壤。澳大利亚市场化水平高、社会分工更加细致，行业协会非营利组织作为其产物，以自律的方式维护市场秩序，参与公共治理。澳大利亚非营利组织具有自律的作用，它们通过制定协会章程和行业标准，并进行监督检查，对会员进行严格约束，规范行业行为，同时还协调解决行业内部争议，维护公平竞争，进一步增强行业的信誉。澳大利亚行业协会还具有协助政府部门加强行业管理的职能，它们作为社会和政府之间的桥梁与纽带，参与制订政府的行业发展规划，帮助政府对行业内重大的项目进行前期论证，参与制定、修订国家标准等[①]。

四、域外合力慈善发展经验总结

域外国家的合力慈善发展经验可以总结为建立制度化的政府与慈善组织合作伙伴关系、企业慈善实践具有战略思维、有效的社会组织行业自律三个方面。

（一）建立制度化的政府与慈善组织合作伙伴关系

政府与慈善组织间的密切合作伙伴关系在美英等国得到制度化的确立，对于慈善事业和社会治理与服务的发展优化起到了重要作用。如前所述，美国联邦政府通过为非营利组织提供资金，委托其进行社会服务提供，为非营利组织带来了重要的生存和发展保障，同时对社会治理的多元化需求满足提供助力。英国政府则与志愿部门签订协议，正式确立两者间的合作伙伴关系，为政府与志愿组织合作创造了良好的制度环境。一方面，志愿组织得到了充分的资金保障；另一方面，志愿组织有机会通过参与政策制定过程表达自身利益诉求，优化资源配置。可见，搭建政府与慈善组织合作的制度基础，构筑两者协力促进慈善事业发展的有利政策环

① 廖鸿、石国亮：《澳大利亚非营利组织》，北京·中国社会出版社，2011 年版，第 20—35 页。

境，有助于合作伙伴关系实践的长效机制形成，使得合力慈善的发展得以可持续。政府与慈善组织双方权利与责任在制度建设中得到充分明确，集体行动中可能存在的障碍得以消除。宝安区合力慈善发展过程中的政府与慈善组织合作关系处理可对此进行参考借鉴。

（二）企业慈善实践具有战略思维

企业慈善在美、英、澳三国具有较长的建设历程，形成了较为成熟的发展经验和良好的发展环境。企业的战略慈善思维被突出强调，并相应演化出丰富的实践经验。以美国为例，美国企业注重将慈善责任融入其企业发展战略之中，以积极的创新为指引，实现企业营利性目标和公益性目标的有机结合。同时，对于企业慈善的投入产出与成本效益进行科学的评估，以进行后续有针对性的提升，将企业慈善内外效能的发挥落在实处。美国在企业慈善的规划和实施方面的成熟经验对于宝安区企业的慈善事业参与可以提供有价值的借鉴。

英国企业注重对于所在社区的贡献，除去直接捐款，企业重视以多样化的形式对社区成员和社区发展提供支持和帮助，如提供物资、设施设备、贷款以及对社区组织提供物质资源和治理资源支持等。企业在慈善责任履行中的社区意识有助于促进社区的和谐发展，减少作为慈善资源提供者的企业与受助对象之间存在的信息差导致的资源低效分配现象，英国企业的社区贡献模式可为宝安区企业提供参考。

（三）有效的社会组织行业自律

较为充分的社会组织行业自律的生成生效有助于慈善事业的和谐可持续发展，为社会慈善的创新发展赋能赋活。美国的一些社会组织作为第三方监督和咨询机构，对行业内社会组织的慈善公益活动以及自身能力建设进行监督，为公众和其他利益相关者提供充分的客观真实信息作为捐赠和支持决策的参考，也为社会组织的信息传播搭建平台，为社会组织的自我提升带来良性激励。英国、美国国内许多以慈善公益性新闻报道为主的著名新闻网站，活跃于慈善事业传播领域，向公众提供多样化的与慈善活动、慈善组织相关的信息，为各类相关主体的主题讨论提供交流平台。澳大利亚的社会组织将行业自律以协会章程和行业标准形式严格确立并执行，形成了较为明确的制度化自律规范。通过自律协议和标准以及相应的监督检查，会员组织得到严格约束，行业内的矛盾解决以及公平竞争的维护得到保障，行业的公信力由此得以提升。三国在构建社会组织行业自律制度规范、发展行业内部监督主体、搭建行业和社会监督与沟通交流平台方面的建设经验可引以为宝安区社会慈善发展的重要参考。

第三节　合力慈善未来展望

深圳市宝安区合力慈善的建设和发展需要政府、企业和社会各尽其责、共同推动。政府方面，应当着眼于优化慈善事业制度环境和建立重大突发事件应对机制两方面工作；企业方面，可继续促进冠名基金发展并推动企业志愿服务参与；社会方面，应致力于强化街道商会的联结作用、提升慈善文化宣传力度并引导个体慈善参与的不断扩大。

一、政府规制慈善事业的未来展望

政府规制慈善事业的未来展望包括优化慈善事业制度环境和建立重大突发事件应对机制两个方面的内容。

（一）优化慈善事业制度环境

良好的制度环境是促进慈善组织建立和发展，推动慈善事业规范有序运行的基础条件。宝安区可基于已有的工作基础，继续在慈善组织登记管理体制改革、慈善组织能力建设和资源提供以及冠名基金规范发展等方面进行政策提供与完善。第一，慈善组织登记管理体制方面，根据《推进慈善事业创新发展合作框架协议》安排，继续深化慈善组织管理体制改革，探索实践降低设立门槛、优化登记流程等，对于未达到登记条件的慈善公益社会组织加强分类指导和业务指导，从而促进慈善组织认定工作，加快慈善组织数量提升，壮大慈善事业发展主体。第二，慈善组织能力建设和资源提供方面，进一步完善和落实《宝安区社会组织人才信息库管理暂行办法》，加强慈善组织的人才专家评定考核，优化专家培训咨询服务开展；完善落实慈善组织资金扶持、项目扶持、职能转移和购买服务等相关政策措施，为社会组织提供充分的资源基础。第三，根据冠名基金运行中面临的实际问题对《深圳市宝安区慈善会冠名基金管理暂行办法》进行修订调整，并在实践中落实各项管理措施，促使冠名基金规范化运作，满足捐赠方和受助对象需求。

（二）建立重大突发事件应对机制

在新冠肺炎疫情防控工作中，宝安区社会组织、爱心企业广泛参与疫情防控，为防控工作顺利开展提供了有力支持，充分体现社会组织在社会治理中所具备的重要作用。鉴于此，完善政府相关体制机制建设，对社会组织和爱心企业加强引导，畅通渠道，更好调动社会力量参与应对重大突发事件，建立社会力量参与重大突发事件应对的长效机制，充分发挥其在社会治理中的积极作用。

调动以社会组织为主的社会力量参与重大突发事件应对可从三个方面着手部署工作：第一，加快政府职能转变，正确处理政府与社会组织关系。明确政府在重大突发公共事件中的权责边界，政府工作重点应当进一步转向宏观引导和运行中的监督管理，并充分发挥社会组织的能动性，明确社会组织在参与应对重大突发事件中的权责定位。第二，构建与社会组织的沟通机制。宝安区政府应当充分发挥宝安区慈善会连接政府与社会力量，作为慈善资源汇聚和分配枢纽的重要作用，建立政府与慈善会、慈善会与社会组织和爱心企业等社会力量的沟通渠道和方式，构建共同应对重大突发公共事件的常态化工作机制。第三，培育和引导社会组织在紧急背景下调动资源的能力和意识。对社会组织参与疫情防控的范围、发挥作用的领域、需要提供的资源进行明确并宣传普及，强化社会组织积极参与应对此类事件的意识并提供具体的操作指引。对社会组织在提升应对重大突发事件情境下的管理水平建设提供助力，包括应急组织领导和职责、工作人员管理、防控宣传措施、防控款物管理等方面的培养。

二、企业慈善未来展望

企业慈善的未来展望包括提升企业慈善责任意识和推动企业志愿服务参与两个方面的内容。

（一）提升企业慈善责任意识

企业慈善责任作为企业社会责任的一部分，与企业公民的自我意识、对于国家和社会整体利益的担当意识和对于广大人民群众的关怀密切相关。提升企业慈善责任意识可从以下三个方面着手推进：第一，注重正确引导。促使企业普遍充分认识到强化企业社会责任的必要性和紧迫性，认识到社会责任是企业必须履行的义务。第二，重视发挥新闻媒体的作用。充分利用宝安区新闻媒体等传播平台在慈善文化宣传、慈善意识塑造方面发挥的积极作用，形成鼓励企业履行慈善责任的良好舆论环境，支持社会各界人士对有悖企业社会责任的行为进行社会监督和舆论监督。第三，企业应当将慈善责任与企业战略结合并落实在日常管理工作当中。通过完善企业社会责任战略目标并设置详细计划，以新的理念和方式从事提倡工作，从而将责任意识贯彻在实际行动中，不断提升对于企业慈善责任本质与内涵的认识。

（二）推动企业志愿服务参与

企业志愿服务作为企业社会责任的一种较晚出现的形式，指的是企业为了尽到对社会的慈善责任，由企业主动组成员工志愿服务团体，提供服务机会。企业志愿者即是指来自企业的志愿者群体①。宝安区企业积极开展志愿服务，如宝安团区委与共青团中国建设银行深圳市分行委员会于2020年5月签订战略合作协议，展开多方面的志愿服务项目合作。企业志愿服务是企业参与慈善事业、承担企业社会责任的重要路径，进一步发展宝安区企业志愿服务，促进更多的企业员工参与志愿服务活动具有积极意义。

可从以下三方面促进宝安区企业志愿服务发展：第一，提升企业志愿

① 王忠平、史常亮：《我国企业青年志愿者与志愿服务研究》，载《当代青年研究》2013年第4期，第113—117页。

服务合规性。《志愿服务条例》的实施是为了保障志愿者、志愿服务组织、志愿服务对象的合法权益，进一步规范志愿服务的发展。企业及企业组建的志愿者协会开展志愿服务活动时应当依据《志愿服务条例》相关规定，并加强对员工志愿者进行政策培训普及的力度。第二，完善企业志愿服务项目设计。志愿服务项目应当贴合宝安区当地社区需求，并充分考虑服务的时间和地点对于员工而言是否恰当。企业志愿服务设计可与当地社区建立紧密联系，探索“企业+社区”模式，方便员工就近参与，同时有利于建立长效机制，有效解决社区面临的问题。第三，提供充分的志愿服务支持与激励。企业可考虑为员工提供“志愿服务带薪假”等激励措施，提升员工志愿服务参与的积极性。同时应当提供充分的资金、培训、评估、信息反馈等支持。

三、社会慈善未来展望

社会慈善未来展望包括促进慈善组织能力建设、引导个体慈善参与、完善慈善救助三个方面的内容。

（一）促进慈善组织能力建设

慈善组织是慈善事业领域的关键行动主体，慈善组织规模的扩大和能力的提升是慈善事业发展壮大的力量源泉。促进慈善组织发展应当是宝安区合力慈善建设的一项核心。区内慈善组织和从事社会公益事业的其他社会组织的培育工作可从以下三方面开展：第一，促进慈善组织能力建设，通过外部评估、组织开展专业知识普及学习、专业人才输入等方式提升慈善组织内部治理和服务提供能力；第二，优化慈善组织资源供给，通过职能转移、购买服务和资金扶持、税收优惠落实等措施为慈善组织的生存和发展提供基础资源支持；第三，继续开展并不断调整完善宝安区慈善会公益慈善项目大赛，丰富和完善针对慈善组织能力建设的指导扶持，加强资源对接投入，对具有潜力的社会组织开展孵化培育，为公益慈善类社会组织赋能增活。

（二）引导个体慈善参与

如前所述，个体慈善指个人为增进公共福祉，履行社会责任，通过慈善捐赠、志愿服务等方式致力于慈善事业。因此，引导个体慈善参与仍是促进慈善事业发展的一项重要工作。宝安区通过开展社会化募捐活动、拓展线上捐赠，组织“广东扶贫济困日”、“与爱同行”慈善微跑、“慈善晚会”等活动，促进个人慈善捐赠。基于现有工作进展，可考虑通过以下途径进一步扩大和优化个人慈善参与：第一，广泛开展网络募捐。宝安区内社会组织，包括宝安区慈善会、街道商会、义工联等，可积极与腾讯公益、支付宝公益等互联网募捐信息平台合作，将慈善募捐项目上线，有助于获得广泛的社会关注，还可利用“99公益日”等活动平台集中上线开展项目，最大化募捐成效。第二，打造品牌募捐活动。可基于已有主题募捐活动如宝安区慈善会开展的“慈心暖人间·善举行宝安”等，联合区内媒体、社会组织、街道和社区、企业及单位等多方主体共同参与，广泛动员社会公众，线上线下渠道结合推广，从而扩大活动的社会影响力，并通过活动的定期持续开展积累公众关注，最终将其塑造为具有较高知名度的慈善品牌。

（三）完善慈善救助

针对宝安区慈善会针对困难群众的救助目标群体与宝安区实际需求群体存在偏差的现状，应完善慈善救助项目设计，促使慈善资源向占人口更大比例的非户籍居民和流动人口倾斜。城乡流动人口由于就业、户籍和社会福利制度的排斥作用，流动性导致的社会支持网络弱化，更易处于或难以摆脱物质上的贫困，难以获得与户籍居民均等的基本公共服务，同时面临社会融入困难、身份认同迷失以及缺乏话语权等问题①。流动人口面临的各项生存和发展阻碍以及劣势地位的代际传递还可能进一步导致劳动的

① 程波辉：《我国政府社会管理职能的创新——基于社会公正的视角》，载《行政论坛》2013年第3期，第100—104页。

不可持续性、城乡差距、社会贫富差距扩大以及社会不稳定等不良社会后果①。因此，针对流动人口的扶持救助具有重要的个体及社会意义，这一点在宝安区将会具有更充分的体现。

基于现有条件，宝安区可从三个方面推进流动人口慈善救助和帮扶工作。第一，宝安区慈善会可制订实施针对非户籍居民和短期居留人口的困难群众救助方案，为有需求的群体提供资金、物资扶持，满足其基本生存发展需求。第二，号召企事业单位、行业协会商会等社会主体通过设立冠名基金和专项资金的方式为非户籍居民和短期居留人口提供助学、助困、助医、助老、助残等各项慈善公益项目资助。第三，通过区内媒体以及慈善文化进校园工程等渠道开展广泛的慈善公益宣传，增进公众对流动人口群体困境的认知、对该群体需求情况的了解以及对相关慈善捐助和志愿服务项目的知悉，从而扩大针对流动人口的社会慈善参与。

四、合力慈善未来展望

合力慈善未来展望包括明确宝安区慈善会身份定位、优化企业与慈善组织合作机制两个方面的内容

（一）明确宝安区慈善会身份定位

宝安区慈善会的身份定位问题涉及官方背景社会组织去行政化、去社会化这一问题范畴。社会组织的过度行政化不利于政府职能转变，是“政社不分”的表现之一，易对社会组织自身建设和社会公信力提升造成妨碍②。宝安区慈善会选择社会化的自主发展模式是对这一隐患的规避，然而在去行政化过程中需要重新建构适当的政社关系，明确政府与慈善会的权力边界。一方面，政府应进一步转变管控理念，树立与慈善会之间的服务与合作意识，同时明确对慈善会的规范监管地位，通过制度形式对关系

① 徐军玲、房文军：《政府救助或公共服务：城乡流动人口减贫政策效率研究》，载《科研管理》2017 年第 6 期，第 152—160 页。

② 谢菊、杨伟伟：《社会组织去行政化研究的文献统计分析——以 2005 至 2014 年 CNKI 中文文献为样本》，载《中国行政管理》2016 年第 2 期，第 64—69 页。

机制进行确立；另一方面，慈善会应当着力开展内部建设，增强自身能力，通过自身力量积极发挥行业引领作用，凝聚社会资源，主导合力慈善创新发展。

（二）优化企业与慈善组织合作机制

优化企业与慈善组织合作机制可具体划分为促进冠名基金发展和强化街道商会的联结作用两个方面的内容。

1. 促进冠名基金发展

冠名基金是宝安区企业借由与慈善组织合作，以履行企业慈善责任，创造社会价值的重要渠道。冠名基金作为建立慈善资金稳定增长和长效机制的重要途径，是促进企业参与合力慈善、凝集社会慈善资源的重要方式，也是宝安区慈善会的核心工作板块之一。宝安区慈善会已有冠名基金23家，共募集善款3653万多元，企业冠名基金在困难群体帮扶、助学和对口扶贫中发挥作用。然而，正如上文所述，冠名基金运作过程中存在企业能动性较弱，使用双方合作不畅等问题。

为促进企业与宝安区慈善会的合作机制优化，更好地借助冠名基金这一渠道发挥企业的慈善事业贡献潜能，未来可从以下两个方面着力促进冠名基金的发展提升。第一，完善制度建设。进一步细化冠名基金设立和运行管理制度，通过制度的设立和执行，完善宝安区慈善会与冠名基金设立企业的沟通协商机制，促使企业在充分了解区内救助帮扶需求的情况下拟定冠名基金的目标群体和适用范围，并按照协议在规定时间内使用冠名基金。第二，加强舆论宣传，提升企业慈善理念。广泛利用广播、电视、报刊及各类新媒体，提升宣传力度和覆盖度，促使企业了解冠名基金和企业慈善。并可依托慈善百强企业树立慈善典型，发挥榜样模范效应，引领企业慈善风潮。

2. 强化街道商会的联结作用

商会是市场经济发展到一定程度、若干企业或若干行业联合起来建立的一种能够代表并维护它们切身利益的市场中介组织。近代以来，商会逐渐成为中国慈善公益事业发展中的一支重要力量。宝安区下辖10个街道均建立有街道商会，宝安区街道商会发挥着引领会员企业履行企业社会责任、搭建慈善参与平台、联结社会慈善资源的重要作用。宝安区街道商会通过参与拍卖会、支持慈善助学项目、认领慈善项目、设立冠名基金等方式在宝安区合力慈善建设中作出贡献。

进一步提升街道商会影响力，通过街道商会带动当地企业参与慈善事业，解决当地社会救助需求具有其必要性，具体措施可从以下两个方面展开：第一，街道商会应继续积极发动会员企业参与慈善事业。通过加强慈善文化宣传，增进与会员单位的联络沟通，使会员充分理解履行企业社会责任，参与社会问题解决的重要性，了解宝安区困难群体的救助需求以及其他各项慈善资源需要，从而促使会员企业积极参与宝安区慈善事业。第二，街道商会应积极采用设立冠名基金、专项资金的方式参与合力慈善。通过与宝安区慈善会合作设立和运作冠名基金、专项资金，有助于规范地开展慈善捐赠活动，且能够有针对性地瞄准社会需求，有效地分配慈善资源。

本章小结

合力慈善作为宝安区开展慈善事业的重要实践模式，对基层慈善事业的发展具有强大的促进作用和借鉴意义。合力慈善在现实运作过程中集聚了政府、企业、社会三方主体的合力，从而实现慈善事业的飞速发展。合力慈善在推进基层慈善事业发展的过程中也面临着多方面的现实挑战，因此需要立足宝安的本土实践，借鉴域外合力慈善发展的有益经验。美国、英国和澳大利亚等国家在慈善事业发展领域做了长期有效的工作，总结归纳域外国家的合力慈善发展经验有益于为宝安合力慈善提供新的思路。合力慈善基于政府规制、企业慈善和社会慈善的有机统一，是进一步发挥慈善事业在基层治理中重要作用的一种有效方式。

大事记

2006年

5月11日　深圳市人民政府发布《深圳市国民经济和社会发展第十一个五年总体规划》。《深圳市国民经济和社会发展第十一个五年总体规划》提出要积极发展社会福利事业，加强民政工作，以社区为依托，发挥政府财政二次分配和社会奉献三次分配的功能。《深圳市国民经济和社会发展第十一个五年总体规划》在总结“十五”期间取得成果的基础上，提出未来5年的发展目标是综合实力明显增强、宏观效益明显提高、生态环境明显改善、创新动力明显增强、社会和谐明显进步。

2007年

1月18日　深圳市首家区级慈善会即深圳市宝安区慈善会成立，深圳市宝安区慈善会的业务主管单位和登记管理机关为深圳市宝安区民政局，深圳市宝安区慈善会的社会组织类型为社会团体，业务范围包括筹集资金和物资、组织各类慈善活动、协助政府和民间发展各项慈善事业、兴办各种慈善服务机构、按照捐赠者的意愿进行慈善资助项目以及其他与慈善活动有关的业务等。深圳市宝安区慈善会坚持扶危济困、助医助残、救急赈灾的宗旨，始终把生活最困难、遭遇最不幸、群众最同情的困难群体作为救助重点。

6月12日　宝安区慈善会召开第二次会长办公会，讨论并原则通过《深圳市宝安区慈善会关于资助户籍居民重大疾病医疗暂行办法》《深圳市宝安区慈善会关于资助劳务工重大疾病医疗暂行办法》《深圳市宝安区慈善会关于自然灾害和突发重大事故救助暂行办法》《深圳市宝安区慈善会关于向全区各街道残疾人综合职业康复服务中心捐赠康复器材的决定》四个救助项目文件，根据讨论意见修改完善后报送宝安区委区政府审定。

11 月 19 日　深圳市首个地方性的慈善榜“2007 深圳慈善榜”正式公示。“2007 深圳慈善榜”由深圳市民间组织管理局牵头、深圳市慈善会作为召集单位，由 15 家民间组织自愿组成编委会，历时 5 个月编制而成。“2007 深圳慈善榜”分为捐款榜和捐物榜，共有 502 家单位和个人进入慈善捐款榜，捐款总额 3.69 余亿元，共有 26 家单位和个人进入慈善捐物榜，捐物折价总额 4135 万元。

2008 年

5 月 12 日　“5·12”汶川特大地震发生后，宝安区积极响应中央和省、市号召，迅速全面开展抗震救灾各项工作。宝安区慈善会组织举行“5·12”汶川特大地震募捐活动，共募集善款 1.72 亿元，位居全市第一。

8 月 23 日　广东省深圳市人民政府办公厅和中共深圳市委办公厅印发《关于加快深圳市慈善事业发展的意见》，慈善事业发展的总体目标是慈善理念深入人心，各类慈善组织得到较快发展，积极争取慈善资源，慈善事业服务体系完备等。《关于加快深圳市慈善事业发展的意见》提出制定相关政策和措施拓宽深圳市慈善事业发展的领域和空间，加强规范化管理保障慈善事业健康发展。

10 月 28 日　深圳市政府设立的慈善领域最高奖项——鹏城慈善奖成功举办，深圳市政府对首届鹏城慈善奖获奖单位、个人和项目进行通报表彰。鹏城慈善奖名单由指导单位、主办单位、支持单位代表和行业专家等组成的独立审议团评议，以无记名投票方式产生。在深圳市鹏城慈善表彰大会上，宝安区慈善会被授予“慈善组织奖”。深圳市政府设立鹏程慈善奖评选活动，希望广大市民、企业和组织向获奖者学习，积极参与慈善公益事业，为建设和谐深圳、文明深圳作出积极贡献。

2009 年

7 月 31 日　宝安区慈善会正式实施《深圳市宝安区慈善会关于资助驻

地困难官兵试行办法》，按救助办法资助首批10名困难官兵，在全国率先将驻区部队困难官兵纳入慈善救助。

10月27日　根据宝安区民政局印发《关于印发2009年宝安区慈善捐赠月活动方案的通知》，2009年“深圳市社会慈善捐赠活动月”正式启动。至活动结束，共募得善款660多万元。

11月23日　深圳“慈善一日捐”活动正式启动，活动从11月23日开始到11月30日结束。活动倡导“国家机关、企事业单位职工捐出一天工资，企业和个体工商户捐出一天利润，学生捐出一元钱”，深圳市民政局、深圳市慈善会将会在官方网站定期公布“慈善一日捐”的捐款情况。活动将为深圳市大病儿童救助专项基金募集资金，以帮助被病痛折磨的孩子走向新生。

2010年

4月16日　青海省玉树藏族自治州大地震，造成人民生命财产巨大损失，国家减灾委、民政部启动一级救灾应急响应程序。宝安区民政局、宝安区慈善会联合发起《关于为青海地震灾区捐款捐物的倡议书》，呼吁宝安人民“伸出援手，奉献爱心”，为地震灾区群众提供关怀和援助。

4月28日　宝安区政府印发《关于表彰首届宝安区慈善奖和2008年抗震救灾捐赠特别奖获奖者的通报》，授予蔡吉胜等79人“慈善个人奖”，艾美特电器（深圳）有限公司等60家企业“慈善企业奖”，新安街道办事处等30个党政机关和事业单位“慈善组织奖”，广东恒丰投资集团有限公司等18家机构和企业“2008抗震救灾捐款特别奖”。

5月30日　由乐正、祖玉琴主编，社会科学文献出版社出版的《深圳社会发展报告（2010）》正式发行，书中详述了深圳经济特区成立30周年社会事业的探索历程。本书分为总报告、社会事业篇、社会组织篇、社区建设篇、社会工作篇、特区成立30周年纪念篇、专题篇七个篇章。在新的历史条件下，深圳市更加重视非经济领域的改革创新，在关键领域和重点环节实现重大突破。

6月30日　经国务院批复同意，自2010年起每年6月30日确定为“广东扶贫济困日”，这是自2001年中央规范节日、纪念日、活动日设立程序以来，第一个在省级区域内被批准设立的活动日。开展“广东扶贫济困日”活动，对于广泛动员全社会参与扶贫济困、推动先富帮后富、实现共同富裕目标具有重要意义。

2011年

1月19日　深圳市第五届人民代表大会第二次会议批准《深圳市国民经济和社会发展第十二个五年总体规划》。《深圳市国民经济和社会发展第十二个五年总体规划》指出要创新社会组织管理体制，建立社会组织直接登记制度，对工商经济、社会福利和公益慈善类社会组织实行直接登记；出台社区社会组织登记和备案暂行办法，大力培育发展社区社会组织，规范社区社会组织管理；研究制定非营利组织条例、行业协会商会条例，进一步完善社会组织管理的政策法规；开展基金会登记管理试点，充分发挥基金会作用。

11月3日　深圳市民政局印发《深圳市民政事业发展第十二个五年规划》，规划期限为2011—2015年。编制深圳市“十二五”时期民政事业发展规划，对于保障人民群众的基本生活权益，发展社会主义民主政治，支持军队和国防现代化建设，推进社会全面进步，促进社会公平，维护社会稳定，具有十分重要的意义和作用。

2012年

7月12日　由民政部、国资委、全国工商联、广东省人民政府、深圳市人民政府共同主办的首届中国公益慈善项目交流展示会在深圳隆重开幕，展会以“发展·融合·透明”为主题，汇聚国内544家公益慈善组织（项目）、基金会、企业、教研机构及省、自治区、直辖市参展团，充分展示国内优秀的公益慈善组织（项目）和公益创意。

12月16日　由深圳市文明办、深圳市文体旅游局、深圳市盐田区人民政府、深圳市民间组织管理局、深圳市关爱办、壹基金、万科公益基金会联合主办的国内规模最大的公益慈善马拉松赛，为爱奔跑·壹基金 2012 深圳（盐田）山地马拉松赛在深圳东部的大梅沙海滨顺利举行。来自 22 个国家的一万名跑者参与本次马拉松赛，参赛选手和爱心企业为“为爱奔跑”捐款总额度超过 600 万元，这些善款将用于国内凝冻灾区的贫困儿童提供壹基金温暖包。

2013 年

1 月 9 日　宝安区慈善会举行第二届会员大会暨第二届理事会第一次会议。大会选举产生了新一届理事会领导成员，张洪华当选第二届理事会会长，项健当选常务副会长，刘国玲当选秘书长。宝安区慈善会第一届理事会会长何植洪报告第一届理事会财务工作，宝安区慈善会成立以来共募集善款 4.05 亿元，开展了 25 个救助项目，救助困难群众 3200 多人次。

10 月 14 日　“慈善文化进校园”活动在首个试点学校宝安区坪洲小学正式启动，在总结经验的基础上，已推广全区 16 所学校，涵盖 3 万多个家庭。让慈善文化与学校德育教育相融合，培养学生的爱心和责任意识，获得全社会的一致好评。

11 月 11 日　宝安区慈善会首个慈善冠名基金“宝安区青年企业家协会关爱劳务工子女重大疾病基金”成立，劳务工子女重大疾病救助是为非深圳户籍并在深圳合法居住且工作满一年以上的劳务工，其子女在深遭遇突发性重大疾病时提供的救助，以实现对在深劳务工及其子女的关爱和救助。该项目的宗旨以拯救生命为主，将来深建设者子女纳入救助范围。

2014 年

1 月 20 日　宝安区慈善会召开 2013 年度会员大会，审议通过《宝安区慈善会发展规划（2013—2017）》。提出：科学规划，创新发展，推动形成制度完善、管理规范、健康有序、透明阳光、作用显著的宝安慈善新格局，将宝安区慈善会打造成有活力、有公信力、有凝聚力、有影响力的枢纽型公益慈善组织。为宝安区慈善会第二届理事会的发展制定了纲要。

8月27日　宝安区慈善会与宝安日报社签订工作协议，双方联合举办“我的善缘”有奖征文比赛，参赛作品内容为市民参与慈善事业或被慈善救助的故事，旨在营造良好慈善社会氛围、激发市民参与慈善事业的积极性。

9月19日　第三届中国公益慈善项目交流展示会在深圳举办，活动当天，中民慈善捐助信息中心发布《2014年度中国慈善透明报告》。《2014年度中国慈善透明报告》显示，2014年度中国慈善透明指数为44.10分（总分为100分），基金会整体透明度明显高于其他类型的公益组织。同时，善款来源和使用情况仍是公众持续关注的重点，公众对组织主要负责人的背景信息的关注度有明显增加，公众对公益慈善组织信息公开状况的满意度也在稳步提高。

2015年

5月27日　宝安区慈善会微信公众平台开通暨慈善宣传周启动仪式在宝安区群众艺术馆举行，宝安区慈善会微信公众平台正式上线，充分利用互联网思维，标志着宝安区的慈善事业正式进入“微时代”。5月27日至6月25日为慈善宣传周活动，由宝安区慈善会派员到各社区宣讲新修改的慈善救助办法，组织在社区举办文艺演出和“义工剧场进社区”主题宣传文艺活动，号召慈善从我做起、从小事做起。

6月30日　由中共深圳市委、深圳市人民政府联合主办，深圳市民政局、深圳市对口支援办、深圳市慈善会承办，20多家单位参与的“广东扶贫济困日暨深圳公益慈善月”活动在深圳市民中心正式拉开序幕。本次公益活动的主题是“扶贫济困，共同参与”，按照“多元参与、联合联动、公开透明”的原则，发动政府、企业、公益慈善机构、社区居民等多方共同参与，提升全社会的公益慈善意识。

9月19日　为加快推进深圳慈善事业发展，深圳市民政局与宝安区政府共同签订《深圳市民政局深圳市宝安区人民政府推进慈善事业创新发展合作框架协议》，在宝安区开展慈善事业改革创新试点。《深圳市民政局深圳市宝安区人民政府推进慈善事业创新发展合作框架协议》分合作目标、合作原则、合作内容、合作机制、协议期限5个部分，合作期限暂定5年。主要合作内容包括培育公益慈善组织、打造慈善文化、加强慈善组织专业能力建设、创新慈善募捐形式、加强慈善资金的监管五个方面。

2016年

4月12日　深圳市政府发布《深圳市国民经济和社会发展第十三个五年规划纲要》，《深圳市国民经济和社会发展第十三个五年规划纲要》指出，进一步加强在慈善救助和关爱困难群体等方面的立法工作，切实维护人民群众的合法权益。探索建立社会组织重点培育机制，优先发展行业协会商会以及科技类、公益慈善类、社区服务类组织，支持社会组织参与政府购买服务。

9月5日　深圳首个中华慈善日主题活动暨第三届“鹏城慈善奖”颁奖仪式在深圳市民中心隆重举行，政府领导以及第三届鹏城慈善奖获得者等爱心企业家、慈善人士和慈善工作者参与了本次活动。宝安区慈善会荣获“鹏城慈善典范机构奖”，成为深圳市唯一一家连续三届获奖的区级慈善会，张洪华会长荣获“推动者之公益支持奖”。

10月24日　由深圳市宝安区慈善会主办，深圳大学城市治理研究院、深圳大学社会管理创新研究所、深圳市社会公益基金会承办的“基层公益慈善组织创新发展深圳宝安论坛”在宝安举行。与会嘉宾围绕未来慈善会的法人治理结果与功能定位，优化公益慈善资源配置、促进公益金保值增值，公益慈善组织实务者心得与愿景三个专题展开讨论。为了让更多的社会力量参与宝安慈善事业，宝安区慈善会计划未来定期举办宝安慈善论坛，将该论坛常态化。

2017年

1月12日　宝安区慈善会举办的宝安区慈善会10周年回顾展启动仪

式在城市规划展览馆负一楼展厅举行。本次展览系统回顾总结了10年的探索与发展，全面展示了宝安区慈善会10年来取得的成果和荣誉。

6月30日　宝安区慈善奖表彰大会暨2017年“广东扶贫济困日”启动仪式在宝安区政府会堂举行。2017年是深圳市宝安区慈善会成立10周年，宝安区慈善奖评选表彰是深圳市宝安区慈善会10周年纪念活动的重要内容，70个单位、企业和个人分别获得慈善捐赠个人奖、慈善捐赠企业奖、慈善典范机构和慈善推动奖，共同分享深圳市宝安区慈善事业的最高荣誉。本次活动旨在助推公益慈善精神的传承和普及，传递社会正能量，大力弘扬团结互助、扶危济困的精神，进一步推动深圳市宝安区慈善事业的发展。

11月25日　由深圳市慈善会发起主办，深圳市亚虎文化传播有限公司承办的益坐标·2017深圳慈善定向赛召开。慈善定向赛以“慈善，深圳文明新坐标”为口号，来自全国运动及慈善事业爱好者300多支队伍2000多人参加了本次慈善定向赛活动。慈善定向赛采取“互联网+、体育健身、公益”为基础实现大众赛事“三位一体”模式为公益事业的推广和普及提供新的思路，并成为一场依托深圳这座城市的探索之旅，可以让更多市民感受到“活力之都”深圳市的城市之美。

2018年

4月29日　深圳市民政局制定《深圳市民政事业发展“十三五”规划》。《深圳市民政事业发展“十三五”规划》分为总体思路、加强基本民生保障、发展公益慈善事业、推进社区治理精细化现代化、促进和规范社会组织发展、加快建立现代社工制度、提升服务国防和军队现代化建设能力、提升专项社会事务管理服务水平、夯实民政事业发展基础和加强规划的组织实施十个方面。《深圳市民政事业发展“十三五”规划》提出加快构建具有深圳特色的现代公益慈善体系，推动市区两级慈善会管理体制机制改革，探索将市场机制和产业发展理念引入慈善领域，推动发展现代慈善运作模式。

7月31日　深圳首部关于慈善事业发展的开拓性著作《深圳市慈善事业发展蓝皮书（2016—2017）》正式发布，全书共分为“综述篇”“发展篇”“典范机构篇”“明星项目篇”“操作篇”五大篇。本书的目的一是客观记录，二是总结创新和改革经验，三是推动政策及配套措施实施，四是展示突出成果、重大项目、优秀组织、优秀企业。

9月21日　深圳市“慈善之夜”暨第四届鹏城慈善奖颁奖盛典在广电大厦举行，作为第六届中国公益慈善项目交流展示会期间的重要活动，向全国展现深圳的慈善魅力。第四届鹏城慈善奖名单从301个有效申报主体中产生，共107个机构、个人和项目获奖。颁奖盛典旨在彰显深圳慈善事业发展的新业态、新成就，展现各类慈善参与主体所承载的新使命、新作为的体现，同时也让更多的市民了解身边的慈善，感受到慈善给自己和所在城市带来的美好。

2019年

7月29日　由宝安区慈善会、宝安区工商业联合会、中国银行宝安支行以及南方医科大学深圳医院共同发起的健康成长基金慈善项目仪式正式启动。健康成长基金慈善项目主要对未满18周岁的户籍困难居民和宝安出生的青少年先天性心脏病、烧伤患者进行医疗慈善救助，同时成立眼健康关爱空间，降低青少年的近视率。该项目有利于在宝安区推广慈善理念，营造宝安区的慈善文化理念及氛围。

9月5日　“庆祝第四个中华慈善日主题活动”——“2018年度深圳慈善捐赠榜”和“2019年深圳慈善月系列活动”在深圳举行。活动发布了2018年度深圳慈善捐赠榜，榜单包括慈善捐赠个人榜、慈善捐赠企业榜、社会组织慈善捐赠收入榜。此外，活动为获得2019年深圳慈善月“慈善活力社区”“慈善创新活动（项目）”“慈善活动优秀机构”的公益慈善组织、社区及单位授牌。

10月28日　由深圳市宝安区慈善会主办的2019年深圳宝安区慈善事业促进能力专题研修班顺利举办，来自深圳市宝安区慈善会战略合作单位负责人和冠名基金的负责人共27人参加培训。本次培训班的举办，旨在深入贯彻学习习近平新时代中国特色社会主义思想和党的十九大精神，落实宝安区委区政府建设“湾区核心、智创高地、共享家园”的战略部署，充分发挥公益慈善在扶贫济困、改善民生等方面的积极作用，提升宝安区公益慈善事业发展能力与整体水平，促进宝安区慈善事业健康有序发展。

2020年

2月17日　宝安区政府印发《深圳市宝安区关于应对新冠肺炎疫情支持企业复工复产和保障重大项目建设的若干措施的通知》，支持防疫物资生产、支持企业降低租金成本、支持企业园区落实防控主体责任、支持疫情防控、支持降低企业融资成本、加强重大项目复工保障服务、加强用工保障服务、加强复工指导服务、加强法律援助等企业服务事项。宝安区政府支持企业落实疫情防控和安全生产主体责任，平稳有序复工复产，同时保障重大项目建设，科学有效防控。

6月11日　由深圳市广兴源投资发展有限公司捐赠250万元设立的广兴源慈善关爱基金成立，善款重点用于定向扶贫。宝安全区累计冠名慈善基金109家，109家冠名基金中，设立在区慈善会21家，占19%；设立在各街道社区基金会88家，占81%。冠名慈善基金通过探索公募和非公募相结合的方式，将冠名慈善基金准入门槛设在1万元以下，在推动社区基金发展，破解自然人、法人和其他组织从事公益困局，撬动社会资源发展慈善事业方面发挥了重要作用。

9月19日　第五届鹏城慈善奖暨2019年深圳慈善捐赠榜发布会在深圳会展中心举行，共有119个个人、企业、机构和项目获得殊荣。鹏城慈善奖不仅是对深圳慈善典范的弘扬，也是深圳慈善事业发展的成果展示。2020年是深圳经济特区建立40周年，40年以来深圳市慈善事业长足发展，社会积极参与蔚然成风，各类慈善组织活跃在各个领域。慈善，成为深圳的一种生活方式。

9月22日　第八届中国公益慈善项目交流展示会在深圳会展中心举

办，本届慈展会恰逢脱贫攻坚决战决胜之年，主题为“决战脱贫攻坚 共创美好生活”。宝安慈善展位通过精准扶贫宝安路径、人才支援尽锐出战产业合作互利共赢、慈善力量助力脱贫、宝安区对口扶贫大事记五大板块的展板和电子屏动态播放的形式展示了宝安区脱贫攻坚的工作成果及慈善工作整体开展情况。

10 月 28 日　深圳市首个慈善地标——“与爱同行　慈善微跑”地标在深圳市宝安区航城街道教育城学子路公园管理处广场落成。通过设立慈善地标，有利于丰富宝安慈善文化内涵，传播人人慈善的理念，让更多的人了解慈善、追求慈善、参与慈善，为宝安慈善助力。

12 月 4 日　深圳市民政局制订《深圳市推动慈善事业高质量发展行动方案（2020—2015 年）》，充分发挥公益慈善事业在第三次分配、促进社会和谐、引领社会风尚以及提升城市文明的作用，推动深圳市慈善事业高质量发展，努力打造现金示范的现代慈善创新发展高地。

12 月 25 日　由宝安区人大代表捐建的两栋新教学楼，分别在广西壮族自治区都安瑶族自治县东庙中心小学、大化瑶族自治县江南乡中心小学举行揭牌仪式，正式投入使用。宝安区曾向广西都安、大化捐款 868 万元，用于两县基础建设和产业发展项目，并帮助两县部分村民脱贫。宝安区还将在产业对接、教育帮扶、医疗协作、劳务输出、资金支持等方面继续支持广西都安、大化。

2021 年

5 月 15 日　由宝安区慈善会、中国银行深圳宝安支行、宝安区工商业联合会（总商会）、宝安区义工联合会联合主办的第五届“与爱同行　慈善微跑”活动在凤凰山绿道举行，1500 余名微跑爱好者参与本次慈善活动。本次活动募捐所得善款将用于学生眼健康防治公益关爱项目，切实关爱少年儿童的成长。

10 月 18 日　由深圳市宝安区慈善会、宝安日报社与宝安区融媒体中心联合主办，深圳市社会公益基金会承办的第五届公益慈善项目大赛决赛路演评审会顺利举办。第五届公益慈善项目大赛自启动以来共收到来自全市的社会福利机构、公益性事业单位、公益慈善类社会组织的参赛项目70个，有效项目60个。决赛当天，18个参赛项目现场进行路演和答辩，7名专家评委组成的评审团现场打分，最终评选出项目大赛的前十名。

12月18日　由深圳市宝安区慈善会出品、深圳市海岸明珠文化传播有限公司制作、著名演员李铁军主演的暖心公益微电影《金婚》正式上线，该部影片以了解、关注和关爱阿尔茨海默病群体为主题，旨在引起全社会对阿尔茨海默病群体的关注，通过科学的方案预防和干预选择专业的医护人员对阿尔茨海默病群体进行专业呵护。《金婚》是深圳市宝安区慈善会宣传慈善文化的创新手法，让慈善文化和理念以不同的形式在全社会传播。